経済安全保障推進法と企業法務

服部　誠・梶並彰一郎・松田世理奈・大西ひとみ
著

発行　民事法研究会

はしがき

　近年、安全保障環境の悪化や地政学的な緊張の高まり等による国際情勢の複雑化や、産業基盤のデジタル化・高度化等による社会経済構造の変化がますます進む中、国民生活や経済活動に関するさまざまなリスクが認識されるようになっています。たとえば、コロナ禍において、マスクや医療用機器の供給が一時困難になったように、新興国の経済成長とグローバル・バリューチェーンの深化による国際分業体制の変化に伴い、特定の物資について国際的な供給ショックに対する脆弱性というリスクが顕在化しました。それと同時に、第4次産業革命の進展により産業基盤のデジタル化が進む中、先端科学技術・イノベーションは激化する国家間の覇権争いの中核になりつつあります。

　こうした状況の下、諸外国では、感染症の世界的流行、大規模サイバー攻撃、自然災害等も含めた安全保障上の脅威等への有効な対応策として、先端技術の研究開発・活用を強力に推進するとともに、技術流出問題への対策を強化しています。

　かかる国内外の情勢を踏まえ、日本政府は、2020年4月、経済分野における国家安全保障上の課題について、俯瞰的・戦略的な政策の企画立案・総合調整を迅速かつ適切に行い、必要な取組みを推進するため、2022年2月25日に法律案を国会に提出し、国会における審議を経て、同年5月11日に「経済施策を一体的に講ずることによる安全保障の確保の推進に関する法律」（令和4年法律第43号。以下、「経済安全保障推進法」といいます）が成立する運びとなりました。

　本書は、経済安全保障推進法の立法趣旨や、現時点で判明している内容、企業実務への影響を、わかりやすく解説することを目的として記したものです。

　本書では、第1部において、経済安全保障推進法の全体像や特徴を解説したうえで（第1章）、新たに創設される4つの制度、すなわち「特定重要物

はしがき

資の安定的な供給の確保に関する制度」(第2章)、「特定社会基盤役務の安
定的な提供の確保に関する制度」(第3章)、「特定重要技術の開発支援に関
する制度」(第4章)および「特許出願の非公開に関する制度」(第5章)に
ついて、その内容を解説するとともに、第2部において、4つの制度ごと
に、現時点で判明している経済安全保障推進法が企業に与える影響を中心に
解説を試みました。また、読者の理解に資するように、QA形式を採用しつ
つ、重要な点については審議会の資料や国会での審議の議事録を多く引用す
ることとしました。

　本書が、経済安全保障推進法にかかわりをもつ企業にとりまして、同法の
理解の一助となれば、執筆者らにとって望外の喜びです。

　最後に、本書の出版にあたっては、民事法研究会編集部の海谷祥輝様に大
変お世話になりました。また、米国の最新情報の入手に関して、Pillsbury
Winthrop Shaw Pittman 法律事務所の Steve Becker 弁護士に多大なご尽力
を賜りました。この場をお借りして、両氏に対し、ここに厚く感謝申し上げ
ます。

2022年12月

執筆者一同

2

経済安全保障推進法と企業法務

目　次

第1部　法律の概要

第2部　企業における実務対応

第1章　特定重要物資の安定的な供給の確保に関する制度

第2章　基幹インフラ役務の安定的な提供の確保に関する制度

第3章　先端的な重要技術の開発支援に関する制度

第4章　特許出願の非公開に関する制度

凡　例

〈法令〉

経済安全保障推進法 　（条数のみ）	経済施策を一体的に講ずることによる安全保障の確保の推進に関する法律（令和 4 年法律第43号）
政令案	経済政策を一体的に講ずることによる安全保障の確保の推進に関する法律施行令案
外為法	外国為替及び外国貿易法（昭和24年法律第228号）
特定秘密保護法	特定秘密の保護に関する法律（平成25年法律第108号）
活性化法	科学技術・イノベーション創出の活性化に関する法律（平成20年法律第63号）

〈指針〉

基本指針	経済施策を一体的に講ずることによる安全保障の確保の推進に関する基本的な事項
安定供給確保基本指針	特定重要物資の安定的な供給の確保に関する基本指針
特定重要技術研究開発基本指針	特定重要技術の研究開発の促進及びその成果の適切な活用に関する基本指針

〈資料等〉

令和○年経済安全保障会議（第○回）	令和○年度経済安全保障法制に関する有識者会議（第○回）
令和 3 年第 1 回会議配布資料 3	経済安全保障法制に関する有識者会議（2021年11月26日）
令和 3 年第 2 回会議配布資料 1	経済安全保障法制に関する有識者会議サプライチェーン強靱化に関する検討会合第 1 回資料（2021年12月 8 日）
令和 3 年第 2 回会議配布資料 2	サプライチェーン強靱化に関する検討会合（第 1 回）議事要旨

凡 例

令和3年第3回会議配布資料1　経済安全保障法制に関する有識者会議サプライチェーン強靭化に関する検討会合第2回資料（2022年1月12日）

令和3年第3回会議配布資料2　サプライチェーン強靭化に関する検討会合（第2回）議事要旨

令和3年第3回会議配布資料4　経済安全保障法制に関する有識者会合基幹インフラに関する検討会合第2回資料（2022年1月7日）

令和3年第4回会議提言　経済安全保障法制に関する提言（2022年2月1日）

令和4年第1回会議配布資料4　ご説明資料（2022年7月25日）

令和4年第3回会議配布資料　サプライチェーン強靭化パートの運用に向けた検討（2022年10月）

令和4年第4回会議配布資料1　特定重要物資の指定について【安定供給確保取組方針（概要案）】（2022年11月）

令和4年第4回会議配布資料5　経済施策を一体的に講ずることによる安全保障の確保の推進に関する法律第62条第1項に規定する協議会に関する協議会モデル規約（案）等

プログラム会議配布資料　経済安全保障重要技術育成プログラムについて（2022年6月21日）

第1部

法律の概要

第1章 全体の概要

Q1 法律の趣旨・目的

2022年5月11日に経済安全保障推進法が成立したとのことですが、この法律の趣旨・目的を教えてください。

〔解説〕

1 経済安全保障をめぐる動向[1]

わが国は、自由で開かれた経済を原則として、民間主体による自由な経済活動を促進することで、経済発展を続けているが、他方で、近年、国際情勢の複雑化（厳しい安全保障環境や地政学的な緊張の高まり等）、社会経済構造の変化等（グローバリゼーションの進展やテクノロジーの発展、産業基盤のデジタル化・高度化等）が進展する中、国民生活や経済活動に対するさまざまなリスクの顕在化が認識されるようになっている。

たとえば、コロナ禍の下で、マスクや医療用機器の供給が一時困難になるという形でリスクが顕在化したように、新興国の経済成長とグローバル・バリューチェーンの深化に伴う国際分業体制の変化により、特定の物資について国際的な供給ショックに対する脆弱性が増大している。

また、第4次産業革命の進展による産業基盤のデジタル化が進むとともに、地政学的な緊張が高まる中で、世界各国において、国家の関与が疑われるものも含め、サイバー攻撃により経済が大きく混乱する事例が起きている。さらに、AIや量子など安全保障にも影響しうる技術革新が進展する

---

1 「令和3年第4回会議提言」4頁、「令和3年第1回会議配布資料3」1頁～3頁。

中、科学技術・イノベーションは激化する国家間の覇権争いの中核になっており、また、従来は国・大企業が主として担っていた先端的な技術開発においても、スタートアップ、アカデミア等の役割が増大している。

　こうした状況の下、諸外国では、【資料1】のように、産業基盤強化の支援、機微技術の流出防止や輸出管理強化等の経済安全保障の関連施策を推進・強化している。

　また、主要国は、感染症の世界的流行、大規模サイバー攻撃、自然災害等も含めた安全保障上の脅威等への有効な対応策として、【資料2】のように、先端技術の研究開発・活用も強力に推進するとともに、技術流出問題に対して対策を強化している。諸外国には、機微な発明の特許出願について、出願を非公開とし、特許出願人等による当該発明の取扱いに対して流出防止の措置を講じ、もって、当該発明が外部からの脅威に利用されるのを未然に防ぐ制度が存在している（G20諸国の中で、同様の制度がないのは日本、メキシコおよびアルゼンチンのみである）。

【資料1】　諸外国の動き①

（米国）
● **2021年国防授権法**
　✓ 国内への半導体の工場・設備導入支援　等
● **安全で信頼できる通信ネットワーク法（2020）**
　✓ 米国連邦通信委員会（FCC）による民間調達の規制　等
● **サプライチェーンに関する報告書（『強靱なサプライチェーンの構築、米国製造業の再活性化、幅広い成長の促進』）（2021）**
　✓ 4分野（半導体、大容量電池、重要鉱物、医薬品等）につき短期的な対応を特定。産業基盤構築のための取組を列挙　等
（欧州）
● **グローバルな変革のための新たな環大西洋協力アジェンダ（2020）**
　✓ 5G、AI、サイバー、データ移転等、デジタル・技術分野の米欧協力強化を提案
● **共通投資審査制度運用開始（2020）**
　✓ EU加盟国間で機微技術等の投資審査で連携
（中国）
● **輸出管理法（2020）**
　✓ 国の安全と利益の擁護、拡散防止等の国際義務に関わるモノ、技術、サービス、データ等の輸出管理を強化（対象品目の全体像は非公表）
● **「軍民融合」（2015）**
　✓ 民間資源の軍事利用や，軍事技術の民間転用などを推進する概念。国家戦略に格上げ

出典：「令和3年第1回会議配布資料3」2頁。

【資料 2 】　諸外国の動き②

（米国）
- **「重要・新興技術国家戦略」**（2020）：同盟国・友好国との協力を通じて、国家安全保障に関わる科学技術人材の育成や研究開発投資の促進を図ると同時に、技術優位性を確保すべく、競争国による米国の知的財産窃取を防止し、適切な輸出管理や同盟国・友好国による投資審査制度策定に向けた働きかけを行うことを盛り込み。

（欧州）
- **「Horizon2020」**（2014）：研究及びイノベーションを助成するための枠組みで、2014年から2020年で総額約800億ユーロ（10兆円）を計上して、EU加盟国単独では困難な研究インフラ整備、ハイリスク共同研究、イノベーションによる社会課題解決などを支援してきた。

（中国）
- **中国製造2025**（2015）：「製造強国」に向け、高度な中間素材・部品・製造装置について2025年までの7割国内生産を目指す。10の重点強化産業を設定（ロボット・航空宇宙・省エネ自動車・新材料・バイオ等）

出典：「令和 3 年第 1 回会議配布資料 3 」 3 頁。

2　日本政府の取組み[2]

　上記の動向を受け、日本政府は、2020年 4 月、経済分野における国家安全保障上の課題について、俯瞰的・戦略的な政策の企画立案・総合調整を迅速かつ適切に行い、必要な取組みを推進するため、内閣官房国家安全保障局に経済班を設置した。

　2021年 6 月18日に閣議決定された「経済財政運営と改革の基本方針2021」においては、経済安全保障に係る戦略的な方向性として、基本的価値やルールに基づく国際秩序の下で、同志国との協力の拡大・深化を図りつつ、わが国の自律性の確保・優位性の獲得を実現することとし、こうした観点から重要技術を特定し、保全・育成する取組みを強化するとともに、基幹的な産業を強靱化するため、今後、その具体化と施策の実施を進めるとの方針を決定した。

　そして、2021年10月、政府は、経済安全保障担当大臣を設置するとともに、総理による所信表明演説において、わが国の経済安全保障を推進するための法案の策定を表明した。

　2021年11月には、第 1 回経済安全保障推進会議を開催し、経済安全保障上

2　「令和 3 年第 4 回会議提言」 4 頁～ 5 頁、「令和 3 年第 1 回会議配布資料 3 」 6 頁。

の主要課題は多岐にわたるものの、その中で、法制上の手当てを講ずることによりまず取り組むべき4分野を示し、内閣総理大臣からは、それらについて法案策定の準備を進めるため、経済安全保障法制準備室を設置するとともに、有識者会議を立ち上げ、専門的な見地から検討を進めるよう指示がなされた。政府は、内閣総理大臣の指示を受け、経済安全保障担当大臣の下、「経済安全保障法制に関する有識者会議」を設置し、有識者会議は、全体会合での検討に加え、4分野それぞれについて分野別検討会合も開催して検討を行い、「経済安全保障法制に関する提言」（2022年2月1日）を取りまとめた。

　上記提言に基づき、2022年2月25日に法律案が国会に提出され、国会における審議を経て、同年5月11日に「経済施策を一体的に講ずることによる安全保障の確保の推進に関する法律」（令和4年法律第43号）が成立した。

3　法律の趣旨・目的[3]

　上記のとおり成立した経済安全保障推進法の趣旨・目的は、所要の制度を創設し、国家および国民の安全を経済面から確保することにある。すなわち、国際情勢の複雑化、社会経済構造の変化等に伴い、安全保障を確保するためには、経済活動に関して行われる国家および国民の安全を害する行為を未然に防止する重要性が増大していることに鑑み、安全保障の確保に関する経済施策を総合的かつ効果的に推進するため、同法においては、基本方針を策定するとともに、安全保障の確保に関する経済施策として、4つの制度を創設することを定めている。

3　経済安全保障法制準備室「経済安全保障推進法案の概要」1頁、基本方針3頁～4頁。

Q2 法律の全体像

経済安全保障推進法の全体像や特徴等を教えてください。

〔解説〕

1 法律の全体像

経済安全保障推進法の章立ては以下のとおりとなっており、主に、基本方針の策定と4つの制度について定めている。

- ・第1章 総則（基本方針の策定等）
- ・第2章 特定重要物資の安定的な供給の確保（制度①）
- ・第3章 特定社会基盤役務の安定的な提供の確保（制度②）
- ・第4章 特定重要技術の開発支援（制度③）
- ・第5章 特許出願の非公開（制度④）
- ・第6章 雑則
- ・第7章 罰則

経済安全保障法制準備室「経済安全保障推進法案の概要」1頁では、経済安全保障推進法の概要が【資料】のとおりまとめられている。

2 4つの制度

上記のとおり、経済安全保障推進法では、以下の4つの制度が創設された。

- ① 重要物資の安定的な供給の確保に関する制度
- ② 基幹インフラ役務の安定的な提供の確保に関する制度
- ③ 先端的な重要技術の開発支援に関する制度
- ④ 特許出願の非公開に関する制度

おおまかな性格として、上記①③の制度は、対象となる事業等を行う企業

が支援措置・助成金等を受けることができるという、促進法的な性格を有しており、他方、上記②④の制度は、その対象となる場合に法令遵守の対応が必要になるという、規制法的な性格を有する。

　また、これらの各制度は、それぞれ異なる業種を対象としたものである。

　このように、経済安全保障推進法では性質の異なる4つの制度を創設しており、企業においては、それぞれの制度について、自社に関係するものか、関係する場合の対応等について、個別に検討、経営判断をすることが必要になる。本書第1部の第2章以下においては、制度ごとに、その概要を整理したうえ、第2部において、現時点（令和4年12月時点）での企業における実務対応について解説する。

3　特　徴

　上記のとおり、経済安全保障推進法では性格の異なる4つの制度を創設していることから、同法の影響を受ける事業者の範囲は広く、またその影響も大きくなることが考えられる。

　経済安全保障推進法は2022年5月11日に成立はしたものの、その具体的な内容の多くは、今後制定される政令や主務省令において定められることとされており、現時点では事業者にとって予見可能性が低い状況といわざるを得ない。今後、パブリックコメント等を通じて国の見解が開示されることも想定されることから、企業としては、動向を注視して情報収集・分析を行い、検討を進めることが重要になる。

　このような対応においては、企業における複数の部門（安全保障貿易管理、知財、法務、サイバーセキュリティ、渉外、人事、関連する営業部門等）が横断的に関与する必要があると思われ、企業内に経済安全保障の担当部門や担当者を新設することも検討に値するであろう。

【資料】　経済安全保障推進法の概要

1．基本方針の策定 等（第1章）
・経済施策を一体的に講ずることによる安全保障の確保の推進に関する基本方針を策定。
・規制措置は、経済活動に与える影響を考慮し、安全保障を確保するため合理的に必要と認められる限度において行わなければならない。

2．重要物資の安定的な供給の確保に関する制度（第2章）
国民の生存や、国民生活・経済活動に甚大な影響のある物資の安定供給の確保を図るため、特定重要物資の指定、民間事業者の計画の認定・支援措置、特別の対策としての政府による取組 等を措置。

特定重要物資の指定	事業者の計画認定・支援措置	政府による取組	その他
・国民の生存に必要不可欠又は国民生活・経済活動が依拠している物資で、安定供給確保が特に必要な物資を指定	・民間事業者は、特定重要物資等の供給確保計画を作成し、所管大臣が認定 ・認定事業者に対し、安定供給確保支援法人等による助成やツーステップローン等の支援	・特別の対策を講ずる必要がある場合に、所管大臣による備蓄等の必要な措置	・所管大臣による事業者への調査

3．基幹インフラ役務の安定的な提供の確保に関する制度（第3章）
基幹インフラの重要設備が我が国の外部から行われる役務の安定的な提供を妨害する行為の手段として使用されることを防止するため、重要設備の導入・維持管理等の委託の事前審査、勧告・命令 等を措置。

審査対象	事前届出・審査	勧告・命令
・対象事業：法律で対象事業の外縁（例：電気事業）を示した上で、政令で絞り込み ・対象事業者：対象事業を行う者のうち、主務省令で定める基準に該当する者を指定	・重要設備の導入・維持管理等の委託に関する計画書の事前届出 ・事前審査期間：原則30日（場合により、短縮・延長が可能）	・審査の結果に基づき、妨害行為を防止するため必要な措置（重要設備の導入・維持管理等の内容の変更・中止等）を勧告・命令

4．先端的な重要技術の開発支援に関する制度（第4章）
先端的な重要技術の研究開発の促進とその成果の適切な活用のため、資金支援、官民伴走支援のための協議会設置、調査研究業務の委託（シンクタンク） 等を措置。

国による支援	官民パートナーシップ（協議会）	調査研究業務の委託（シンクタンク）
・重要技術の研究開発等に対する必要な情報提供・資金支援等	・個別プロジェクトごとに、研究代表者の同意を得て設置 ・構成員：関係行政機関の長、研究代表者/従事者 等 ・相互了解の下で共有される機微情報は構成員に守秘義務	・重要技術の調査研究を一定の能力を有する者に委託、守秘義務を求める

5．特許出願の非公開に関する制度（第5章）
安全保障上機微な発明の特許出願につき、公開や流出を防止するとともに、安全保障を損なわずに特許法上の権利を得られるようにするため、保全指定をして公開を留保する仕組みや、外国出願制限 等を措置。

技術分野等によるスクリーニング（第一次審査）	保全審査（第二次審査）	保全指定	外国出願制限
・特許庁は、特定の技術分野に属する発明の特許出願を内閣府に送付	①国家及び国民の安全を損なう事態を生ずるおそれの程度 ②発明を非公開とした場合に産業の発達に及ぼす影響 等を考慮	・指定の効果：出願の取下げ禁止、実施の許可制、開示の禁止、情報の適正管理 等	補償

出典：経済安全保障法制準備室「経済安全保障推進法案の概要」1頁。

Q3　施行期日

> 　経済安全保障推進法は段階的に施行されると聞きましたが、各制度の
> 具体的な施行日は決まっているのでしょうか。

〔解説〕

　各制度の施行日は、以下のとおりである。促進法的な性格を有する①③の
制度から先に施行されており、規制法的な性格を有する②④の制度は後から
施行されることになる。

制　　　度	施行日
①　重要物資の安定的な供給の確保に関する制度	2022年8月1日
②　基幹インフラ役務の安定的な提供の確保に関する制度	2023年5月18日〜2024年2月18日まで
③　先端的な重要技術の開発支援に関する制度	2022年8月1日
④　特許出願の非公開に関する制度	2024年5月18日まで

　基幹インフラ役務の安定的な提供の確保に関する制度は、経済安全保障推
進法の公布の日（2022年5月18日）から、1年〜1年9カ月の間に、3段階
に分けて施行される。

Q4 各制度の影響を受ける主な事業者

> 経済安全保障推進法の柱となっている 4 つの制度は、それぞれ異なる業種を対象にしているとのことですが、自社が各制度にかかわる可能性があるかをまず検討したいので、各制度の影響を受ける事業者について、おおまかに教えてください。

〔解説〕

各制度によって影響を受ける主な事業者は、以下のとおりである。詳細については、第 2 部を参照されたい。

制　　　度	影響を受ける主な事業者
① 重要物資の安定的な供給の確保に関する制度	・特定重要物資等（※ 1）の供給にかかわる事業者 ・金融機関
② 基幹インフラ役務の安定的な提供の確保に関する制度	・電気・ガス・石油・水道・鉄道・運送・航空・空港・通信・放送・郵便・金融に係る一定の事業のうち、特定社会基盤役務の提供を行うものとして政令で定める事業を営み、特定社会基盤事業者としての指定を受ける事業者（※ 2） ・特定社会基盤事業者に対し、重要な設備を導入または重要な設備の維持管理等を行う事業者
③ 先端的な重要技術の開発支援に関する制度	・特定重要技術等（※ 3）の研究開発にかかわる大学、研究機関、事業者ないしそれらに所属する研究員、代表者等 ・シンクタンク機能を果たす研究機関、事業者等
④ 特許出願の非公開に関する制度	・特定技術分野（※ 4）に属する発明の開発等にかかわる事業者

※ 1　政令により指定されることになるが、半導体、レアアース、医薬品等が想定される。
※ 2　特定社会基盤事業者の指定基準は、主務省令において定められることになる。
※ 3　宇宙、海洋、量子、AI、バイオ等の技術分野から選定されることが想定される。
※ 4　政令により指定されることになるが、軍事技術等が想定される。

Q5 基本方針

> 経済安全保障推進法2条において、政府は「経済施策を一体的に講ずることによる安全保障の確保の推進に関する基本方針」（基本方針）を定めるものとされていますが、基本方針にはどのような内容が定められているのでしょうか。

〔解説〕

1 基本方針

経済安全保障推進法は、基本方針においては以下の事項を定めると規定している（2条2項各号）。

① 経済施策を一体的に講ずることによる安全保障の確保の推進に関する基本的な事項

② 特定重要物資の安定的な供給の確保、および、特定社会基盤役務の安定的な提供の確保、並びに、特定重要技術の開発支援、および、特許出願の非公開に関する経済施策の一体的な実施に関する基本的な事項

③ 安全保障の確保に関し、総合的かつ効果的に推進すべき経済施策（①②に掲げるものを除く）に関する基本的な事項

④ ①～③に掲げるもののほか、経済施策を一体的に講ずることによる安全保障の確保の推進に関し必要な事項

上記②において経済安全保障推進法が創設した4つの制度が列挙されているように、基本方針は、4つの制度をはじめとする安全保障を確保するための種々の経済施策を一体的に講じ、全体として適切に機能させるため、各制度に通ずる基本的な事項をあらかじめ明示するものである[4]。

---

4 「令和4年第1回会議配布資料4」4頁。

2 4つの制度における基本指針との関係

経済安全保障推進法では、4つの制度それぞれに関して「基本指針」を定めることとされており、これらの基本指針は、同法2条の「基本方針」に基づいて定めるものと規定されている（6条・49条・60条・65条）【資料1】参照）。

このように、「基本方針」は、4つの制度の各基本指針を定める前提となるものであり、4つの制度を含む安全保障の確保に関する経済施策を総合的かつ効果的に推進するために定められるものである[5]。

【資料1】 4つの基本指針

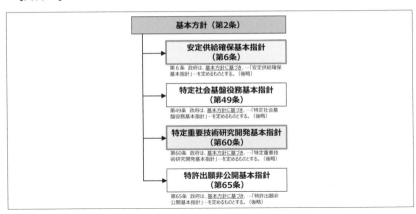

出典：「令和4年第1回会議配布資料4」4頁。

3 具体的な内容

基本方針は、パブリックコメントを経て、2022年9月30日に閣議決定された。基本方針においては、経済安全保障推進法2条2項各号の事項について、具体的に【資料2】の内容が定められている。

---

5 「令和4年第1回会議配布資料4」4頁。

【資料２】　基本方針の概要

「経済施策を一体的に講ずることによる安全保障の確保の推進に関する基本方針」の概要②

第１章 経済施策を一体的に講ずることによる安全保障の確保の推進に関する基本的な事項

第１節 基本的な考え方
これまでのように**自由で開かれた経済**を原則とし、民間活力による経済発展を引き続き指向しつつも、国際情勢の複雑化、社会経済構造の変化等に照らして想定される様々なリスクを踏まえ、経済面における安全保障上の一定の課題については、官民の関係の在り方として、**市場や競争に過度に委ねず、政府が支援と規制の両面で一層の関与を行っていくことが必要**である。

第２節 安全保障の確保に関する経済施策の実施に当たって配慮すべき事項
➤ 安全保障の確保と、事業者等の**自由な経済活動との両立**を図ることが必要。
➤ **WTO協定等の国際約束の誠実な履行**を妨げることが無いようにする。
➤ 施策の総合的かつ効果的な推進のためには、**事業者等や地方公共団体の理解と協力が必要**。事業者等の自発的行動を促進するため、情報共有等に努めるとともに連携を図ることも必要。

第２章 ４施策の一体的な実施に関する基本的な事項

第１節 ４施策の一体的な実施に当たっての留意事項
➤ 国家安全保障局（NSS）及び本法の実施等を担う**内閣府の経済安全保障推進部局が相互に協力**して、政府全体の見地からの連携を図る観点から、**施策間の一体性・整合性を確保**するよう努める。

第２節 規制措置の実施に当たっての留意事項
➤ ４施策に含まれる**規制措置**は、法第５条に基づき、安全保障の確保に合理的に必要と認められる限度で行う。

第３節 基本指針及び政省令を定めるに当たっての留意事項
➤ 基本指針や基本事項に係る政省令を定める際は、**有識者会議を設置**してその意見を聴取するなど、様々な意見等を適切に考慮。また、規制の対象範囲については、事業者等の**経済活動の自由に配慮**。

「経済施策を一体的に講ずることによる安全保障の確保の推進に関する基本方針」の概要③

第３章 安全保障の確保に関し、総合的かつ効果的に推進すべきその他の経済施策に関する基本的な事項

第１節 重要な産業が抱える脆弱性・強みについての点検・把握
➤ 国民生活や経済活動を支える重要産業が直面する**リスクを安全保障の観点から総点検・評価**し、判明した**脆弱性の解消及び優位性・不可欠性を獲得等する**ために、経済安全保障重点課題検討会議において行っている取組を今後も継続し、それを通じて**新たに判明した課題に対して**、的確に対応措置を講ずる。

第２節 安全保障の確保に関するその他の経済施策の統一的・整合的な実施
➤ ４施策以外の経済施策のうち、安全保障の確保に資するものを実施する場合も、**４施策との連携**も考慮するとともに、**NSS及び内閣府の経済安全保障推進部局が施策間の一体性・整合性の確保**を図りながら、総合的かつ効果的に必要な取組を推進する。

第４章 経済施策を一体的に講ずることによる安全保障の確保の推進に関し必要なその他の事項

➤ 本法について、状況変化を踏まえ、**不断に取組状況の検証・評価**を行い、それに伴う**制度の見直し**を適時に行う。本基本方針についても状況変化に応じて見直しを行う。
➤ 平時から、**NSS及び内閣府の経済安全保障推進部局に必要な情報が集約される体制及び両部局から関係行政機関の長に対して必要な情報が提供される体制を構築**するとともに、関係行政機関相互の調整が行われるようにする。
➤ 本法等に関する国民に対する周知・広報及び情報提供を図り、４施策の施行状況についても、国会を含め、国民に公表し、十分な説明を行う必要。
➤ **NSSを司令塔**とし、関係行政機関を含めて、これらが相互に協力して**安全保障の確保に関する経済施策を総合的かつ効果的に推進する体制を構築・強化**する。内閣府に本法の実施等を担う組織を設けるとともに、**施策の推進に際し、我が国の安全保障に関する重要事項については、国家安全保障会議での審議を経る**ものとする。また、情勢の変化に柔軟かつ機動的に対応する観点から、関係行政機関の事務の調整を行う枠組みを整備する。

出典：「令和４年第１回会議配布資料４」５頁～６頁。

第2章　特定重要物資の安定的な供給の確保に関する制度

Q6　制度の趣旨・目的

経済安全保障推進法において、特定重要物資の安定的な供給の確保に関する制度が創設されたとのことですが、なぜこのような制度が創設されたのでしょうか。制度の基本的な考え方についても教えてください。

〔解説〕

1　サプライチェーン強靱化に関する背景・課題[6]

グローバリゼーションの進展やテクノロジーの発展、それに伴う産業構造の変化を背景として、サプライチェーン（供給網）の多様化が進む一方、世界各国で重要な物資の他国依存やそれに伴う供給途絶リスクが高まっている中で、わが国においても、医薬品を含む化学品の原材料や半導体等の重要な物資について、一定の国・地域に依存している現状がある。

とりわけコロナ禍においては、マスクや医療用の手袋、機器等の供給が一時困難になったり、感染拡大に伴う東南アジア等の工場の操業停止・海上物流の混乱等により、自動車部品・電子部品等の供給が不足し、わが国のさまざまな産業（自動車、家電、産業機械等）において製品を供給できない事態が発生する[7]など、サプライチェーン上の脆弱性が顕在化し、実際に重要な物資の供給途絶が国民の生命、国民生活や経済活動を脅かす事態に発展した

6　「令和3年第4回会議提言」6頁〜8頁、「令和3年第2回会議配布資料1」参照。
7　「令和3年第3回会議配布資料1」2頁。

（【資料1】参照）。

　こうした状況を踏まえ、主要国は、サプライチェーン強靭化に向けた取組みを進めている。

　たとえば、米国においては、2021年2月の大統領令に基づき、サプライチェーンに関する報告書・ファクトシートが公表されており（「強靭なサプライチェーンの構築、米製造業の再活性化、幅広い成長の促進」（2021年6月8日））、同報告書には、短期的取組み、産業基盤の構築に向けた取組み、長期的戦略について、それぞれ明記されている[8]。また、EUにおいても、海外依存度が高い重要物資を分析し、特定国への依存を低減させ自立化を図っていく新たな産業政策を発表している（「2020産業戦略アップデート」（2021年5月））。

　特に半導体をめぐっては、線幅1nm、2nmの最先端半導体は台湾のTSMCしか製造できない[9]という状況の中で、各国が巨額の予算を投じて、先端半導体工場の誘致など重要な生産基盤を囲い込む新次元の産業政策を展開している[10]（【資料2】参照）。

　このような国際情勢の中で、わが国にとって重要であるにもかかわらず国外に過度に依存し、あるいは依存するおそれがある物資については、安定的な供給を確保するための対応を図らなければ、国外から行われる行為によって国家・国民の安全や経済活動に甚大な影響を及ぼし、安全保障上の懸念を生じさせる事態に至る可能性がある。

8　米国の「サプライチェーン」に関する政策は、実際には、①供給の安定確保、②経済的・政治的事由からの米国の雇用促進、③中国との安全保障上の懸念・経済対立、の異なる重要課題を反映したものと捉えることができる。

9　「令和3年第2回会議配布資料2」2頁。

10　ジョー・バイデン大統領（当時）は、2022年8月9日に署名し「半導体製造支援・科学法」（CHIPS法）を成立させた。この法律は、米国の半導体研究、開発、製造、人材開発への527億ドル提供を規定するものである。これには製造インセンティブの390億ドルが含まれ、そのうち、自動車および防衛システムに使用されるレガシー（旧型）チップが20億ドル、研究開発および人材開発が132億ドル、国際的な情報通信技術セキュリティおよび半導体サプライチェーン活動に提供されるのが5億ドルである。また、半導体および関連機器の製造のための設備費用について、25%の投資税額控除も規定している。

【資料1】 コロナ禍における物資不足

背景①：グローバル・サプライチェーン

● グローバリゼーションの進展を背景とした供給網の多様化により、各国で供給ショックに対する脆弱性が増大。コロナ禍では、医療関連物資や自動車部品・電子部品等の供給が不足するなど、重要な物資の安定供給を図るためのサプライチェーン強靭化が課題に。

新型コロナウイルスを受けたサプライチェーンの寸断の一例

世界全体
旅客機の減便が航空輸送の減少に

EU→世界
医療関連物資の供給途絶

EU
国境通過に要する
時間が増大

中国→日本
自動車部品、
電子部品の供給途絶

東南アジア→日本
自動車部品、
電子部品の供給途絶

中国
都市封鎖による陸上輸送の遅延、
中国発コンテナ船の減便

背景②：重要な物資の供給途絶リスク

● 国民の生命、国民の生活や経済上重要な物資を他国に依存した場合、他国由来の供給不足時に、我が国に重大な影響が生じるおそれ。

参考

　手術時の感染予防に使用される**抗菌薬のセファゾリン注射剤**について、我が国においても長期にわたり安定的な供給が滞り、医療の円滑な提供に深刻な影響を及ぼす事案が発生。（2019年3~11月）

　「セファゾリンは中国で原料が製造され、イタリアで原末が作成されている。この原料は世界でも中国の1社でしか現在、製造していない。このような一部の企業に極端に依存する現在の生産体制では、急に供給が途絶えるリスクが大きく、**海外の状況によって国内の患者の命が安易に左右される安全保障上の問題に陥っている**とも考えられる」

※感染症関連の学会（日本化学療法学会、日本感染症学会、日本臨床微生物学会、日本環境感染学会）による抗菌薬の安定供給を確保するための提言より抜粋（2019年8月）

出典：「令和3年第2回会議配布資料1」3頁・4頁。

【資料２】 各国の半導体支援策

出典：「令和３年第２回会議配布資料１」 ８頁。

　また、近年のテクノロジーの非連続的な発展が、社会・経済インフラや産業構造に大きな変革をもたらし、重要な物資やそのサプライチェーンに根本的な変化を引き起こす可能性がある。これらの変革を支えるテクノロジーの開発に各国がしのぎを削っている状況を見据えると、サプライチェーンの強靭化においては、将来に向けて先回りした対応を図り、戦略的に産業基盤を構築する必要がある。

　しかし、わが国においては、重要な物資の安定的な供給が損なわれる事態を未然に防止するため、平時において、生産基盤の整備、供給源の多様化、備蓄等について、総合的かつ業種横断的に取り組む制度はこれまで整備されていない。

　こうした背景を踏まえ、わが国においても、国民の生存や、国民生活・経済活動に甚大な影響のある重要な物資の安定供給を確保するための取組みを

官民の適切な役割分担の下で進める制度を整備する必要があることから、経済安全保障推進法において、特定重要物資の安定的な供給の確保に関する制度が創設された。

2　基本的な考え方[11]

(1)　政府による重要物資の指定と民間事業者の支援

サプライチェーンは、民間事業者による自由な経済活動の中で構築されるものであるが、重要な物資の安定供給を確保し、国家および国民の安全を確保するという政策目的については、民間事業者の経営判断だけに依っていては、十分に達成することは困難であることから、まず、政府が安定供給を確保すべき重要な物資について具体的に指定する。そのうえで、サプライチェーンを構築する民間事業者に対して予見可能性を確保するために、政府による施策の方向性を示し、サプライチェーンの再構築等について、民間事業者による経営判断を後押しする支援を実施する。

(2)　官民の役割分担

重要な物資の安定供給確保に向けた取組みは、平時から持続的な取組みとして行われる必要があるため、民間事業者による創意工夫を生かした事業活動をインセンティブ等で後押しする。また、政府が民間事業者に対してインセンティブ等による支援措置を講じる際に、民間事業者が作成している事業継続計画（BCP）なども評価の対象に加えるなど、供給途絶時に、民間事業者による一定程度の緊急時対応が確保されるようにする。

そのうえで、民間事業者の事業活動による対応では安定供給確保が十分に図られない場合には、政府が前面に立って、安定供給確保の取組みを進めるという形で、官民の役割分担を行っている。

(3)　経済活動の自由・国際ルールとの関係

サプライチェーンは、民間事業者の自由な経済活動に基づき構築されるも

---

11 「令和3年第4回会議提言」8頁〜9頁。

のであることを踏まえると、サプライチェーンの合理性、効率性が阻害されてしまうと、かえって重要な物資の安定供給が困難になってしまうおそれがある。特に、国際競争に晒されているような物資については、他国産品等との競争の観点も踏まえ、効率的なサプライチェーンを構築することが不可欠であることから、政府の措置は民間事業者の自由な経済活動を極力阻害しないように実施するべきである（【資料3】【資料4】参照）。

　また、民間事業者はグローバルな経済活動の中でサプライチェーンを構築していることから、政府の措置はWTO協定等の国際ルールとの整合性に十分に留意しながら実施すべきであるとともに、他国による不公正な貿易慣行等が認められる場合には、わが国として国際ルールにのっとり適切に貿易救済措置等を活用していくべきである。

　特定重要物資の安定的な供給の確保に関する制度は、このような経済活動の自由・国際ルールとの関係にも留意して整備されている。

【資料3】　経済施策を一体的に講ずることによる安全保障の確保の推進に関する法律案に対する附帯決議（衆議院）

2　特定重要物資を指定する政令及び安定供給確保支援法人の指定に関する主務省令並びに特定社会基盤事業者の指定基準を定める主務省令は、関係事業者、関係事業者の団体その他の関係者の意見を考慮して制定するとともに、特定技術分野を定める政令は、安全保障の確保に関する経済施策、産業技術その他特許出願の非公開に関し知見を有する者の意見を考慮して制定すること。

3　特定重要物資、特定社会基盤事業者及び指定基金の指定並びに特定技術分野の選定は、客観的かつ公平に行うこと。

4　物資の生産、輸入又は販売の事業を行う個人又は法人その他の団体に対する報告徴収（本法第48条第1項）及び特定重要設備の導入等後等の勧告（本法第55条第1項）においては、経済活動に与える影響を考慮し、安全保障を確保するため合理的に必要と認められる限度において行わなければならないことについて一層配慮すること。

5　特定重要物資又はその生産に必要な原材料等について、備蓄その他の安

定供給確保のために必要な措置を講ずる（本法第44条第 6 項）際においては、輸送手段の確保について十分配慮すること。

【資料４】 経済施策を一体的に講ずることによる安全保障の確保の推進に関する法律案に対する附帯決議（参議院）

4　特定重要物資を指定する政令及び安定供給確保支援法人の指定に関する主務省令並びに特定社会基盤事業者の指定基準を定める主務省令は、関係事業者、関係事業者の団体その他の関係者の意見に十分配慮し制定すること。また、特定重要物資を指定する政令の制定に際しては、必要な知見を有する者の意見も参照すること。

5　物資の生産、輸入又は販売の事業を行う個人又は法人その他の団体に対する報告徴収（本法第48条第１項）及び特定重要設備の導入等後の勧告（本法第55条第１項）は、自由かつ公正な経済活動に与える影響を十分考慮し、事業者等の過度な負担にならないよう、必要最小限度にとどめるべきという国会での議論があったことを踏まえ、安全保障を確保するため合理的に必要と認められる限度について一層配慮した報告徴収、勧告とすること。

6　特定重要物資又はその生産に必要な原材料等について、備蓄その他の安定供給確保のためには、重要物資の輸送手段も重要となることから、輸送手段の確保等の必要な措置について十分配慮すること。

Q7　制度の概要

　特定重要物資の安定的な供給の確保に関する制度の全体像をまず把握
したいので、本制度の概要を教えてください。

〔解説〕

1　政府による基本指針の策定

　物資ごとに安定供給確保のために必要な措置の内容は異なるものの、本制
度に基づく措置が統一的な考え方の下で適切に実施される必要があることか
ら[12]、重要な物資の安定供給確保に向けた政府としての対応に関する安全供
給確保基本指針を策定して公表する（6条）。

2　政府による対象物資の指定

　政府は、安定供給を確保すべき物資として、以下の物資を「特定重要物
資」と指定している（7条）。

　特定重要物資：国民の生存に必要不可欠または広く国民生活・経済活動
　が依拠している重要な物資（プログラムを含む）で、当該物資またはそ
　の原材料等を外部に過度に依存し、または依存するおそれがある場合に
　おいて、外部の行為により国家および国民の安全を損なう事態を未然に
　防止するため、当該物資・その原材料等の安定供給の確保を図ることが
　特に必要と認められる物資

　特定重要物資の指定は、重要な物資の供給不足が急速かつ広範に生じる可

12　「令和3年第4回会議提言」12頁。

能性があることに鑑み、柔軟に指定の追加や解除ができるよう[13]、政令によって行われる。

3 物資所管大臣による安定供給確保取組方針の策定

特定重要物資の特性に応じた具体的な取組みについては、政府による安定供給確保基本指針に基づき、当該物資の特性や関連する事業者の状況について政府内で最も知見を有する物資所管大臣（物資の生産等を所管する大臣）[14]が、特定重要物資ごとに当該物資・その原材料等（特定重要物資等）に係る安定供給確保取組方針を策定する（8条）。

4 民間事業者による供給確保計画の策定と支援措置

特定重要物資等の安定供給確保を図るための取組みについては、民間事業者の自発性を尊重しつつ、効果的な取組みを重点的に支援するため[15]、民間事業者が特定重要物資等の安定供給確保のための取組みに関する供給確保計画を作成し、所管大臣の認定を受けることができる（9条1項）。

認定を受けた民間事業者（認定供給確保事業者）は、以下の支援を受けることができる。これらは、民間事業者による中長期的な取組みを支援するためには、民間事業者のニーズに合わせて、中長期にわたる財政支援や中長期の資金繰りを円滑化する金融支援等を講じることが必要であるとの提言[16]を受けて定められたものである。

① 安定供給確保支援法人等による助成等の支援（31条3項・42条1項）

　ⓐ 認定供給確保事業者の取組みへの助成

　ⓑ 認定供給確保事業者へ融資を行う金融機関への利子補給

② 株式会社日本政策金融公庫法の特例（ツーステップローン）（13条〜25条）

---

13 「令和3年第4回会議提言」12頁。
14 「令和3年第4回会議提言」12頁〜13頁。
15 「令和3年第4回会議提言」13頁。
16 「令和3年第4回会議提言」14頁。

③　中小企業投資育成株式会社法の特例（27条）

④　中小企業信用保険法の特例（28条）

5　特別の対策を講ずる必要がある特定重要物資と政府による取組み等

　上記4の民間事業者への支援措置では安定供給確保を図ることが困難な場合には、政府として、国際連携、海外からの調達、供給途絶を見据えた物資の備蓄、使用節減の呼びかけや委託生産等をはじめとした安定供給確保のための取組みを実施することが必要であることから[17]、所管大臣は、「特別の対策を講ずる必要がある特定重要物資」を指定することができ、当該物資・その原材料等について備蓄等の必要な措置を講ずるものとされている（44条）。

6　特定重要物資等に係る市場環境の整備

　特定重要物資等に係る市場環境の整備のため、公正取引委員会との関係（29条）、関税定率法との関係（30条）がそれぞれ定められている。

7　物資所管大臣による調査

　重要な物資の安定供給に向けた取組みを適切に実施するためには、サプライチェーンの状況を的確に把握することが重要であることから[18]、所管大臣は、各物資の生産・輸入・販売の事業を行う者などに対し調査を実施することができる（48条）。

　なお、調査を通じて政府が把握する情報については、企業の競争力の源泉と深くかかわりのある内容が多く含まれうるため、徹底した情報管理が必要であることから[19]、政府の情報管理者が漏えい等した場合の罰則規定が設けられている（93条）。

17　「令和3年第4回会議提言」14頁。

18　「令和3年第4回会議提言」14頁。

19　「令和3年第4回会議提言」15頁。

Q8 安定供給確保基本指針

経済安全保障推進法6条1項において、政府は安定供給確保基本指針を定めるものとされていますが、同基本指針にはどのような内容が定められているのでしょうか。

〔解説〕

1 策定に至る過程

(1) 経済安全保障推進法成立前の有識者会議による提言

経済安全保障法制に関する有識者会議による「経済安全保障法制に関する提言」12頁においては、政府が策定・公表すべき安全供給確保基本指針について、以下の指摘がなされた。

① 「対象となる物資を個別に指定する際に必要となる統一的な考え方として、国民の生存に不可欠ということ、また、広く国民生活や経済活動が依拠しているということは具体的にどのようなことなのか、供給途絶リスクをどのような考え方で評価するのかといった点について、専門家の意見等を踏まえた上で、指針に盛り込むべきである」

② 「物資ごとにサプライチェーンが抱えるリスクは大きく異なるが、安定供給確保に支障が生じ得る状況に対して柔軟な対応ができるよう、事業者に対する予見可能性の観点からも、あらかじめ、実施の可能性がある対策の選択肢を具体化した上で体系的にとりまとめておくことが重要と考えられる」

(2) 経済安全保障推進法6条

上記提言も受け、経済安全保障推進法6条は、安定供給確保基本指針について、専門的な知見を有する者の意見を聴いたうえで（6条4項）、以下の事項を定めることとしている（6条2項各号）。

① 特定重要物資の安定供給確保の基本的な方向に関する事項

② 特定重要物資の安定供給確保に関し、国が実施する施策に関する事項

③ 特定重要物資の指定に関する事項

④ 安定供給確保取組方針を作成する際の基準となるべき事項

⑤ 特定重要物資の安定供給確保のための取組みに必要な資金の調達の円滑化の基本的な方向に関する事項

⑥ 安定供給確保支援業務に関して安定供給確保支援法人（独立行政法人）が果たすべき役割に関する基本的な事項

⑦ 特別の対策を講ずる必要のある特定重要物資の指定に関する基本的な事項

⑧ 特定重要物資の安定供給確保にあたって配慮すべき基本的な事項

⑨ その他特定重要物資の安定供給確保に関し必要な事項

(3)　**経済安全保障推進法成立後の有識者会議の開催とパブリックコメントの実施**

そして、経済安全保障推進法成立後、2022年7月25日から有識者会議が再度開催され、安定供給確保基本指針の案が作成されるともに、同年9月下旬までパブリックコメントが実施された。

(4)　**安定供給確保基本指針の閣議決定**

そのうえで、2022年9月30日、安定供給確保基本指針が閣議決定された。

2　具体的な内容

安定供給確保基本指針には、経済安全保障推進法6条2項各号の事項について、具体的に【資料】の内容が定められている。

〔第 1 部〕 第 2 章 特定重要物資の安定的な供給の確保に関する制度

【資料】 安定供給確保基本方針の概要

第 1 章 特定重要物資の安定供給確保の基本的な方向に関する事項

制度の運用に当たっては、**民間事業者等**による創意工夫を生かした形で、**その取組を後押ししていくことを基本**とする。

第 2 章 特定重要物資の安定供給確保に関し、国が実施する施策に関する事項

- ➤ **特定重要物資ごとの特性**に応じ、民間事業者等による生産基盤の整備、供給源の多様化、備蓄、生産技術の導入・開発・改良、代替する物資の開発等の**多様な取組を促進**し、特定重要物資等の**安定供給確保**を図る。
- ➤ 重要な物資の安定供給確保を図る上で、その調達及び供給の現状や**サプライチェーン**の抱える**課題を把握**することは**重要**であり、**不断の情報収集・検証に努める**必要。
- ➤ 物資の生産、輸入又は販売の事業を所管する大臣は、重要な物資のサプライチェーンの状況を把握するため、**必要と認めるとき**は、法第４８条第１項を活用するなど、**サプライチェーン調査を実施**するものとする。

サプライチェーン調査の実施

サプライチェーン調査は、民間事業者等の理解を得て調査への協力を求めることを基本とする。そのため、下記の点に留意したうえで実施するものとする。

- ✔ 民間事業者等によるサプライチェーンの把握には一定の限界があることにも留意しつつ、公的統計、業界団体が実施する調査・統計の活用や業界団体へのヒアリング等を通じて、**調査すべき対象範囲、調査内容等を適切に絞り込む**
- ✔ 調査の目的・趣旨、調査の位置づけ等について、**丁寧な説明を実施**
- ✔ 必要に応じて、調査対象となる物資の生産、輸入又は販売の事業に関連する団体への事前説明等を行い、**調査趣旨を広く周知**

第 3 章 特定重要物資の指定に関する事項

- ➤ 以下の**4要件**を全て満たす、特に安定供給確保を図るべき**重要な物資に絞り込んで適切に**指定する。

要件1	国民の生存に必要不可欠 〈又は〉 広く国民生活又は経済活動が依拠	国民の生存に直接的な影響が生じる物資をいう。 国民の大多数に普及していたり、様々な産業に組み込まれていたりして、経済合理的な観点からの代替品がない物資をいう。
要件2	外部に過度に依存 〈又は〉 外部に過度に依存するおそれ	供給が特定少数国・地域に偏っており、供給途絶等が発生した場合に甚大な影響が生じ得る物資をいう。 社会経済構造の変化や技術革新の動向（メガトレンド）等を踏まえ、我が国が措置を講じなければ**将来的な外部依存のリスクの蓋然性**が認められる物資をいう。
要件3	外部から行われる行為による供給途絶等の蓋然性	**外部から行われる行為**により供給途絶等が発生し、国民の生存や国民生活・経済活動に甚大な影響を及ぼす可能性を評価し、その蓋然性が認められること。
要件4	本制度による措置の必要性	要件1～3に加え、**本制度による施策が特に必要**と認められる場合に指定を行う。 ①他制度による措置が既に講じられている場合には、本制度により措置を講ずる必要性は小さいと判断される。 ②措置を講ずる優先度が高く、特にその必要性が認められる場合としては、例えば、次に掲げる場合が考えられる。 ✔ 国民の生存に必要不可欠、又は基幹的な役割を果たすインフラ機能の維持に与える影響が顕著と考えられる物資のうち、**近年、供給途絶等が発生した実績がある、供給途絶等のリスクが高まる傾向がみられる**など、早急に**措置を講ずる必要**がある場合 ✔ 中長期的な社会経済構造の変化や技術革新の動向（メガトレンド）を踏まえ将来にわたって**重要性や成長性が見込まれる**場合や、我が国及び諸外国・地域における産業戦略や科学技術戦略の動向等を総合的に勘案し、**早急に措置を講ずる必要**がある場合

- ➤ **解除の考え方**
  安定供給確保のための措置を講ずる必要が小さくなったと考えられる特定重要物資について、将来の社会経済情勢や国際情勢等を見据えて**慎重に検討**した上で、**指定を解除**するものとする。

第4章　安定供給確保取組方針を作成する際の基準となるべき事項

特定重要物資を政令で指定したときは、物資所管大臣は、**特定重要物資ごとに安定供給確保取組方針において、取組の基本的な方向、主務大臣が実施する施策、支援対象となる取組の内容等について定める。**

第5章　特定重要物資の安定供給確保のための取組に必要な資金の調達の円滑化の基本的な方向に関する事項

民間金融機関を補完する範囲内で、ツーステップローン等の資金の調達の円滑化に関する仕組みを措置

第6章　安定供給確保支援業務に関して安定供給確保支援法人（独立行政法人）が果たすべき役割に関する基本的な事項

安定供給確保支援法人又は安定供給確保支援独立行政法人の指定に当たって満たすべき要件、支援業務の内容及び実施体制等について定める。

第7章　特別の対策を講ずる必要のある特定重要物資の指定に関する基本的な事項

➢ 「特別の対策を講ずる必要のある特定重要物資」の指定は、民間事業者等による取組では安定供給確保を図ることが困難な場合に限り行うものとする。
➢ 特別の対策を講ずる必要が小さくなったと考えられるときは、その必要性の有無等を慎重に検討した上で、当該指定を解除するものとする。

第8章　特定重要物資の安定供給確保に当たって配慮すべき基本的な事項

国際約束との整合性の確保・経済活動における人権の尊重等

第9章　その他特定重要物資の安定供給確保に関し必要な事項

出典：「令和4年第1回会議配布資料4」9頁〜11頁。

27

Q9　制度の対象となる特定重要物資

　　自社が特定重要物資の安定的な供給の確保に関する制度にかかわるか
は、特定重要物資の範囲によるところが大きいと思いますが、今後、ど
のような物資が特定重要物資として指定されるのでしょうか。

〔解説〕

1　特定重要物資の指定の4要件

　経済安全保障推進法7条の規定から、以下の4つの要件をすべて満たした
ものが、政令で特定重要物資として指定されることになる。
　①　国民の生存に必要不可欠なまたは広く国民生活もしくは経済活動が依
　　拠している重要な物資であること（重要性）
　②　外部に過度に依存し、または依存するおそれがあること（外部依存性）
　③　外部から行われる行為により国家および国民の安全を損なう事態を未
　　然に防止する必要があること（蓋然性）
　④　安定供給確保を図ることが特に必要と認められること（必要性）
　サプライチェーンの構築・維持に際し、民間事業者にとって効率性の確保
は基本的な前提であり、これと両立する形で重要な物資の安定供給確保を
図っていく必要があることから、特定重要物資の指定にあたっては、物資の
重要性だけでなく、その供給を国外に過度に依存し、国外から行われる行為
により当該物資の供給が途絶する事態が発生すると代替が効かず甚大な影響
が生じ得るかを考慮に入れたうえで、措置の対象とする物資を絞り込むべき
である[20]という考え方の下、上記の4要件が設けられた。

20　「令和3年第4回会議提言」10頁。

2　基本的な考え方

　安定供給確保基本指針においては、特定重要物資の指定に関する基本的な考え方として、以下の内容が記載されている[21]。

①　国際情勢・社会経済構造の変化等に伴い、重要な物資を取り巻く状況が変化することを踏まえ、国民の生存に必要不可欠なまたは広く国民生活・経済活動が依拠している重要な物資については、サプライチェーンの現状と供給途絶等のリスクを不断に把握・点検することが重要であり、安定供給確保のための措置を講ずるべき物資が確認されたときは、特定重要物資の指定を含め、本制度による措置の必要性を検討するものとする

②　国は、特定重要物資の指定にあたっては、国民の生存に必要不可欠なまたは広く国民生活・経済活動の用に供される物資を指定することを基本とするが、当該物資の生産に必要な原材料等（原材料、部品、設備、機器、装置またはプログラムという）が多岐にわたり、そのうち特定のものについて安定供給確保を図る必要がある場合には、当該原材料等を特定重要物資として指定することも妨げないこととする

③　特定重要物資の指定にあたっては、経済安全保障推進法7条の規定の4要件に該当するものに絞り込んで指定するとともに、たとえば統計情報も活用するなど、可能な限り客観性および公平性を確保し、適切に指定されるように留意するものとする。また、指定にあたっては、支援が効果的に実施できるかどうかといった観点にも留意するものとする

3　重要性（要件①）[22]

　安定供給確保基本指針において、「国民の生存に必要不可欠な又は広く国

21　安定供給確保基本方針9頁。
22　安定供給確保基本方針9頁～11頁。

民生活若しくは経済活動が依拠している」か否かについては、以下に従って判断する[23]。

(1) 「国民の生存に必要不可欠」の判断

「国民の生存に必要不可欠」な物資とは、当該物資の供給途絶等が発生すると、国民の生存に直接的な影響が生じるものをいう。直接的な影響とは、当該物資を使用または利用できなくなること自体が生存にかかわる事象を発生させる蓋然性を高めることを指す。また、使用または利用ができなくなると国民の生存に直接的な影響が生じる物資の生産に不可欠な原材料等で、かつ、代替が困難であると認められるものについては、当該原材料等についても国民の生存に必要不可欠な物資に該当する。

「国民の生存に必要不可欠」な物資かどうかの判断にあたっては、事象の重大性、影響範囲および代替が困難であることを総合的に考慮する。詳細については、以下のとおりである。

(A) 事象の重大性

事象の重大性の判断にあたっては、供給途絶等が発生した場合に、当該物資を使用または利用できないことによって、当該物資の受益者に致死的な影響または不可逆的な障害等を生じさせる蓋然性を高めること等の程度を考慮する。

(B) 影響範囲

影響範囲の判断にあたっては、需要規模が大きいこと（使用者数や利用者数が大きいこと等）や国民の生存に必要不可欠な公共サービスの提供に与える影響等の程度を考慮する。

(C) 代替が困難であること

代替が困難であることの判断にあたっては、その効用・機能を直ちに他物資で切り替えることが難しいかどうかなどを考慮する。

23　安定供給確保基本方針10頁。

【資料1】　第208回国会参議院内閣委員会第13号

> ○国務大臣（小林鷹之君）　経済安全保障の推進法案の6条の安定的な供給の確保というところは、国民の生存や国民生活、経済活動にとって重要な物資につきまして我が国で必要量が供給されている状況を想定しています。5G促進法につきましてこの安定的な生産を目的としていて、こちらの法案では安定的な供給の確保を目的としていて、つまり、生産設備の、こちらのその経済安保の推進法案では、生産設備の整備支援だけではなくて、供給源の多様化を含めた多様な取組の支援というものを想定しています。
>
> 　委員から、支援によって製造されたものについては輸出ではなく国内供給に向けられるべきとの点につきましては、この法案では、その事業者の取組に対する支援を通じてこの特定重要物資の安定供給確保を図ることを基本としておりますが、この事業者を支援するに当たっては、主務大臣による供給確保計画の認定を要件とした上で、この事業者の計画作成に当たっては、需給逼迫が発生した際の対応を記載いただくことになっているんです。したがって、それが意味するところは、需給逼迫時に国内における安定供給が図られるよう措置しているところでございまして、この法案の的確な執行によって重要物資の安定供給の確保に努めてまいりたいと考えます。

⑵　「広く国民生活又は経済活動が依拠」の判断

「広く国民生活又は経済活動が」依拠している重要な物資とは、国民の大多数に普及していたり、さまざまな産業に組み込まれていたりしており、当該物資が使用または利用できなくなったときに多大な支障が生じ、その支障を回避するための経済合理的な観点からの代替品がないものをいう。広く国民生活または経済活動が依拠しているかどうかの判断にあたっては、事象の重大性、影響範囲および代替が困難であることを総合的に考慮する。詳細については、以下のとおりである。

⒜　事象の重大性

事象の重大性の判断にあたっては、次に掲げる事項の程度等を考慮する。

①　当該物資または当該物資を使用・利用した物品が、国民生活・経済活動の維持にとって基幹的なものであり、供給途絶等が発生した場合に大

きな経済的影響が生じるなど、国民生活・経済活動に多大な支障が生じるかどうか

② 当該物資が同物資を使用・利用する物品の性能・機能において中核的な構成要素であるかどうか

たとえば、一時的な流行品や、製品の性能・機能に直ちに支障を来さない周辺部品等の場合は、当該物資の供給途絶等により生じる支障が相対的に小さいと考えられ、事象の重大性は小さいと判断し得る。

(B)　影響範囲

影響範囲の判断にあたっては、次に掲げる事項の程度等を考慮する。

① 物資の普及・利用の割合が大きいこと（当該物資を使用・利用している国民・企業が多いこと等）

② 関連産業の規模が大きいこと（当該物資を使用・利用している産業の規模が大きいこと等）

【資料２】　特定重要物資の指定の要件①（重要性）

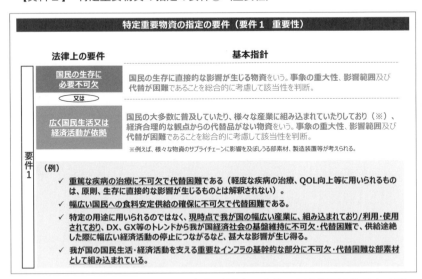

出典：「令和４年第３回会議配布資料」４頁。

③ 大多数の国民または多くの産業に利用されているインフラ機能の維持に与える影響が大きいこと（当該物資の供給途絶等がインフラ機能の維持や当該インフラを利用する国民または産業に与える影響が大きいこと等）

④ 用途が多様であること

(C) 代替が困難であること

代替が困難であることの判断にあたっては、他物資ではその機能を直ちに切り替えることが経済合理的な観点から難しいかどうかなどを考慮する。

4 外部依存性（要件②）[24]

外部に過度に依存し、または過度に依存するおそれがあるかは、後記(1)または(2)の記載によって以下に従って判断する。

(1) 外部に過度に依存

外部に過度に依存する物資とは、供給が特定少数国・地域に偏っており、当該特定少数国・地域からの供給途絶等が発生した場合に甚大な影響が生じ得るものをいう。「外部に過度に依存」しているかどうかの判断にあたっては、物資ごとの特性を踏まえつつ、特定少数国・地域に依存・集中している程度、国内外からの代替供給確保の可能性および短期的な供給途絶等への脆弱性の程度を総合的に考慮する。詳細については、以下のとおりである。

(A) 特定少数国・地域に依存・集中している程度

特定少数国・地域に依存・集中している程度の判断にあたっては、次に掲げる事項等を考慮する。

① 国内需要量に占める特定少数国・地域への依存の程度

② 国内需要量に占める国内生産の程度

③ 国内需要量または国内輸入量に占める最大輸入先国・地域からの輸入量の程度

---

24 安定供給確保基本方針11頁〜13頁。

(B) 国内外からの代替供給確保の可能性

　国内外からの代替供給確保の可能性の判断にあたっては、次に掲げる事項等、特定少数国・地域からの供給途絶等が生じた場合の代替供給確保の可能性を考慮する。

① わが国が現在依存する特定少数国・地域以外の国・地域の供給余力や世界における供給シェアの状況から判断して、経済合理的な範囲で代替供給を確保することができるかどうか

② 国内の生産基盤での供給余力から判断して、経済合理的な範囲で代替供給を確保することができるかどうか

(C) 短期的な供給途絶等への脆弱性の程度

　短期的な供給途絶等への脆弱性の程度の判断にあたっては、物資ごとに供給途絶等が影響を及ぼすまでの期間および影響の程度は大きく異なることに留意し、物資ごとの備蓄や在庫の状況、物資の特性、流通の状況等を考慮する。

【資料3】 第208回国会参議院内閣委員会第13号

○政府参考人（江口純一君）

　現時点におきましては、特定重要物資として何が指定をされるかということにつきましては予断を持って申し上げることはできないというふうに認識をしているところでございますが、物資の特性を踏まえた上で、備蓄が当該物資の安定供給を確保する上で効率的な方策であると判断された場合には備蓄が行われるということになるというふうに承知をしているところでございます。

　その上で、委員御指摘の半導体につきましては、半導体が用いられる最終製品に応じてその設計がなされ、非常に多様な種類が存在をしているということ、さらに、最終製品の進化に伴いまして、必要な半導体も適時変わり得るといった性質を有していることから、特定の種類の半導体について国が一括して備蓄をするということには必ずしも適するものではないというふうに考えておるというところでございます。なお、民間企業におきましては、独自に必要な分につきまして、在庫という形で保有をしているものと承知をし

ているところでございます。

　こうした半導体の性質も踏まえ、国といたしましては、先端半導体の製造拠点を確保すべく、令和3年度補正予算で複数の製造拠点を整備できるよう、必要な金額を計上したところでございます。

　引き続き、官民連携をいたしまして、半導体サプライチェーンの強靱化に取り組んでまいりたいと考えております。

(2)　外部に過度に依存するおそれ

　外部に過度に依存するおそれがある物資とは、社会経済構造の変化や技術革新の動向、わが国および諸外国・地域における産業戦略や科学技術戦略等を踏まえ、わが国が措置を講じなければ将来的な外部依存のリスクの蓋然性が認められるものをいう。わが国が措置を講じなければ将来的な外部依存のリスクの蓋然性が認められ得る場合としては、以下の場合が考えられる。

①　わが国の社会経済構造に鑑みて将来にわたって重要性および成長性がある物資について、このまま措置を講じなければ、将来的に外部に過度に依存せざるを得なくなる場合

②　現在はわが国が優位性を有し、国内需要に対する国内供給等が確保できている重要な物資について、各国・地域が先端技術開発に重点的な支援を行う中で、将来的に優位性を失ってしまい外部に過度に依存せざるを得なくなる場合

③　現在、わが国が外部に依存していない物資について、技術革新等によって、従来と全く異なる生産方式・技術等が導入され、または新たな原材料等が必要となるなど、将来的にサプライチェーンが根本的に変化し、その結果として外部に過度に依存せざるを得なくなる場合

　外部に過度に依存するおそれがあるかどうかの判断にあたっては、将来における物資の重要性および成長性、国内外の諸動向等を踏まえたわが国の社会経済構造への影響等を総合的に考慮する。詳細については、以下のとおりである。

(A) 将来における重要性および成長性

　将来における重要性および成長性の判断にあたっては、デジタルトランスフォーメーション（DX）、グリーントランスフォーメーション（GX）等といった、わが国および諸外国・地域の中長期的な社会経済構造の変化や技術革新の動向に沿ったものであり、将来において重要性および成長性が見込まれる戦略的に意義がある物資かどうかなどを考慮する。

(B) 国内外の諸動向

　国内外の諸動向の判断にあたっては、次に掲げる動向等を踏まえ、わが国の社会経済構造に鑑みて戦略的に意義がある物資かどうかなどを考慮する。

① 　わが国および諸外国・地域における政府の産業戦略や科学技術戦略での位置づけ等の動向

② 　わが国および諸外国・地域における民間による研究開発、投資、シェア、設備保有その他当該物資に係る業界の諸動向

【資料4】 特定重要物資の指定の要件②（外部依存性）

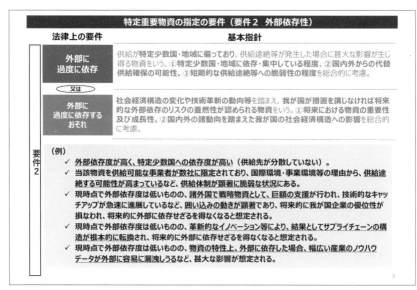

出典：「令和4年第3回会議配布資料」5頁。

5　蓋然性（要件③）[25]

　本制度は、外部から行われる行為により重要な物資の供給途絶等の国家および国民の安全を損なう事態が生じることを未然に防止する目的で措置されたものである。特定重要物資の指定にあたっては、外部から行われる行為により供給途絶等が発生し、国民の生存や国民生活・経済活動に甚大な影響を及ぼす可能性を評価し、その蓋然性が認められる場合には国家および国民の安全を損なう事態を未然に防止する必要がある。

　こうした蓋然性については、物資ごとの状況やわが国を取り巻く外交・安全保障環境をはじめとする国際関係等のさまざまな要因が影響し得るものであり、たとえば、供給国・地域による輸出の停止・制限、当該供給国・地域内への優先的な供給の実施、生産抑制につながる制限の導入・強化等、外部

【資料５】　特定重要物資の指定の要件③・④（蓋然性・必要性）

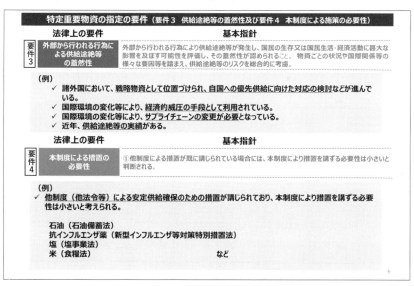

出典：「令和４年第３回会議配布資料」６頁。

25　安定供給確保基本方針13頁～14頁。

から行われる行為により想定される供給途絶等のリスクを総合的に考慮する。

6 必要性（要件④）[26]

　特定重要物資の指定の検討にあたっては、上記要件①〜③に加え、本制度による施策が特に必要と認められる場合に指定を行うものとする。詳細については、以下のとおりとする。

(1) 他制度による措置と重複する場合

　重要性および外部依存性があり、外部から行われる行為による供給途絶等の蓋然性がある物資であっても、従前からその安定供給確保が政策的課題であり、別途の制度的な措置を講じている場合もある。本制度による措置が他制度による措置と重複する場合には、措置が重複する部分に関し、本制度に

【資料６】　特定重要物資の指定の要件④（必要性）

出典：「令和４年第３回会議配布資料」７頁。

26　安定供給確保基本方針14頁。

より安定供給確保のための措置を講ずる必要性が小さいと判断される。ただし、措置を講ずる範囲が重複する場合であっても、他制度による措置に加え、本制度による措置を組み合わせて講ずることが安定供給確保に資する場合には、措置を講ずる必要性が大きいと判断される場合もある。

⑵　**安定供給確保のための措置を講ずる必要性が特に認められる場合**

安定供給確保のための措置を講ずることの優先度が高く、特にその必要性が認められる場合としては、次に掲げる場合等が考えられる。

①　国民の生存に必要不可欠な物資または基幹的な役割を果たすインフラ機能の維持に与える影響が顕著と考えられる物資のうち、たとえば、近年、供給途絶等が発生した実績がある、供給途絶等のリスクが高まる傾向がみられるなど、早急に措置を講ずる必要があると考えられる場合

②　中長期的な社会経済構造の変化や技術革新の動向を踏まえ将来にわたって重要性や成長性が見込まれる等の戦略的な重要性があることや、わが国および諸外国・地域における産業戦略や科学技術戦略での位置づけ、民間の研究開発、投資等の動向等を総合的に勘案し、たとえば、近年、国際環境の変化等を受け、諸外国・地域で物資の囲い込みが行われるリスクが高まっている、集中的な支援が検討されているなど、早急に措置を講ずる必要があると考えられる場合

7　特定重要物資としての指定が想定される物資

2022年12月9日時点において、政令案に掲げられた特定重要物資は、以下の11種の物資である。

①　抗菌性物質製剤
②　肥料
③　永久磁石
④　工作機械・産業用ロボット
⑤　航空機の部品（航空機用エンジンおよび機体を構成するもの）
⑥　半導体（半導体素子および集積回路）

⑦　蓄電池

⑧　クラウドプログラム

⑨　可燃性天然ガス（LNG）

⑩　金属鉱産物

⑪　船舶の部品（船舶用機関、航海用具、推進器）

　特定重要物資またはその生産に必要な原材料、部品、設備、機器、装置もしくはプログラムについて、事業者は、安定供給確保のための計画書を政府に提出し、政府の審査を経て認定を受けることによって、助成金の交付や、日本政策金融公庫による指定金融機関を通じた低利・長期の資金の貸付けなどの政府による支援を受けることができる。

【資料7】　グローバル・サプライチェーンの供給途絶リスク

（参考）グローバル・サプライチェーンの供給途絶リスクについて

物資	状況
蓄電池	蓄電池の約5～8割を中国に依存している**米国**では、2020年に**新型コロナウイルスの感染拡大**により、**大手蓄電池メーカーを含む多くの工場が稼働停止**し、**供給途絶が発生**[※1]。
半導体	一部の完成車メーカーが**コロナ影響**によって自動車需要が縮小すると予測し、生産計画を大幅に縮小させ、車載半導体部品の発注量が減少。**5G・データセンタ**等向けの民生用半導体に対する需要が拡大する中で、新型コロナウイルス感染拡大後の自動車需要の急回復により、**2020年12月以降、世界的な半導体不足が発生**[※2]。
鉱物資源	・1990年代に安価な中国産レアアースが市場を席巻。**2010年以降、中国が輸出枠を大幅削減**したことにより、**輸出が一時停滞**し、**レアアースが高騰**[※3]。 ・2017年、インドネシアは財政赤字を受けて未加工ニッケル鉱石等の輸出禁止を緩和したが、2020年1月、**未加工ニッケル鉱石の輸出禁止を前倒しで再開**[※4]。
抗菌薬	手術時の感染予防に使用される抗菌薬セファゾリン注射剤の原材料について、我が国はほぼ100%を中国に依存。2019年、**中国からの原薬供給が途絶**し、我が国においても長期にわたり安定供給が滞り、医療の円滑な提供に深刻な影響を及ぼす事案が発生[※5]。
肥料	我が国は、主要な肥料原料のほぼ全量を輸入に依存。**中国**は、2021年秋に肥料原料である尿素や**りん安等の輸出検査を厳格化**。また2022年、ウクライナ情勢により、**ロシア・ベラルーシからの塩化加里の調達が困難**になるなど、世界的に肥料原料の調達が不安定化[※6]。
LNG	・2022年7月、決済ルールの変更や定期点検等を理由に**ロシア産天然ガスのドイツへの供給量が大幅に減少**し、ドイツ国内における**ガス不足が発生**[※7]。 ・ウクライナ情勢を背景に天然ガスの価格が高騰する中、LNG輸出増加により**国内へのガス供給が不足するおそれ**を理由に、2022年8月、**豪州競争・消費委員会**（日本の公正取引委員会に相当）は豪政府に対し、**LNG輸出規制措置の検討を勧告**[※8]。

※1：Dyatkin, B. Nebg, Y.S. COVID-19 disrupts battery materials and manufacture supply chaines, but outlook remains strong. MRS Bulletin 45, 700-02 (2020)
※2：経済産業省「新型コロナウイルス対策検討自動車協議会_車載用半導体サプライチェーン検討WG中間報告_自動車サプライチェーンの強靭化に向けた取組」(2022年7月)
※3：JETRO「中国のレアアース管理に関する政策の概要と動向」(2022年1月)
※4：JETRO「ジョコ大統領、未加工資源の輸出禁止を強く指示（訴え）」(2022年2月2日)
※5：内閣府「経済安全保障法制に関する有識者会議」資料1（2021年12月28日）
※6：NHK「ウクライナ侵攻などで肥料の原料調達に影響 農水省が支援強化」(2022年4月28日)
※7：JETRO「ドイツへのノード・ストリーム1の天然ガス供給再開、ガス価格は高騰続く」(2022年7月25日)
※8：NHK「オーストラリア LNG輸出に規制を検討 最大輸出先の日本に影響は」(2022年9月14日)

10

出典：「令和4年第3回会議配布資料」10頁。

Q10　供給確保計画とその認定

供給確保計画の認定を受けることを検討しているのですが、供給確保計画にはどのような事項を記載する必要があるのでしょうか。また、供給確保計画の認定はどのような基準でなされるのでしょうか。

〔解説〕

1　供給確保計画の記載事項

供給確保計画には、以下の事項を記載しなければならないとされている（9条3項）。

① 安定供給確保を図ろうとする特定重要物資等の品目

② 取組みの目標

③ 取組みの内容および実施期間

④ 取組みの実施体制

⑤ 取組みに必要な資金の額およびその調達方法

⑥ 取組みを円滑かつ確実に実施するために行う措置

⑦ 取組みに関する情報を管理するための体制

⑧ 供給確保計画の作成者における当該特定重要物資等の調達および供給または使用の現状

⑨ ①～⑧に掲げるもののほか、主務省令で定める事項

取組みの内容としては、生産基盤の整備、供給源の多様化、備蓄、生産技術開発、代替物資開発等が考えられる。

2　供給確保計画の認定基準

民間事業者が供給確保計画を提出した場合、主務大臣は、当該供給確保計画が以下のいずれにも適合するものであると認めるときは、その認定をする

ものとされている（9条4項）。

① 取組みの内容が安定供給確保取組方針に照らし適切なものであること

② 取組みの実施に関し、安定供給確保取組方針で定められた期間以上行われ、または期限内で行われると見込まれるものであること

③ 取組みの実施体制並びに取組みに必要な資金の額およびその調達方法が供給確保計画を円滑かつ確実に実施するため適切なものであること

④ 特定重要物資等の需給がひっ迫した場合に行う措置、特定重要物資等の供給能力の維持もしくは強化に資する投資または依存の低減の実現に資する措置その他の取組みを円滑かつ確実に実施するために行う措置として主務省令で定めるものが講じられると見込まれるものであること

⑤ 取組みに関する情報を適切に管理するための体制が整備されていること

⑥ 同一の業種に属する事業を営む2以上の者が共同して作成した供給確保計画に係る認定の申請があった場合にあっては、以下の2点に適合するものであること

 ⓐ 内外の市場の状況に照らして、当該申請を行う事業者とその営む事業と同一の業種に属する事業を営む他の事業者との間の適正な競争が確保されるものであること

 ⓑ 一般消費者および関連事業者の利益を不当に害するおそれがあるものでないこと

主務大臣は、認定供給確保事業者が認定を受けた供給確保計画に従って特定重要物資等の安定供給確保のための取組みを行っていないと認めるときは、その認定を取り消すことができる（11条1項）。また、認定供給確保計画が上記2①〜⑥のいずれかに適合しないものとなったと認めるときは、認定供給確保事業者に対して、当該認定供給確保計画の変更を指示し、またはその認定を取り消すことができる（11条2項）。

3　安定供給確保取組方針（概要案）

　2022年11月16日に開催された令和4年経済安全保障会議（第4回）における配布資料として、特定重要物資ごとの供給確保のために主務大臣が定めることとされている安定供給確保取組方針（8条1項。以下、「取組方針」という）の概要案（以下、「取組方針案」という）が公表された[27]。

　取組方針案では、取組方針および主務省令で規定が予定されている「物資横断的な共通の要件」として以下の①～⑤の事項が掲げられている。

①　サイバーセキュリティへの対応（リスクに対する適切な点検・評価・対策の実施）

②　関係法令等への対応（ガバナンスの透明性の確保）

【資料】　取組方針の策定にあたって

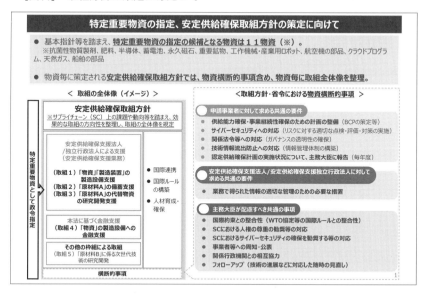

出典：「令和4年第4回会議配布資料1」1頁。

27　令和4年第3回会議配布資料参照。

③ 技術流出防止への対応（情報管理体制の構築）

④ 供給能力確保・事業継続性確保のための計画の整備（事業継続計画の策定等）

⑤ 認定供給確保計画の実施状況についての主務大臣への報告（毎年度）

また、取組方針案は、安定供給確保支援法人および安定供給確保支援独立行政法人に対して求める要件として、業務で得られた情報の適切な管理のための必要な措置を掲げている。

さらに、取組方針案は、取組方針で規定を予定している個別の特定重要物資等の安定供給確保にあたって配慮すべき事項（8条2項7号）について、物資横断的に主務大臣が配慮すべき共通の事項として以下の事項を掲げている。

① 国際約束との整合性（WTO協定等の国際ルールとの整合性）

② サプライチェーンにおける人権の尊重の勧奨等の対応

③ サプライチェーンにおけるサイバーセキュリティの確保を勧奨する等の対応

④ 事業者等への周知・公表

⑤ 関係行政機関との相互協力

⑥ フォローアップ（技術の進展などに対応した随時の見直し）

また、令和4年第4回会議配布資料によれば、特定重要物資の指定等に関する政令の閣議決定と各安定供給確保取組方針の公表は、いずれも2022年12月下旬に予定されており、安定供給確保支援法人および同独立行政法人による支援申請受付は、2023年3月以降順次開始されることが予定されている。

Q11　支援の内容

> 　供給確保計画の認定を受けた民間事業者（認定供給確保事業者）は、どのような支援を受けることができるのでしょうか。

〔解説〕

　特定重要物資等の安定供給確保のためには、当該特定重要物資等について、生産基盤の整備、供給源の多様化等を通じ、サプライチェーンの強靱化を図る必要があるが、これらの取組みには大規模かつ長期の投資を要し、その投資回収に長期間を要する場合があることから、民間金融機関だけでは十分な資金供給を行うことが困難になる場合が想定されうる。そのため、経済安全保障推進法は、民間金融機関の機能を補完する範囲内で、認定供給確保事業者に対し、株式会社日本政策金融公庫から指定金融機関を通じて低利・長期の資金を供給する二段階融資のしくみを創設するほか、中小企業信用保険法および中小企業投資育成株式会社法の特例を通じて中小企業者向けの資金の調達の円滑化に関するしくみを措置することとしている。

　安定供給確保基本方針においては、各制度の運用にあたっては、上記背景を踏まえ、特定重要物資等の安定供給確保のための取組みに必要な資金の調達の円滑化に十分留意するものとするとともに、民間事業者等の自由な経済活動を極力阻害せず、民間事業者等による創意工夫を生かした形で、取組みを促進していくことに十分留意し、また、指定金融機関等は目利き・助言等を必要に応じ行うものとされている[28]。

28　安定供給確保基本方針20頁。

【資料1】 第208回国会参議院内閣委員会経済産業委員会連合審査会第1号

○国務大臣（小林鷹之君） サプライチェーン調査を実施する際には、協力い
ただく事業者の負担にも留意をいたしまして、まず、その公的な統計調査で
すとか業界団体などが実施する調査、統計を効果的に活用していきたいと考
えておりますし、また、業界団体へのヒアリング、これも活用して、調査対
象となる物資、また調査内容などについて絞り込んでいきます。調査票への
回答などを依頼する方向で検討しています。その際には、事業者や関係団体
などにこの調査の重要性や趣旨、目的などを当然丁寧に説明してまいります
し、できる限り、この関係者の御理解をいただくことが重要だと思っており
ますので、そこは丁寧にやっていきたいと思います。

　また、この調査の主たる目的というのは特定重要物資に指定する物資を的
確に選定するためのものであること、そこは言えるんですけれども、ただ、
この調査は、その物資の生産などに関するデータの収集にとどまるものでは
ないんです。調査の過程において事業者とかなり密にコミュニケーションを
取らせていただくことになると思いますが、このサプライチェーンの強靱化
に向けた現場の課題の把握、また必要な支援策の検討や提案にも資するもの
だと考えています。

　具体的には、この調査を通じて共有をさせていただいた事業者の問題意識
というのは、必要に応じて、これ物資ごとに安定供給確保取組方針というも
のを作っていくんですけれども、これに反映していくほか、安定供給確保に
向けた事業者の取組に対するきめ細かい助成や金融支援の検討につなげるこ
とで、官民が連携した形でこのサプライチェーンの強靱化を図っていきたい
と思っています。

　委員の御指摘、問題意識というのは重要だと思っておりますので、この運
用に当たっては多くの事業者から円滑に御協力をいただいて、いただけるよ
うに実効的な方策を検討していきたいと考えます。

【資料２】　取組みの全体像

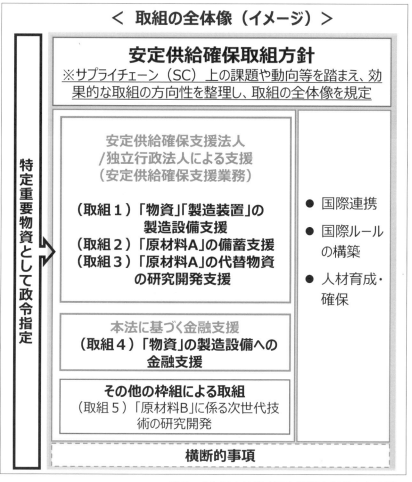

出典：「令和４年第４回会議配布資料１」１頁。

Q12 事業者の義務

重要物資の安定的な供給の確保に関する制度に関して、事業者が負う義務について教えてください。

〔解説〕

1 認定供給確保事業者の義務

供給確保計画の認定を受けた民間事業者（認定供給確保事業者）は、以下の義務を負う。

① 認定を受けた供給確保計画を変更するときは、あらかじめ主務大臣の認定を受けなければならない。ただし、軽微な変更については認定を受ける必要はなく、この場合は遅滞なく主務大臣に届出を行う必要がある（10条1項・2項）

② 毎年度、認定供給確保計画の実施状況について、主務大臣に報告しなければならない（12条）。民間事業者による計画は、中長期的な取組みとなることが考えられることから、政府として、定めた目標の達成状況を定期的に把握し、評価する[29]ことができるよう、定期的な報告の義務が課されているものと考えられる

③ 主務大臣から、認定供給確保計画の実施状況その他必要な事項に関し、報告または資料の提出を求められることがありうる（48条4項）。この場合、その求めに応じなかったり、または虚偽の報告・虚偽の資料の提出をしたときは、罰則規定（30万円以下の罰金）が適用される（96条4号）

なお、上記を超えて、認定を受けた供給確保計画の実施が罰則や命令など

---

29 「令和3年第4回会議提言」14頁。

で強制されることは想定されていないといえる。

【資料１】　第208回国会参議院本会議第16号（令和４年４月13日）

○内閣総理大臣（岸田文雄君）

　特定重要物資の安定供給を確保するため、本法案では、民間事業者の取組に対し助成金の交付、金融支援などの支援策を規定しています。政府としては、本法案の成立に全力を挙げるとともに、情勢の変化を的確に捉えて、今後不断に施策の検討と見直しを進めてまいります。

　また、産業サプライチェーンは複雑であることを踏まえ、より多くの事業者の理解を得て協力をいただくことが重要です。そのため、事業者からの自発的な協力を得ていく上で、罰則付きの調査権限は本調査になじまず、むしろ事業者の理解を得る努力を行うことが調査の実効性確保にもつながると考えております。

　政府として、調査対象の理解、協力が得られるよう努めるとともに、調査に当たっては公的統計などの効果的な活用に努めてまいりたいと考えます。

【資料２】　第208回国会衆議院本会議第12号

○国務大臣（小林鷹之君）　浅野議員からの御質問にお答えいたします。

　まず、サプライチェーンの調査の実効性確保に関する議論の経過と政府の見解についてのお尋ねがありました。

　サプライチェーンの調査の在り方については、有識者会議から、実効的な調査を実施するための政府の調査権限と事業者の応答を確保できる法的枠組みを整備することが必要、また、調査の趣旨及び目的を丁寧に説明することが必要との提言をいただきました。

　こうした提言を踏まえ、本法案においては、物資の生産、輸入、販売を営む事業者を対象とし、サプライチェーンの状況を調査するための法的枠組みを整備するとともに、事業者からの回答を担保できるよう、努力義務規定を置くこととしました。

　また、サプライチェーンの調査については、事業者に本調査の重要性や趣旨、目的を丁寧に説明することで、調査の実効性を確保してまいります。

2 その他の事業者の義務

　主務大臣は、特定重要物資の安定的な供給の確保に関する制度のために必要な限度において、その所管する事業に係る物資の生産、輸入または販売の事業を行う個人または法人その他の団体に対し、当該物資またはその生産に必要な原材料等の生産、輸入、販売、調達または保管の状況に関し必要な報告または資料の提出を求めることができるなど、調査権限を有する（48条1項・2項）。そして、同規定に基づいて報告または資料の提出の求めを受けた者は、その求めに応じる努力義務が課されている（48条3項）。

Q13　特別の対策を講ずる必要のある特定重要物資

民間事業者への支援措置では安定供給確保を図ることが困難な場合には、所管大臣が「特別の対策を講ずる必要がある特定重要物資」を指定することができ、当該物資・その原材料等について必要な措置を講ずるとのことですが、どのような場合に当該指定がなされるのでしょうか。

〔解説〕

安定供給確保基本方針においては、以下のいずれにも該当する場合に、経済安全保障推進法44条1項に基づく「特別の対策を講ずる必要がある特定重要物資」の指定を行うことができるとされている[30]。

① 当面の間、民間事業者等による安定供給確保に向けた取組みの実施が想定されず、特定重要物資の安定供給確保が困難と認められること

② 特定重要物資等のうち、その安定供給確保が困難と認められるものについて、国が自ら実施する備蓄その他の安定供給確保のために必要な措置（44条6項）の実施を通じて、安定供給確保のための取組みを図ることが特に必要と認められること

③ 当該特定重要物資等について、民間事業者等が経済安全保障推進法44条6項に規定する措置を行おうとすることがその経済性に照らし困難と判断されること

30　安定供給確保基本方針24頁。

第3章　基幹インフラ役務の安定的な提供の確保に関する制度

Q14　制度の趣旨・目的

> 　経済安全保障推進法において、基幹インフラ役務の安定的な提供の確保に関する制度が創設されましたが、なぜこのような制度が創設されたのでしょうか。本制度の基本的な考え方も含めて教えてください。

〔解説〕

1　制度創設の背景[31]

⑴　基幹インフラ事業における経済安全保障上の課題

　近年、厳しい安全保障環境や地政学的な緊張の高まりもあって、サイバー空間が国家間の争いの場となっている。

　このような状況下で、世界各国において、基幹インフラ事業を対象として混乱が引き起こされた事案がみられている。具体的には、サイバー攻撃により大規模かつ長期にわたる停電が発生した事案、パイプライン事業者の管理システムに対するサイバー攻撃により当該事業者のパイプラインの操業が長期間停止した事案、平時に電力設備に密かにウイルスを侵入させ、国家間の緊張が高まる中で電力インフラを停止させ、混乱を引き起こした事案などが相次いで報じられている。

　わが国においても、基幹インフラ事業者を含む民間企業等が対象となったとされるサイバー攻撃事案が複数発生しており、その中には、外国政府の関

31　「令和3年第4回会議提言」16頁～17頁。

与が疑われる例もある。

　また、近時は特にDXの著しい進展に伴い、基幹インフラ事業の遂行がサイバー空間と無関係に成り立たないものとなっており、基幹インフラ事業において、わが国の外部の主体が設備の供給者（ベンダー）や維持管理等の受託者に影響を及ぼすことのできる場合に、設備導入時やソフトウェアのアップデート時に不正機能を埋め込むことや、設備の脆弱性情報を把握すること等が懸念されている。

　このような現況を踏まえると、わが国の外部からわが国の基幹インフラ事業に対して妨害行為が行われるリスクは高まっていると考えられる。

　他方で、わが国の基幹インフラ事業を規律する既存の業法等には、安定提供義務や技術基準適合義務といった規定はあるものの、わが国の外部からの妨害行為を未然に防止するための必要な規定が含まれていない。そのため、現行法制度のままでは、このような妨害行為のリスクに的確に対応することができないと考えられた。

　そこで、今般成立した経済安全保障推進法において、上記のような妨害行為に対応するために必要な法制度の整備として、基幹インフラ事業に関する制度が創設された。

(2)　従来の政府の取組み

　政府は、サイバーセキュリティ基本法（平成26年法律第104号）の目的である①経済社会の活力の向上および持続的発展、②国民が安全で安心して暮らせる社会の実現、および③国際社会の平和・安全の確保およびわが国の安全保障に寄与することを踏まえ、「IT調達に係る国の物品等又は役務の調達方針及び調達手続に関する申合せ」（2018年12月10日公表、2021年9月1日最終改正）を策定した。

　上記の申合せにより、政府機関等において、一定の情報システム・機器・役務等の調達のうち、より一層サプライチェーン・リスクに対応することが必要であると判断されるものについて、調達において参照すべき基準等が示されるなど、政府としてサイバーセキュリティを確保するための取組みが推

進されてきた。

　また、政府は、「経済財政運営と改革の基本方針2021」（2022年6月18日閣議決定）において、基幹インフラ事業について、「経済安全保障の観点も踏まえつつ、インフラ機能の維持等に関する安全性・信頼性を確保するため、機器・システムの利用や業務提携・委託等を通じたリスクへ対処するための所要の措置を講ずるべく検討を進める」との方針を決定した。

　今般成立した経済安全保障推進法は、このような流れを受けて制定されたものである。

2　基本的な考え方[32]

(1)　目的・必要性

　基幹インフラ事業は、国民生活や経済活動の基盤となる役務を提供するものであり、その安定的な提供を確保することはわが国の重要な課題である。

　他方で、基幹インフラ事業者にとって、経済効率性の観点から、利用する設備を他の事業者から調達したり、当該設備の維持管理等を他の事業者に委託したりすることは当然のことと考えられている。また、業法による規律は、事前規制から、問題が生じた場合の業務改善命令等の事後規制に軸足を移してきたところである。

　しかし、上記1のとおり、基幹インフラ事業に対し、わが国の外部からの妨害行為が行われるリスクが高まっている。そして、基幹インフラに関する設備の高度化・ソフトウェア化が進展する中、リスクのある事業者から設備を導入した場合、当該リスクのある事業者によって、不正機能が組み込まれたり、事後的に発見した脆弱性を速やかに通知・対策せずに放置されたりするといった行為が行われたとしても、これを基幹インフラ事業者が検知することは容易ではなく、設備導入後にリスクを排除することは困難となりつつある。

32　「令和3年第4回会議提言」18頁～21頁。

　加えて、不正機能等により基幹インフラの機能に支障が生じた場合、基幹インフラ事業者にとって、設備の利用中止や交換には多大な費用と時間を要することとなる。また、必要な対応がとられるまでの間、基幹インフラ役務の安定的な提供が損なわれ、国家および国民の安全に取り返しのつかない影響が生じ得ることになる。

　経済安全保障推進法は、このような被害の発生を未然に防止するために、多層防御の考え方に立ち、引き続きサイバーセキュリティ対策を推進するとともに、基幹インフラに関する設備の導入が行われる前にリスクを把握・排除する必要があるとの考えに立つものである。

(2)　経済活動の自由との関係

　国家および国民の安全は、事業者が市場原理に基づいて経済活動を行う際の前提となるものである。その前提を確立するためには、経済安全保障の観点から、基幹インフラの安全性・信頼性を確保するための取組みを推進していく必要がある。

　一方で、インフラ事業者による設備およびその調達先の選定や維持管理等の委託については、私的自治の原則の下、当該事業者の経済活動の自由として、自らの経営判断において行われるものである。

　そのため、経済安全保障推進法は、一般則として、規制措置が経済活動に与える影響を考慮し、安全保障を確保するため合理的に必要と認められる限度において行わなければならない旨を規定しており（5条）、基幹インフラ事業において基本指針を策定するにあたっては、有識者の意見を聴いて、基幹インフラ事業に関する経済活動に与える影響に配慮すべきとしている（49条4項）。

　このように、経済安全保障推進法は、規制によって事業者の経済活動が過度に制約されることのないよう配慮し、規制によって達成しようとする国家および国民の安全と、事業者の経済活動の自由とのバランスがとれた制度とすることを志向している。

《経済安全保障推進法》

第 5 条

　この法律の規定による規制措置は、経済活動に与える影響を考慮し、安全保障を確保するため合理的に必要と認められる限度において行わなければならない。

第49条

3　内閣総理大臣は、特定社会基盤役務基本指針の案を作成し、閣議の決定を求めなければならない。

4　内閣総理大臣は、前項の規定により特定社会基盤役務基本指針の案を作成するときは、あらかじめ、安全保障の確保に関する経済施策、情報通信技術その他特定社会基盤役務の安定的な提供の確保に関し知見を有する者の意見を聴くとともに、特定社会基盤役務に関する経済活動に与える影響に配慮しなければならない。

⑶　国際ルールとの関係

　上記 2⑴のとおり、基幹インフラ事業に関する制度創設の目的は、わが国の基幹インフラ事業者が利用する重要な設備が、わが国の外部からの妨害行為の手段として利用され、それにより基幹インフラ役務の安定的な提供が損なわれるリスクに対応するものである。

　経済安全保障推進法においては、上記 2⑵にあげた同法 5 条の原則に加えて、国際ルールとの調和（90条）の観点から、内外無差別の制度とされており、たとえば、外国製の設備の利用または外国企業からの調達と自国製の設備の利用または自国企業からの調達との間で同等の規制が及ぶものとされている。

　今後、政府が、具体的に制度を設計・運用していく際には、経済安全保障推進法に従って、WTO協定等のわが国が締結している国際約束との整合性に留意することとなり、わが国の基幹インフラ事業者が利用する設備を供給する事業者や当該設備の維持管理等を受託する事業者などについて、国籍のみをもって差別的な取扱いをすることは想定されていない。

《経済安全保障推進法》

第90条

　この法律の施行に当たっては、我が国が締結した条約その他国際約束の誠実な履行を妨げることがないよう留意しなければならない。

【資料】　第208回国会参議院内閣委員会第10号

○国務大臣（小林鷹之君）　お答えいたします。

　自由、民主主義、人権、法の支配、こうした普遍的価値や原則を重視する我が国といたしまして、我が国が締結した条約その他の国際約束を誠実に履行すべきことは当然でございまして、委員言及いただいた第九十条にてその旨を規定しております。

　その上で、この法案は、外国又は特定の外国の企業、産品、サービスであることを理由にそれらを差別的に扱うものではなくて、内国民待遇などの無差別の原則が法案全体に貫かれております。

　また、この法案に基づく措置につきましても、内国民待遇などの無差別の原則を含めて、我が国が締結した国際約束と整合的な形で制度設計することになると考えております。

Q15　制度の概要

基幹インフラ役務の安定的な提供の確保に関する制度の全体像をまず把握したいので、本制度の概要を教えてください。

〔解説〕

1　概　要

　経済安全保障推進法は、規制の対象となる基幹インフラ事業者を特定したうえで、当該事業者が用いる設備のうち、基幹インフラ役務の安定的な提供に重要であって、わが国の外部からの妨害行為の手段として使用されるおそれがあるものに限り、①第三者（設備のベンダーなど）から当該設備を新規に導入する場合、②維持管理等に関する業務を第三者に委託する場合に、基幹インフラ事業者から主務大臣に対する届出を義務づけている。

　主務大臣は、届出内容に鑑みて、対象となる設備が妨害行為の手段として使用されるおそれが大きいと認める場合には、導入計画の変更や中止を勧告でき、正当な理由なくこの勧告に従わない基幹インフラ事業者に対しては、導入計画の変更や中止を命じることができる。

　また、政府は、基幹インフラ役務の安定的な提供の確保に関し、特定社会基盤役務基本指針を策定することとされている（49条）。

【資料】 規制対象の全体イメージ

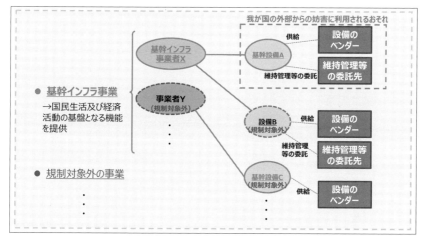

出典：「令和３年第３回会議配布資料４」４頁。

2 用語の定義

　経済安全保障推進法は、本制度について、以下のように用語を定義している。制度を理解するにあたり、これらの用語の定義を押さえておく必要がある。

　本書においても、以下では、これらの用語の定義を前提として解説を行う。

用　語	定　義
特定社会基盤事業	電気・ガス・石油・水道・鉄道・運送・航空・空港・通信・放送・郵便・金融・割賦販売に係る一定の事業のうち、特定社会基盤役務の提供を行うものとして政令で定めるもの
特定社会基盤役務	国民生活および経済活動の基盤となる役務であって、その安定的な提供に支障が生じた場合に国家および国民の安全を損なう事態を生ずるおそれがあるもの
特定重要設備	特定社会基盤事業の用に供される設備、機器、装置またはプログラムのうち、特定社会基盤役務を安定的に提供するために重要であり、かつ、わが国の外部から行われる特定社会基盤役務の安定的な提供を妨害する行為の手段として使用されるおそれがあるものとして主務省令で定めるもの
特定社会基盤事業者	特定社会基盤事業を行う者のうち、その使用する特定重要設備の機能が停止し、または低下した場合に、その提供する特定社会基盤役務の安定的な提供に支障が生じ、これによって国家および国民の安全を損なう事態が生ずるおそれが大きいものとして主務省令で定める基準に該当する者として指定される者
重要維持管理等	特定重要設備の維持管理もしくは操作であって、特定重要設備の機能を維持するためまたは特定重要設備に係る特定社会基盤役務を安定的に提供するために重要であり、かつ、これらを通じて特定重要設備がわが国の外部から行われる特定社会基盤役務の安定的な提供を妨害する行為の手段として使用されるおそれがあるものとして主務省令で定めるもの
特定妨害行為	特定重要設備の導入または重要維持管理等の委託に関してわが国の外部から行われる特定社会基盤役務の安定的な提供を妨害する行為。
導入等計画書	特定重要設備の導入または重要維持管理等の委託に関する計画書

3　主な法律の条文とその要旨

　本制度について、経済安全保障推進法は、「特定社会基盤役務の安定的な

提供の確保」として、49条〜59条に具体的な定めを設けている。

詳細は後述するが、その概要は、以下のとおりである。

(1) 特定社会基盤役務基本指針の策定

政府は、経済安全保障推進法2条1項に基づき定められる基本方針に基づき、特定妨害行為の防止による特定社会基盤役務基本指針を策定する（49条）。基本指針の案は、内閣総理大臣が作成し、閣議決定のうえで公表する。

《経済安全保障推進法》
第2条
1 政府は、経済施策を一体的に講ずることによる安全保障の確保の推進に関する基本的な方針（以下「基本方針」という。）を定めなければならない。

---

(2) 特定社会基盤事業者の指定

主務大臣は、特定社会基盤事業を行う者のうち、その使用する特定重要設備の機能が停止または低下した場合、その提供する特定社会基盤役務の安定的な提供に支障が生じ、国家および国民の安全を損なう事態を生ずるおそれが大きいものとして主務省令で定める基準に該当する者を「特定社会基盤事業者」として指定することができる（50条）。

(3) 特定重要設備の導入等に関する届出・勧告・命令

特定社会基盤事業者は、他の事業者から特定重要設備の導入行う場合または他の事業者に委託して重要維持管理等を行わせる場合に、所定の事項を記載した導入等計画書を届け出て、主務大臣による審査を経る（52条1項）。

主務大臣は、届け出られた導入等計画書に係る特定重要設備が特定妨害行為の手段として使用されるおそれが大きいと認める場合には、特定妨害行為を防止するために必要な措置を講じたうえでの実施や中止を勧告でき、正当な理由なくこの勧告に従わない特定社会基盤事業者に対しては、当該勧告に係る変更を加えた導入等計画書を届け出たうえで、当該導入等計画書に基づき特定重要設備の導入等を行うことまたは特定重要設備の導入等の中止を命じることができる（52条6項）。

⑷ **特定重要設備の導入等後の勧告・命令**

　主務大臣は、導入等計画書に基づく特定重要設備の導入等を行うことができることとなった後または行った後であっても、国際情勢の変化その他の事情の変更を理由として、特定社会基盤事業者に対し、特定重要設備の検査または点検の実施、特定重要設備の重要維持管理等の委託の相手方の変更その他特定妨害行為を防止するため必要な措置をとるべきことを勧告し、正当な理由なくこの勧告に従わない特定社会基盤事業者に対しては、当該勧告に沿った措置を命じることができる（55条1項）。

Q16　施行期日

基幹インフラ役務の安定的な提供の確保に関する制度の施行日を教えてください。

〔解説〕

1　施行スケジュール

本制度は、経済安全保障推進法の公布の日（2022年5月18日）から、1年～1年9カ月の間に、3段階に分けて施行される（〔図〕参照）。

〔図〕　施行スケジュール

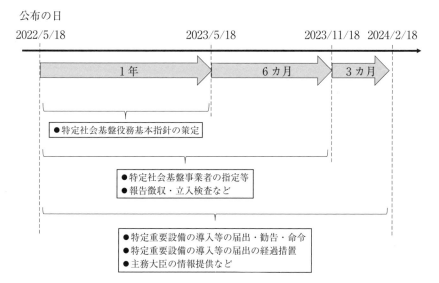

具体的には、①まず、特定社会基盤役務基本指針の策定（49条）について、公布の日から1年以内に施行される。②次に、規制の対象となる特定社

会基盤事業者の指定・解除（50〜51条）や特定社会基盤事業を行う者に対する報告徴収・立入検査（58条）等について、公布の日から1年6カ月以内に施行され、③最後に、具体的な規制の中身となる導入等計画書の届出など特定重要設備の導入等に関する具体的な規律（52〜57条）について、公布の日から1年9カ月以内に施行される。

それぞれ具体的な施行日は、政令により定められる。

項　目	根拠条文	施行日
特定社会基盤役務基本指針の策定	49条	公布の日から1年以内
特定社会基盤事業者の指定・解除	50条〜51条	公布の日から1年6カ月以内
報告徴収・立入検査	58条	
主務大臣に対する関係行政機関等の協力	59条	
特定重要設備の導入等の届出・勧告・命令	52条	公布の日から1年9カ月以内
特定重要設備の導入等の届出の経過措置	53条	
導入等計画書の変更等	54条	
特定重要設備の導入等後の勧告・命令	55条	
勧告・命令の手続	56条	
主務大臣の情報提供の責務	57条	

2　根拠条文

施行日については、経済安全保障推進法附則1条において規定されている。

本制度（49条〜59条）については、経済安全保障推進法附則1条2号〜4号に基づき、公布の日から1年〜1年9カ月を超えない範囲内において政令で定める日が施行日とされている。

┌─《経済安全保障推進法》─────────────────────
│ 附則第1条
│ 1　この法律は、公布の日から起算して9月を超えない範囲内において政令
│ 　で定める日から施行する。ただし、次の各号に掲げる規定は、当該各号に
│ 　定める日から施行する。
│ 　一　（略）
│ 　二　第49条……の規定　公布の日から起算して1年を超えない範囲内にお
│ 　　いて政令で定める日
│ 　三　第50条、第51条、第58条、第59条……の規定　公布の日から起算して
│ 　　1年6月を超えない範囲内において政令で定める日
│ 　四　第52条から第57条まで……の規定　公布の日から起算して1年9月を
│ 　　超えない範囲内において政令で定める日
└──────────────────────────────────

Q17　制度の対象となる事業

　基幹インフラ役務の安定的な提供の確保に関する制度の対象となる事業はどのように定められているのでしょうか。

〔解説〕

1　基本的な考え方[33]

　経済安全保障推進法は、基幹インフラ役務の提供に関し、わが国の外部からの妨害行為によるリスクを排除するため、基幹インフラ事業に係る設備の導入等が行われる前に、その計画を届け出て、主務大臣による審査期間中は、当該導入等に係る計画を実施できないといった規制などを課す。このような規制は、事業活動に対する強い制約となることから、規制対象となる事業、事業者、設備のそれぞれについて、国家および国民の安全に与える影響に鑑み、真に必要なものに限定することが求められる。

　そのため、対象となる事業の範囲は、国民生活や経済活動の基盤となるインフラ事業の中でも、インフラ役務の安定的な提供に支障が生じた場合に、①国民の生存に支障を来す事業で代替可能性がないもの、または②国民生活もしくは経済活動に広範囲または大規模な混乱等が生じ得る事業として、法令上一定の範囲に限定されている。

2　対象となる事業

　特定社会基盤事業は、次に掲げる14の事業類型のうち、特定社会基盤役務の提供を行うものとして政令で定めるものである（50条1項1号〜14号。〔図〕参照）。

33　「令和3年第4回会議提言」21頁〜22頁。

① 　電気事業（電気事業法 2 条 1 項16号）

② 　ガス事業（ガス事業法 2 条11項）

③ 　石油精製業および石油ガス輸入業（石油の備蓄の確保等に関する法律 2 条 5 項・ 9 項）

④ 　水道事業および水道用水供給事業（水道法 3 条 2 項・ 4 項）

⑤ 　第一種鉄道事業（鉄道事業法 2 条 2 項）

⑥ 　一般貨物自動車運送事業（貨物自動車運送事業法 2 条 2 項）

⑦ 　貨物定期航路事業および不定期航路事業のうち、主として本邦の港と本邦以外の地域の港との間において貨物を運送するもの（海上運送法 2 条 4 項・ 6 項）

⑧ 　国際航空運送事業および国内定期航空運送事業（航空法 2 条19項・20項）

⑨ 　空港の設置・管理を行う事業および空港に係る公共施設等運営事業（空港法 2 条、民間資金等の活用による公共施設等の整備等の促進に関する法律 2 条 6 項）

⑩ 　電気通信事業（電気通信事業法 2 条 4 号）

⑪ 　放送事業のうち基幹放送を行うもの（放送法 2 条 2 号）

⑫ 　郵便事業

⑬ 　金融に係る事業のうち、一定の事業

⑭ 　包括信用購入あっせんの業務を行う事業（割賦販売法 2 条 3 項）

なお、上記⑬の金融に係る事業について、含まれる具体的な事業類型は、以下のとおりである（50条 1 項13号イ～チ）。

ⓐ 　銀行法 2 条 2 項各号に掲げる行為のいずれかを行う事業

ⓑ 　保険業（保険業法 2 条 1 項）

ⓒ 　取引所金融商品市場の開設の業務を行う事業・金融商品債務引受業・第一種金融商品取引業（金融商品取引法 2 条17項・28項・28条 1 項）

ⓓ 　信託業（信託業法 2 条 1 項）

ⓔ 　資金清算業・第三者型前払式支払手段の発行の業務を行う事業（資

金決済に関する法律2条10項・3条5項)

ⓕ 預金保険法34条に規定する業務を行う事業・農水産業協同組合貯金
保険法34条に規定する業務を行う事業

ⓖ 社債、株式等の振替に関する法律3条1項に規定する振替業

ⓗ 電子債権記録業（電子記録債権法51条1項）

〔図〕 対象となる14の事業類型

電気	ガス	石油	水道
鉄道	貨物運送	海上運送	航空運送
空港	通信	放送	郵便
金融	包括信用購入あっせん		

Q18　制度の対象となる事業者

　基幹インフラ役務の安定的な提供の確保に関する制度の対象となる事業者はどのように定められているでしょうか。

〔解説〕

1　基本的な考え方[34]

　Q17で述べたとおり、経済安全保障推進法は、基幹インフラ役務の提供に関し、わが国の外部からの妨害行為によるリスクを排除するため、基幹インフラ事業に係る設備の導入等が行われる前に、その計画を届け出て、主務大臣による審査期間中は、当該導入等に係る計画を実施できないといった規制などを課す。このような規制は、事業活動に対する強い制約となることから、規制対象となる事業、事業者、設備のそれぞれについて、国家および国民の安全に与える影響に鑑み、真に必要なものに限定することが求められる。

　そのため、対象となる事業者の範囲についても、その事業者の提供する役務の安定的な提供に支障が生じた場合に、国民生活または経済活動に多大な影響を及ぼす者に限定する必要がある。

　安定的な役務の提供に支障が生じた場合に国民生活または経済活動に与える影響については、基幹インフラ事業によって異なると考えられることから、基幹インフラ事業の区分に応じ、明確な基準が定められたうえで、対象となる事業者が指定されることになる。

　具体的な事業ごとの指定基準に関しては、利用者の数や国内市場におけるシェア等の基幹インフラ事業者としての事業規模を考慮することが考えられ

34　「令和3年第4回会議提言」21頁〜23頁。

る。また、特に電気等の国民の生存にとって重要なインフラについては、地理的事情や事業の内容の特殊性を含む当該事業者の代替可能性を考慮することも考えられる。

　中小規模の事業者については、役務の安定的な提供に支障が生じた場合に及ぼす影響が限定的であり、規制への対応が相対的に大きな負担となり得ることから、慎重な検討が必要とされている。

2　事業者の指定

　対象となる特定社会基盤事業者の指定基準は、特定重要設備の機能が停止し、または低下した場合に、その提供する特定社会基盤役務の安定的な提供に支障が生じ、これによって国家および国民の安全を損なう事態を生ずるおそれが大きいものとして、主務省令において定められることになる。

　主務大臣は、主務省令で定めた基準に該当する事業者を、特定社会基盤事業者として指定することができることとなる（50条1項。〔図〕参照）。

　なお、特定社会基盤事業者の指定は、Q16で述べたとおり、公布の日（2022年5月18日）から1年6カ月以内に行われることになる。

《経済安全保障推進法》

第50条

1　主務大臣は、特定社会基盤事業（次に掲げる事業のうち、特定社会基盤役務（国民生活及び経済活動の基盤となる役務であって、その安定的な提供に支障が生じた場合に国家及び国民の安全を損なう事態を生ずるおそれがあるものをいう……）の提供を行うものとして政令で定めるものをいう……）を行う者のうち、その使用する特定重要設備……の機能が停止し、又は低下した場合に、その提供する特定社会基盤役務の安定的な提供に支障が生じ、これによって国家及び国民の安全を損なう事態を生ずるおそれが大きいものとして主務省令で定める基準に該当する者を特定社会基盤事業者として指定することができる。

〔図〕 特定社会基盤事業者の要件

3 指定に係る通知・公示および指定の解除

　主務大臣は、特定社会基盤事業者を指定したときは、指定を受けた事業者に通知するとともに、指定を受けた事業者の①名称および住所、②指定に係る特定社会基盤事業の種類、③指定をした日を公示する義務を負う（50条2項本文）。

　特定社会基盤事業者として指定された事業者は、その名称または住所を変更する場合には、変更する日の2週間前までに主務大臣に届け出る必要がある（50条3項）。

　なお、主務大臣は、主務省令で定める基準に該当しなくなったと認められる事業者に対しては、特定社会基盤事業者としての指定の解除をする。解除についても通知および公示をしなければならない（51条）。

《経済安全保障推進法》

第50条

2　主務大臣は、特定社会基盤事業者を指定したときは、その旨を当該指定を受けた者に通知するとともに、当該指定を受けた者の名称及び住所、当該指定に係る特定社会基盤事業の種類並びに当該指定をした日を公示しなければならない。これらの事項に変更があったときも、同様とする。

第51条

　主務大臣は、特定社会基盤事業者が前条第1項の主務省令で定める基準に該当しなくなったと認めるときは、同項の規定による指定を解除するものとする。この場合においては、同条第2項の規定を準用する。

Q19 必要となる手続（届出・審査）

　基幹インフラ役務の安定的な提供の確保に関する制度において、新たに創設された手続や審査はどのようなものでしょうか。

〔解説〕

1 要旨

　経済安全保障推進法は、基幹インフラ役務の提供に関し、わが国の外部からの妨害行為によるリスクを排除するため、基幹インフラ事業に係る一定の設備の導入や維持管理等の第三者への委託が行われる前に、主務大臣がその内容を事前に把握し、審査する制度を設けることとした。

　具体的には、特定社会基盤事業者が、基幹インフラ事業に係る一定の設備の導入や維持管理等の第三者への委託を行う前に、その計画を届け出て、主務大臣による審査を経ることとした。審査の結果、主務大臣は、当該計画について特定妨害行為の手段として使用されるおそれが大きいと認めるときは、届出を行った事業者に対し、①当該計画の内容の変更その他の特定妨害行為を防止するため必要な措置を講じたうえで実施するか、②当該計画の実施を中止することを勧告できることとした。

　このように、経済安全保障推進法は、基幹インフラ事業に係る一定の設備の導入や維持管理等の第三者への委託に関し、その計画についてあらかじめ主務大臣による審査を経ることとし、必要に応じてその変更を勧告することができるなど、新たな事前規制を設けたものである。

2 概要

(1) 特定重要設備の導入等の届出

　特定社会基盤事業者として指定された事業者は、①特定重要設備の導入を

行う場合、または②他の事業者に委託して特定重要設備の維持管理・操作（重要維持管理等）を行わせる場合に、主務大臣に対し、あらかじめ所定の事項を記載した計画書（導入等計画書）を届け出なければならないとされた（52条1項）。

届出を行った事業者は、主務大臣が届出を受理した日から30日を経過する日（52条4項による延長がされた場合は最長4ヵ月間。以下、「計画実施禁止期間[35]」という）まで、届出に係る計画を実施することができない（52条3項本文）。

(2) 審査手続・スケジュール

主務大臣は、導入等計画書の届出があった場合に、当該導入等計画書に係る特定重要設備が特定妨害行為の手段として使用されるおそれが大きいと認めるときは、①当該導入等計画書の内容の変更その他の特定妨害行為を防止するための必要な措置を講じたうえでその計画を実施するか、②その計画の実施を中止することを勧告することができる（52条6項）。

勧告を受けた届出事業者は、主務大臣に対し、勧告を受けた日から10日以内に応諾または応諾しない場合にはその理由を通知する。

主務大臣は、届出事業者が応諾しないことに正当な理由がないと認められるときは、届出事業者に対し、①当該勧告に係る変更を加えた導入等計画書を主務大臣に届け出たうえでその計画を実施するか、②その計画の実施を中止することを命令することができる（52条10項本文）。

主務大臣は、勧告・命令の手続を、計画実施禁止期間内に行わなければならないとされている（52条10項ただし書）。

(3) 緊急導入等届出

以上が特定重要設備の導入等に関する原則的な取扱いであるが、特定社会基盤事業者は、緊急やむを得ない場合として主務省令で定める場合には、例

---

35 計画実施禁止期間について、主務大臣は、審査の結果、特定重要設備が特定妨害行為の手段として使用されるおそれが大きいといえないと認めるときは、その期間を短縮することができる（52条3項ただし書・5項）。

外として、事後に所定の事項を記載した届出書（以下、法令の用語に合わせて「緊急導入等届出書」という）を提出することができる（52条1項ただし書・11項）。

〔図〕　審査・措置の全体像

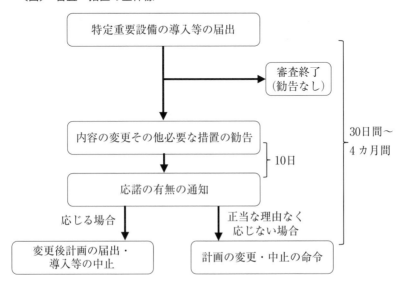

Q20　行政による措置・情報提供

基幹インフラ役務の安定的な提供の確保に関する制度において、新たに創設された行政による措置や情報提供はどのようなものか教えてください。

〔解説〕

1　行政による措置

Q19で述べたとおり、経済安全保障推進法は、基幹インフラ役務の提供に関し、わが国の外部からの妨害行為によるリスクを排除するため、特定重要設備の導入・重要維持管理等の委託が行われる前に、政府がその計画を事前に把握し、審査する制度を設けることとし、必要な場合には、主務大臣が計画の変更や中止を勧告・命令できることとした。

これに加えて、経済安全保障推進法は、計画実施禁止期間（Q19参照）の後または計画の実施後であっても、国際情勢の変化その他の事情の変更があった場合には、特定重要設備の検査や点検などの必要な措置の勧告・命令ができるとしている。ただし、事業者への影響が大きい事後的な措置の発動は、極めて限定的な場面に限られるべきであり、勧告等を事後的に行う場合には事業者の負担に留意した内容とすべきとされている[36]。

このように、経済安全保障推進法は、基幹インフラ役務の提供に関し、特定重要設備の導入・重要維持管理等の実施について、事前および事後の両側面から新たな規制措置を講じるものである。

また、経済安全保障推進法の施行のために、主務大臣は、特定社会基盤事業者などに対し、報告の徴収等を行う権限を有することとされた。

36　第208回国会参議院内閣委員会第10号〔国務大臣（小林鷹之）答弁〕。

それぞれの措置の内容は、次に述べるとおりである。

(1) 事前審査における勧告・命令

Q19で述べたとおり、主務大臣は、導入等計画書の届出があった場合に、当該導入等計画書に係る特定重要設備が特定妨害行為の手段として使用されるおそれが大きいと認めるときは、①当該導入等計画書の内容の変更その他の特定妨害行為を防止するための必要な措置を講じたうえでその計画を実施するか、②その計画の実施を中止することを勧告することができる（52条6項）。

また、主務大臣は、届出事業者が勧告に応諾しないことに正当な理由がないと認められるときは、届出事業者に対し、①当該勧告に係る変更を加えた導入等計画書を主務大臣に届け出たうえでその計画を実施するか、②その計画の実施を中止することを命令することができる（52条10項本文）。

(2) 事後の勧告・命令

計画実施禁止期間（Q19参照）の後または計画の実施後であっても、主務大臣は、国際情勢の変化その他の事情の変更により、当該導入等計画書に係る特定重要設備が特定妨害行為の手段として使用され、または使用されるおそれが大きいと認めるに至ったときは、届出事業者に対し、①当該特定重要設備の検査・点検の実施、②当該特定重要設備の重要維持管理等の委託の相手方の変更、③その他の特定妨害行為を防止するために必要な措置をとるべきことを勧告することができる（55条1項）。

また、主務大臣は、届出事業者が勧告に応諾しないことに正当な理由がないと認められるときは、届出事業者に対し①当該特定重要設備の検査・点検の実施、②当該特定重要設備の重要維持管理等の委託の相手方の変更、③その他の特定妨害行為を防止するために必要な措置をとるべきことを命令することができる（55条3項）。

この事後の勧告・命令に係る規律は、緊急導入等届出の場合も同様である（55条2項・3項）。

〔図〕　事前または事後の勧告・命令

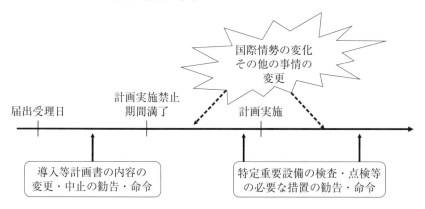

(3)　報告徴収・立入検査

　主務大臣は、特定社会基盤事業者の指定を行うために、各事業者の規模や内容を正確に把握する必要がある。そのため、主務大臣は、特定社会基盤事業を行う者に対し、必要な報告または資料の提出を求めることができる（58条1項）。この報告・資料の提出は、結果として特定社会基盤事業者として指定を受けない者に対しても求められる可能性があることに留意が必要である。

　このほか、主務大臣は、特定社会基盤事業者の指定の解除（51条）、特定重要設備の導入等計画書に係る勧告・命令（52条6項・10項）、特定重要設備の導入等後の勧告（55条1項・2項）の施行に必要な限度において、特定社会基盤事業者に対し、報告徴収および立入検査の権限を有する（58条2項）。

2　主務大臣による情報提供

　主務大臣は、特定社会基盤事業者に対し、特定妨害行為の防止に資する情報を提供するよう努めることとされた（57条）。

　経済安全保障推進法においては、規制によって事業者の経済活動が過度に制約されることのないよう、規制によって達成しようとする国家および国民の安全と、事業者の経済活動の自由とのバランスがとれた制度とすることが

志向されており、事業者の経済活動における予見可能性を高めるために、このような努力義務が課されている。

　具体的には、各主務官庁において、相談窓口が設置され、そこで具体的なリスク低減措置に関する情報の提供が行われることなどが想定されている。

《経済安全保障推進法》
第57条
　　主務大臣は、特定社会基盤事業者に対し、特定妨害行為の防止に資する情報を提供するよう努めるものとする。

【資料】　第208回国会参議院内閣委員会第11号

○国務大臣（小林鷹之君）　この法案の基幹インフラに関する制度におきましては、我が国の安全保障と経済活動の自由、これを両立させる必要がございますので、今委員御指摘いただいたとおり、事業者の予見可能性を高めることが重要だと考えます。したがって、この先ほど申し上げた基本指針におきまして、勧告、命令の審査に当たっての考え方について、可能な限り明確に定めることとしています。

　その上で、今言及いただきましたこの法案の第57条、この規定に基づきまして、事業所管省庁に相談窓口を設置する予定です。そこで、例えば具体的なリスク低減措置といったような妨害行為の防止に資する情報の提供に努めていきたいと考えておりまして、関係事業者と常日頃からコミュニケーションを取る中で連携を密に図っていきたいと考えます。

第4章 先端的な重要技術の開発支援に関する制度

Q21 制度の趣旨・目的

経済安全保障推進法において、先端的な重要技術の開発支援に関する制度が創設されましたが、なぜこのような制度が創設されたのでしょうか。本制度の基本的な考え方についても教えてください。

〔解説〕

1 現状・課題

産業基盤のデジタル化・高度化に伴い、技術革新は安全保障にも影響しうるものとなった。その結果、科学技術・イノベーションは激化する国家間の覇権争いの中核になっている[37]。すなわち、主要国は、感染症の世界的流行、大規模サイバー攻撃、自然災害等といった国家および国民の安全を損なう事態を生じさせるような安全保障上の脅威等への有効な対応策として、先端技術の研究開発・活用を強力に推進している[38]。

わが国では、従来は大企業が基礎研究を含めた先端技術の研究開発を担っていたが、近年では、大企業に限らず研究機関やアカデミアなどの多様な主体が産み出したイノベーションの種を社会実装につなげるメカニズムの必要性が指摘されている。また、2020年以降、総合科学技術・イノベーション会

---

[37] 「第6期科学技術・イノベーション基本計画」(2021年3月26日閣議決定) 参照。

[38] 米国では、全米科学アカデミー・米国科学振興協会・RAND 研究所などさまざまなシンクタンクが高度な科学技術の知見に基づく調査・分析・研究活動を自律的かつ積極的に行い、政府の意思決定に大きく貢献・寄与している。

議の下、府省横断で基礎から出口（実用化・事業化）までを見据えた一気通貫の研究開発によりイノベーション創出を推進する「戦略的イノベーション創造プログラム（SIP）」や、挑戦的な研究開発を推進する「革新的研究開発推進プログラム（ImPACT）」、「ムーンショット型研究開発制度」等が実施されているところ、政府機関が多様な主体に対して円滑な情報共有を行う際の明確な保全措置（情報管理措置等）は存在せず、関係省庁等が伴走支援して各主体の研究開発を進める枠組みとしては、いまだ課題が残されている[39]。

　さらに、主要国においては、市場経済のメカニズムのみに委ねていては投資が不十分となりがちな先端技術について、官民協力によりハイリスク研究を推進するスキームの導入が進んでおり[40]、わが国においてもハイリスク研究への資金配分機関等に対する期待がますます高まっている。

　そして、高度な科学技術の知見に基づく調査・分析・研究活動を自律的かつ積極的に行い、政府の意思決定に貢献・寄与するシンクタンクについては、統合イノベーション戦略推進会議決定[41]に基づき、有識者会議での議論を経て、2021年4月に報告書[42]が公表され（【資料3】参照）、2021年度から2022年度にかけて、シンクタンク機能の委託事業が実施されたが、技術等の動向等が常に変化し続ける中で、継続的に調査・分析を実施するしくみについては今後の課題となっている。

39　内閣府科学技術・イノベーション推進事務局「次期SIPの制度設計の方向性について」（2021年11月25日）参照。

40　ドイツでは、連邦教育研究省と連邦経済エネルギー省の共同出資法人として、飛躍的イノベーション機構（SPRIN-D）が2019年に創設され、テーマオープン・ハイリスク・柔軟性・失敗許容を特徴とする資金提供をめざしている。英国では、2021年、ハイリスクな研究開発を実施するための独立機関として、高等研究発明局（ARIA）の創設が発表され、ハイリスク研究への特化、独立性、プログラムマネージャーの強力な権限、財務・運営の自由度が特徴とされている。米国においても、バイデン大統領が気候高等研究計画局（ARPA-C）等の創設を表明している。

41　統合イノベーション戦略推進会議「『安全・安心』の実現に向けた科学技術・イノベーションの方向性」（2020年1月21日）参照。

42　イノベーション政策強化推進のための有識者会議「安全・安心」「国及び国民の安全・安心の確保に向けた科学技術の活用に必要なシンクタンク機能に関する検討結果報告書」（2021年4月）参照。

　こうした状況の下、「経済財政運営と改革の基本方針2021」（2021年6月18日閣議決定）は、「我が国の経済安全保障の強化推進のための先端的な重要技術に係る研究開発力を強化するとともに、サプライチェーン上の重要技術・物資の生産・供給能力など戦略的な産業基盤を国内に確保するため、主要国の動向も念頭に、中長期的な資金拠出等を確保する枠組みも含めた支援の在り方を検討し、早期の構築を目指す」とした。そのうえで、新しい資本主義実現会議の緊急提言[43]を経て、経済対策[44]・令和3年度補正予算において、「経済安全保障強化に向けて新たな枠組・取組が進展していく中で5,000億円規模とすることを目指し、本年中に活動を開始するシンクタンク機能も活用しながら、新たに実用化に向けた強力な支援を開始する」として[45]、経済安全保障重要技術育成プログラム（令和3年度補正予算として2500億円）が措置されるに至った。

2　経済安全保障法制に関する提言

　かかる経緯を踏まえ、2022年2月1日に経済安全保障法制に関する有識者会議が公表した「経済安全保障法制に関する提言」は、先端的な重要技術の研究開発とその成果の適切な活用に関し、「中・長期的に我が国が国際社会において確固たる地位を確保し続ける上で不可欠な要素であり、諸外国と伍する形で研究開発を進めるための制度を整備することが必要である」とした

43　新しい資本主義実現会議「緊急提言（案）——未来を切り拓く『新しい資本主義』とその起動に向けて」（2021年11月8日）は、「戦略技術・物資の特定、技術の育成、技術流出の防止等に向けた取組の推進」として、「本年中にシンクタンク機能の活動を開始し、重要技術の特定に資する調査分析を行う」。「人工知能や量子など、先端的な重要技術を迅速かつ機動的に育てるため、国が経済安全保障上のニーズに基づき、研究開発のビジョンを設定した上で、その実現に必要な研究開発を複数年度にわたって支援する枠組みを設ける」としている。

44　「コロナ克服・新時代開拓のための経済対策」（2021年11月19日閣議決定）は、「我が国の技術的優位性を確保・維持するため、先端的な重要技術に係る研究開発や実用化を支援する。特に、経済安全保障強化に向けて新たな枠組・取組が進展していく中で5,000億円規模とすることを目指し、本年中に活動を開始するシンクタンク機能も活用しながら、新たに実用化に向けた強力な支援を開始する。これらの経済安全保障上の課題に対し、基金を造成・活用し、中長期的な視点で取り組む」としている。

45　「令和3年第4回会議提言」34頁。

うえで、「研究開発基本指針の策定や経済安全保障重要技術育成プログラム
などによる資金支援等に加え、関係省庁等が伴走支援を行えるよう有用な情
報を安心して相互に情報共有・意見交換できる枠組みが必要である」、「政府
の意思決定に寄与する調査分析機能等を確保することが必要であり、当該機
能を担うシンクタンクを法的に位置付け、高度な人材の確保・育成等の長期
的視点からの継続的な実施を可能とするべきである」との提言を行った[46]。

3　本制度の趣旨と目的

　以上のとおり、科学技術、イノベーションが国家間の覇権争いの中核を占
めている中、とりわけ、宇宙、海洋、量子、AI等の先端的な重要技術の研
究開発の促進と成果の活用は、国民生活の向上にとどまらず、国際社会にお
いて確固たる地位を確保し続けるうえで不可欠な要素となるものである
（【資料 1】【資料 2】参照）。

　そこで、経済安全保障推進法は、「特定重要技術」を定義[47]したうえで（61
条）、当該技術に関し、①官民連携を通じた伴走支援のための協議会の組織
（62条）、②指定基金協議会の組織等による強力な支援（63条）、③調査研究業
務の委託（64条）等を規定し、係る枠組みを通じて、特定重要技術の研究開
発の促進とその成果の適切な活用を図ることとした。

　そして、特定技術研究開発基本指針は、若手の研究者、技術者を中心とし
た人材の養成と資質の向上の観点も踏まえ、諸外国に伍する形で研究開発を
進めるべく、国による資金支援、官民協力体制の構築、先端的な重要技術に
係る情報収集等に関する制度を整備し、政府全体として、官民の協力の下、
特定重要技術の研究開発の促進と成果の活用に向けて取り組むとしている

46　「令和 3 年第 4 回会議提言」34頁・35頁。

47　「将来の国民生活および経済活動の維持にとって重要なものとなり得る先端的な技術（先端
　　的技術）のうち、当該技術もしくは当該技術の研究開発に用いられる情報が外部に不当に利用
　　された場合または当該技術を用いた物資もしくは役務を外部に依存することで外部から行われ
　　る行為によってこれらを安定的に利用できなくなった場合において、国家および国民の安全を
　　損なう事態を生ずるおそれがあるもの」と定義されている。

（【資料3】【資料4】参照）。

【資料1】 経済施策を一体的に講ずることによる安全保障の確保の推進に関する法律案に対する附帯決議（衆議院）

> 7 特定重要技術の開発支援については、我が国の技術的優位性ひいては不可欠性を確保することにつながるか否かを十分に検証した上で、対象となる技術をしっかりと見定めていくとともに、真に必要なものに対し、集中的に行うこと。
>
> 8 特定重要技術の研究開発の促進及びその成果の適切な活用を図るに当たっては、宇宙科学技術、海洋科学技術、量子科学技術及び人工知能関連技術の重要性に留意すること。
>
> 9 特定重要技術の開発を支援するため、十分な財政措置を講ずること。
>
> 14 国際共同研究の円滑な推進も念頭に、我が国の技術的優位性を確保、維持するため、情報を取り扱う者の適性について、民間人も含め認証を行う制度の構築を検討した上で、法制上の措置を含めて、必要な措置を講ずること。

【資料2】 経済施策を一体的に講ずることによる安全保障の確保の推進に関する法律案に対する附帯決議（参議院）

> 10 特定重要技術の開発支援に当たっては、宇宙科学技術、海洋科学技術、量子科学技術、人工知能関連技術及びバイオ技術の重要性に留意し、研究開発の促進及びその成果の適切な活用が図られるよう検討すること。
>
> 21 国際共同研究の円滑な推進も念頭に、我が国の技術的優位性を確保、維持するため、情報を取り扱う者の適性について、民間人も含め認証を行う制度の構築を検討した上で、法制上の措置を含めて必要な措置を講ずること。

【資料3】 研究開発の促進と活用に向けての取組み

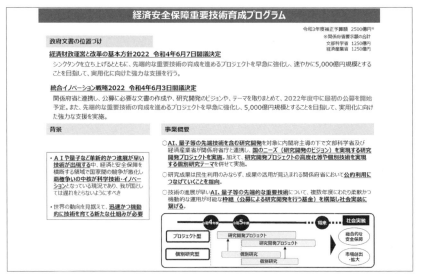

出典：「プログラム会議配布資料」1頁。

【資料4】 特定技術研究開発基本指針の概要

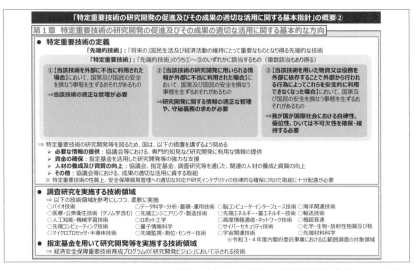

出典：「令和4年第1回会議配布資料4」14頁。

Q22　制度の概要

先端的な重要技術の開発支援に関する制度の全体像をまず把握したいので、本制度の概要を教えてください。

〔解説〕

1　協議会、指定基金、調査研究

経済安全保障推進法は、同法61条において、「国は、特定重要技術……の研究開発の促進及びその成果の適切な活用を図るため、特定重要技術研究開発基本指針に基づき、必要な情報の提供、資金の確保、人材の養成及び資質の向上その他の措置を講ずるよう努める」としたうえで、①官民連携を通じた伴走支援のための協議会の組織（62条）、②指定基金協議会の組織等による強力な支援（63条）、③調査研究業務の委託（64条）という3つの枠組みを通じて、特定重要技術の研究開発の促進とその成果の適切な活用を図ることとしている。

2　関係行政機関による開発支援

経済安全保障推進法61条の規定する「必要な情報の提供」に関し、同法62条1項に規定する「協議会」および同法63条4項に規定する「指定基金協議会」において、関係行政機関は、自らが有する専門的知見や研究開発成果など、研究開発に有用な情報の提供を行うことが求められる。また、内閣総理大臣は、「特定重要技術調査研究機関」と協力して、同法64条1項に規定する調査研究を実施し、その結果について、必要に応じ、協議会および指定基金協議会に参画する研究者等に対し情報提供を行うものとされている。

また、経済安全保障推進法61条の規定する「資金の確保」に関し、関係行政機関は、同法63条1項に規定する「指定基金」を活用して、必要な情報の

提供等の措置と合わせ、特定重要技術の研究開発の促進およびその成果の適切な活用に向けた強力な支援を行うものとされている。

　さらに、経済安全保障推進法61条の規定する「人材の養成及び資質の向上」については、関係行政機関は、協議会および指定基金協議会の組織や指定基金にあてる資金の補助、調査研究の実施を通じて、関連の人材の養成と資質の向上を図るものとされている。

　そのほか、関係行政機関は、協議会および指定基金協議会等において、研究開発大臣もしくは指定基金所管大臣または関係行政機関の長として、研究開発の成果の適切な活用に資する取組みを行うことなどが求められる。また、これまで政府においては、海外への技術漏えいへの対処として、外国為替法に基づく安全保障貿易管理への適切な対応のための体制の整備や、不正競争防止法に基づく営業秘密保護の強化、研究活動の国際化・オープン化に伴う新たなリスクへの対応として、研究の健全性・公正性（研究インテグリティ[48]）の自律的な確保に向けた取組みを研究機関に求めてきており、特定重要技術の取扱いやその研究開発の実施にあたっては、その性質上特にこれらの点について十分な配慮がなされなければならない。そこで、関係行政機関は、当該行政機関が支援する研究開発を実施する研究機関や研究者における適切な安全保障貿易管理、安全管理措置の実施や、研究インテグリティの確保について、助言等の必要な支援を行うことが求められる[49]。

3　特定重要技術研究開発基本指針の策定

　「経済安全保障法制に関する提言」は、「政府は、先端的な重要技術の研究

48　2021年4月、統合イノベーション戦略推進会議で決定された研究インテグリティの確保に係る対応方針においては、研究者自身による適切な情報開示、大学や研究機関等のマネジメントの強化、研究資金配分機関による申請時の確認の三点を掲げ、研究インテグリティを確保していくこととした。これを踏まえ、同年12月、研究者に対し、所属研究機関や研究資金配分機関への適切な情報提出が求められることを明確にするため、競争的研究費の適正な執行に関する共通的なガイドラインの改定が行われ、2022年4月以降に公募を行う競争的研究費から順次実施されている。

49　以上、特定重要技術研究開発基本指針等参照。

開発を促進し、その成果の適切な活用を図るため、研究者等への必要な情報
の提供、資金の確保、人材の養成及び資質の向上などの支援策に係る基本指
針を策定し、同指針に基づき所要の措置を講ずるように努めるべきである」
と提言している。かかる提言を踏まえ、経済安全保障推進法60条１項は、特
定重要技術研究開発基本指針を定める旨を規定している。

　政府は、2022年９月30日、特定重要技術研究開発基本指針を作成、公表し
た（【資料】参照）。

《経済安全保障推進法》

第60条

1　政府は、基本方針に基づき、特定重要技術の研究開発の促進及びその成果の適切な活用に関する基本指針（以下この章において「特定重要技術研究開発基本指針」という。）を定めるものとする。

2　特定重要技術研究開発基本指針においては、次に掲げる事項を定めるものとする。

一　特定重要技術の研究開発の促進及びその成果の適切な活用に関する基本的な方向に関する事項

二　第62条第1項に規定する協議会の組織に関する基本的な事項

三　第63条第1項に規定する指定基金の指定に関する基本的な事項

四　第64条第1項に規定する調査研究の実施に関する基本的な事項

五　特定重要技術の研究開発の促進及びその成果の適切な活用に当たって配慮すべき事項

六　前各号に掲げるもののほか、特定重要技術の研究開発の促進及びその成果の適切な活用に関し必要な事項

第61条

　国は、特定重要技術（将来の国民生活及び経済活動の維持にとって重要なものとなり得る先端的な技術（第64条第2項第1号及び第2号において「先端的技術」という。）のうち、当該技術若しくは当該技術の研究開発に用いられる情報が外部に不当に利用された場合又は当該技術を用いた物資若しくは役務を外部に依存することで外部から行われる行為によってこれらを安定的に利用できなくなった場合において、国家及び国民の安全を損なう事態を生ずるおそれがあるものをいう。以下この章において同じ。）の研究開発の促進及びその成果の適切な活用を図るため、特定重要技術研究開発基本指針に基づき、必要な情報の提供、資金の確保、人材の養成及び資質の向上その他の措置を講ずるよう努めるものとする。

【資料】　特定重要技術研究開発基本指針の概要

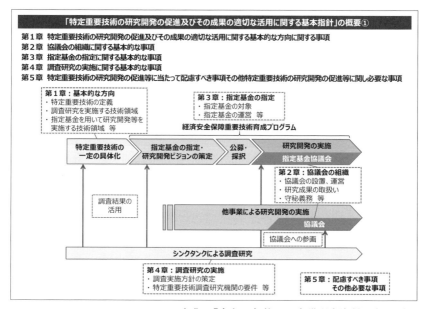

出典：「令和4年第1回会議配布資料4」13頁。

Q23　制度の対象となる特定重要技術

> 　開発支援の対象となる「特定重要技術」とは、具体的にはどのような技術を指すのでしょうか。

〔解説〕

1　定　義

　経済安全保障推進法61条は、まず、将来の国民生活および経済活動の維持にとって重要なものとなり得る先端的な技術を「先端的技術」として定義している（【資料1】参照）。

　「先端的技術」は、「現在」ではなく「将来」の国民生活および経済活動の維持にとって重要なものとなり得る先端的な技術であることから、「現在」においてすでに技術成熟度が具体的製品の開発段階に至っているものは該当しない（もっとも、半導体やコンピューティングといったすでに具体的製品が開発されている分野であっても、それらの性能を劇的に発展させるなど、将来の国民生活および経済活動の維持にとって重要なものとなり得る先端的技術として、さらに研究開発を進めるべきと捉えられるものについては、先端的技術に含まれる）。また、「先端的技術」は、その研究開発の成果について、官民のさまざまな社会実装の担い手が、自らの判断で具体的製品の開発等に応用することが想定される技術を指す。

　「特定重要技術」は、「先端的技術」、すなわち、「将来」の国民生活および経済活動の維持にとって重要なものとなり得る先端的な技術のうち、以下のいずれかの類型に該当するものを指す。なお、ある技術が複数の類型に同時に該当することもある（【資料2】参照）[50]。

---

[50]　特定重要技術研究開発基本指針6頁参照。

類型1：当該技術が外部に不当に利用された場合において、国家および国民
　　　　の安全を損なう事態を生ずるおそれがあるもの

類型2：当該技術の研究開発に用いられる情報が外部に不当に利用された場
　　　　合において、国家および国民の安全を損なう事態を生ずるおそれが
　　　　あるもの

類型3：当該技術を用いた物資または役務を外部に依存することで外部から
　　　　行われる行為によってこれらを安定的に利用できなくなった場合に
　　　　おいて、国家および国民の安全を損なう事態を生ずるおそれがある
　　　　もの

2　調査研究を実施する技術領域

　特定重要技術の対象を見極めるうえで、デジタル化等による技術開発の加
速化や、突如として新たな重要技術が誕生する不連続の技術革新の可能性を
踏まえ、あらかじめ具体的な技術を個別に指定することは適切ではなく、特
定重要技術が含まれ得る技術領域を幅広く対象として検討を行うことが重要
である。このため、内閣総理大臣は、調査研究実施方針に基づき、特定重要
技術調査研究機関も活用しながら、特定重要技術の絞り込みや、その育成・
活用方針の検討に資するための調査研究を実施することが想定されている
（【資料3】参照）。

　その際、以下の技術領域を参考にしつつ、最新の国内外の研究開発および
政策の動向、経済社会情勢等を踏まえ、柔軟に調査研究を実施するものとす
るとされている[51]。

①　バイオ技術
②　医療・公衆衛生技術（ゲノム学含む）
③　人工知能・機械学習技術
④　先端コンピューティング技術

51　特定重要技術研究開発基本指針7頁参照。

⑤ マイクロプロセッサ・半導体技術

⑥ データ科学・分析・蓄積・運用技術

⑦ 先端エンジニアリング・製造技術

⑧ ロボット工学

⑨ 量子情報科学

⑩ 先端監視・測位・センサー技術

⑪ 脳コンピュータ・インターフェース技術

⑫ 先端エネルギー・蓄エネルギー技術

⑬ 高度情報通信・ネットワーク技術

⑭ サイバーセキュリティ技術

⑮ 宇宙関連技術

⑯ 海洋関連技術

⑰ 輸送技術

⑱ 極超音速

⑲ 化学・生物・放射性物質および核（CBRN）

⑳ 先端材料科学

「経済安全保障法制に関する提言」は、支援対象となる先端的な重要技術について、「重点的に支援すべき具体的な技術は、研究開発の状況や内外の社会経済情勢により変わり得るものであり、シンクタンクでの調査研究も踏まえつつ、不断の見直しを怠るべきではない」と指摘している。報道によれば、2022年6月21日、政府は、経済安全保障の強化に向けて育成する重要技術の公募を年内に開始するとしている。なお、その後、同年12月5日に、「経済安全保障重要技術育成プログラム」の第1弾の公募が開始された。

3　指定基金を用いて研究開発等を実施する技術領域

　指定基金を用いて実施することが想定される「経済安全保障重要技術育成プログラム」で支援すべき重要技術は、学識経験者等および関係行政機関により構成される「経済安全保障重要技術育成プログラムに係るプログラム会議」における検討を踏まえ、国家安全保障会議における経済安全保障に係る審議を経て、経済安全保障推進会議および統合イノベーション戦略推進会議が決定する「研究開発ビジョン」において、そのつど示されることになる。すなわち、「研究開発ビジョン」において示されている技術が、指定基金を用いて研究開発等を実施する技術領域となることが想定されている[52]（【資料2】参照）。

【資料1】　技術領域

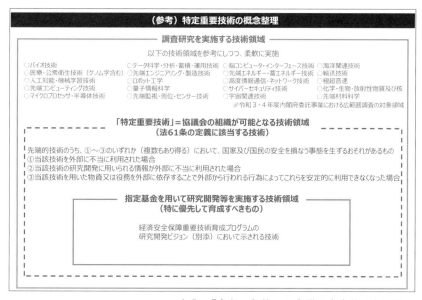

出典：「令和4年第1回会議配布資料4」19頁。

---

[52]　特定重要技術研究開発基本指針8頁参照。

【資料２】　特定重要技術研究開発基本指針の概要

「特定重要技術の研究開発の促進及びその成果の適切な活用に関する基本指針」の概要②

第１章　特定重要技術の研究開発の促進及びその成果の適切な活用に関する基本的な方向

● **特定重要技術の定義**

「先端的技術」：「将来の」国民生活及び経済活動の維持にとって重要なものとなり得る先端的な技術

「特定重要技術」：「先端的技術」のうち①～③のいずれかに該当するもの（複数該当もあり得る）

①【当該技術を外部に不当に利用された場合】において、国家及び国民の安全を損なう事態を生ずるおそれがあるもの⇒当該技術の適正な管理が必要	②【当該技術の研究開発に用いられる情報が外部に不当に利用された場合】において、国家及び国民の安全を損なう事態を生ずるおそれがあるもの⇒研究開発に関する情報の適正な管理や、守秘義務の求めが必要	③【当該技術を用いた物資又は役務を外部に依存することで外部から行われる行為によってこれらを安定的に利用できなくなった場合】において、国家及び国民の安全を損なう事態を生ずるおそれがあるもの⇒我が国が国際社会における自律性、優位性、ひいては不可欠性を確保・維持する必要

⇒ 特定重要技術の研究開発等を図るため、国は、以下の措置を講ずるよう努める
- **必要な情報の提供**：協議会等における、専門的知見など研究開発に有用な情報の提供
- **資金の確保**：指定基金を活用した研究開発等への強力な支援
- **人材の養成及び資質の向上**：協議会、指定基金、調査研究等を通じた、関連の人材の養成と資質の向上
- **その他**：協議会等における、成果の適切な活用に資する取組
※ 特定重要技術の性質上、安全保障貿易管理への適切な対応や研究インテグリティの自律的な確保に向けた取組に十分配慮が必要

● **調査研究を実施する技術領域**
⇒ 以下の技術領域を参考にしつつ、柔軟に実施
- ○バイオ技術
- ○医療・公衆衛生技術（ゲノム学含む）
- ○人工知能・機械学習技術
- ○先端コンピューティング技術
- ○マイクロプロセッサ・半導体技術
- ○データ科学・分析・蓄積・運用技術
- ○先端エンジニアリング・製造技術
- ○ロボット工学
- ○量子情報科学
- ○先端監視・測位・センサー技術
- ○脳コンピュータ・インターフェース技術
- ○先端エネルギー・蓄エネルギー技術
- ○高度情報通信・ネットワーク技術
- ○サイバーセキュリティ技術
- ○宇宙関連技術
- ○海洋関連技術
- ○輸送技術
- ○極超音速
- ○化学・生物・放射性物質及び核
- ○先端材料科学
　　　※令和３・４年度内閣府委託事業における広範囲調査の対象領域

● **指定基金を用いて研究開発等を実施する技術領域**
⇒ 経済安全保障重要技術育成プログラムの「研究開発ビジョン」において示される技術

出典：「令和４年第１回会議配布資料４」14頁。

【資料３】　第208回国会衆議院内閣委員会第11号

○大野副大臣　ありがとうございます。

　本法律案の特定重要技術は、第61条に定義規定を置いておりますが、これはすなわち、一言で言えば、中長期的に我が国が国際社会において確固たる地位を確保し続ける上で不可欠な要素となる先端的な重要技術と言い得るものであると認識をしております。

　この中で、一概に、あらかじめ対象となる技術を網羅的に特定するというのは非常に困難なわけであります。それはなぜかというと、デジタル化等の技術の開発や加速、あるいは突如として新しい技術というものが誕生する可能性があるわけでございますので、困難ということになるんですが。

　その上であえて申し上げますと、先ほど来から話題に出ている有識者会議の中で、宇宙、海洋、量子、AI、バイオ等の分野が示されておりまして、その中で、議論の過程の中では、衛星コンステレーション技術であるとか、あるいは海洋分野でのセンシング技術などが例示をされております。また、このほかに、例えば、サイバーセキュリティー上の脆弱性の検知技術やAI処理等の可能なコンピューティング技術なども含まれ得るというふうに考えております。

　このため、特定重要技術の研究開発基本指針において一定の具体化をしっかり図ってまいるとともに、皆さんから一般公募するという、公募による競争も活用しつつ、真に可能性のある技術を見定めてまいりたいと思っております。

Q24　人材の養成

　特定重要技術の研究開発等に係る人材の養成および資質の向上については、どのようなことが想定されているのでしょうか。

〔解説〕

1　特定重要技術の研究開発と人材の養成および資質の向上

　特定重要技術の研究開発の促進およびその成果の適切な活用を図るためには、そのための「人材」の養成および確保を図ることが不可欠である。このため、経済安全保障推進法61条に「人材の養成及び資質の向上」が規定されている。「人材」としては、①関連の研究開発を担う人材や②各研究機関において研究開発を支援する人材、③調査研究を実施する人材が想定されている。

《経済安全保障推進法》
第61条
　国は、特定重要技術……の研究開発の促進及びその成果の適切な活用を図るため、特定重要技術研究開発基本指針に基づき、必要な情報の提供、資金の確保、人材の養成及び資質の向上その他の措置を講ずるよう努めるものとする。

2　協議会および指定基金協議会への参画

　上記の①と②については、協議会および指定基金協議会の組織や、指定基金を用いて行われる研究開発等への参画等を通じて、人材の養成と資質の向上が図られることとなる。ここで、経済安全保障法制に関する提言は、協議会について、スタートアップや中小企業が参画しやすい間口を備えた制度とすべきであると指摘している[53]。また、特定重要技術研究開発基本指針は、次世代の社会変革を導く若手の研究者・技術者等が参画できるように留意す

るとともに、協議会および指定基金協議会に参画する若手の研究者・技術者等がキャリアパスの一環として学界等で評価される環境を醸成していくことが求められるとしている[54]。なお、協議会の枠組みは、所管大臣が研究開発プロジェクトを進めるうえで必要と認める研究者等を本人の同意を得て構成員とすることとしており、外国人であることをもって参画が拒否されることはない[55]（【資料】参照）。

3　調査研究への参画

　また、上記の③について、特定重要技術研究開発基本指針は、「先端的な重要技術を巡る国内外の情勢や研究開発動向等に関して高度な知見を有する人材を中・長期的に養成・確保していくことも必要であり、シンクタンクや大学等の能力を活用して、関係行政機関はその実現のために必要な措置を講じることが求められる。特に、新しい才能を新しい分野で養成していくという観点から、シンクタンクが優秀な科学者・企業関係者のキャリアパスの一つとしての立場を確立していくことが重要である。同時に、こうした場で若手が経験を得ることに関し、その経験を肯定的に評価できる風土の醸成が求められる」と指摘している。

53　2022年2月、総合科学技術・イノベーション会議の下にイノベーション・エコシステム専門調査会が設置され、ベンチャーキャピタルからの投資の質と量の両面での向上、海外からの投資や人材の呼び込み強化など、スタートアップの抜本的な強化策の検討が進められている。
54　特定重要技術研究開発基本指針26頁参照。
55　第208回国会衆議院本会議第12号〔内閣総理大臣（岸田文雄）答弁〕。

【資料】 第208回国会衆議院内閣委員会第11号

○小林国務大臣 今、あらゆる研究活動がグローバルになり、またダイナミックに展開されている中で、国際的な人材の獲得競争というのは激しさを増していると感じています。

その中で、科学技術・イノベーションの担い手である優秀な、優れた人材を育成して確保していくこと、それとともに海外からの優秀な人材を呼び込んでくること、この取組は重要だと考えておりまして、特に、若手の研究者が腰を据えて、独創的な研究を、また長い期間にわたって行えるための十分な研究費の確保ですとか、若手研究者のポストの確保、これが問題になっています、また、挑戦的研究への支援の強化、こうした様々な取組を通じて、優秀な研究者が我が国で研究したいと思うような研究環境を整備していくことが重要だと思っています。

また、我が国としての強みを有する研究機関を世界トップレベルの拠点として拠点化して、外国から優秀な人材を引きつけるという取組も重要だと思っています。既に、WPIという世界トップレベル研究拠点プログラムというのをやっていますが、これを更に充実していかなきゃいけないと思っていますし、また、この通常国会で法案審議が別途なされると聞いていますけれども、十兆円ファンド、大学ファンド、こうしたものもしっかりと活用して、世界の優秀な人材の獲得に向けて努力していきたいというふうに思っていますし、そのことが我が国の持続的かつ長期的な成長には不可欠だと考えております。

Q25　協議会の設置・運営

伴走支援を担う協議会の設置の趣旨や設置されるための要件、期待される運営、役割について、教えてください。

〔解説〕

1　協議会設置の趣旨

　特定重要技術の研究開発にあたっては、潜在的な社会実装の担い手として想定される関係行政機関や民間企業等による、各組織や産学官の枠を越えた伴走支援が有効であり、技術力あるスタートアップ企業や中小企業等も含め、参加者間で機微な情報も含む有用な情報の交換や協議を安心して円滑に行うことのできるパートナーシップの確立が必要である。

　そこで、経済安全保障推進法62条は、活性化法12条1項の規定による国の資金により行われる研究開発等に関して、当該資金を交付する各大臣（以下、「研究開発大臣」という）は、当該研究開発等により行われる特定重要技術の研究開発の促進およびその成果の適切な活用を図るため、特定重要技術研究開発基本指針に基づき、当該特定重要技術の研究開発等に従事する者のうち当該研究開発等を代表する者として相当と認められる者の同意を得て、当該者および当該研究開発大臣により構成される協議会を組織することができることとしている。

　具体的には、まず、特定重要技術の研究開発等に関する情報管理の枠組みを設けることにより、関係行政機関が保有するニーズ情報や民間企業等の情報セキュリティのインシデント情報など、研究開発等には有用であるが、通常であれば、国家公務員法（昭和22年法律第120号）100条1項に基づく守秘義務等により、研究者には共有されることがなかった機微な情報の共有を可能とすることで、研究開発等のより効果的な実施が期待される[56]。

　また、協議会では、機微情報の共有にとどまらず、<u>社会実装のイメージや研究開発の進め方を議論・共有</u>するほか、必要に応じ、<u>規制緩和の検討や国際標準化の支援</u>など、組織の枠を越えた協議が行われることが期待されている（【資料1】参照）。

　さらに、協議会参加者が納得する形で、<u>技術流出対策を講じるべき対象範囲やオープン・クローズ戦略を決めていく</u>ことが期待されている。

《経済安全保障推進法》

第62条

1　科学技術・イノベーション創出の活性化に関する法律（平成20年法律第63号。次条第1項及び第2項において「活性化法」という。）第12条第1項の規定による国の資金により行われる研究開発等（以下この条及び次条第四項において「研究開発等」という。）に関して当該資金を交付する各大臣（以下この条及び第87条第1項において「研究開発大臣」という。）は、当該研究開発等により行われる特定重要技術の研究開発の促進及びその成果の適切な活用を図るため、特定重要技術研究開発基本指針に基づき、当該特定重要技術の研究開発等に従事する者のうち当該研究開発等を代表する者として相当と認められる者の同意を得て、当該者及び当該研究開発大臣により構成される協議会（以下この条において「協議会」という。）を組織することができる。

【資料1】　第208回国会衆議院内閣委員会第13号

○小林国務大臣　お答え申し上げます。

　経済安全保障重要技術育成プログラムですけれども、これは、経済安全保障の確保そして強化の観点から、委員今言及いただいたAI、量子、あるいは宇宙、海洋といった技術分野に関しまして、民生利用や公的利用への幅広い活用を目指して、先端的な重要技術の研究開発を進めるものでございます。

　また、このプログラムの開発対象となる先端的な重要技術は多義性を有し

56　「令和3年第4回会議提言」37頁は、「セキュリティのインシデント・脆弱性情報、非公開とされた契約情報、国民の安全・安心に係る政府機関の態勢に係る情報等が想定されるが、研究開発の具体的内容に応じて異なることから、どのような情報が提供されるべきか、協議会において十分に議論されることが必要である」と指摘する。

ておりまして、その成果としては、具体的製品の開発、試作に至る前までの段階の様々な分野、用途への活用可能性を有する技術の創出を目標としているところでございます。

したがいまして、防衛装備品を始めとする具体的製品の開発や、個別の政府インフラや防衛装備品などの特定のニーズのみを念頭に置いた研究開発を推進するものではございませんが、将来的に、例えば、得られた成果が、民間における用途のみならず、防衛省自らの判断によって活用されることはあり得ると考えております。

【資料２】 第208回国会参議院内閣委員会第11号

○政府参考人（木村聡君） お答え申し上げます。

協議会への参画、参加資格についてでございますけれども、特定重要技術の研究開発を推進する際には国際共同研究が必要となる場合も多く、知見などを有する欧米の大学や研究機関との連携を図るためにも、外国籍であるということのみをもって協議会への参加を限定すべきとは考えておらないということでございます。

2　協議会の設置の要件

研究開発大臣が協議会を設置する場合、①国の資金により行われる特定重要技術の研究開発等であること、②研究開発等を代表する者として相当と認められる者の同意があること、という法律上の要件のほか、制度の趣旨に照らし、③協議会の趣旨に鑑み官民連携を通じた伴走支援を行うことが適当と認められることが求められる[57]。

経済安全保障推進法62条２項に基づく協議の際、内閣総理大臣は上記要件が満たされているかを確認する。協議において内閣総理大臣が協議会の構成員となることを求めた場合には、研究開発大臣は、求めに応じ、内閣総理大臣を構成員として追加することとする。

協議会の設置方式は、研究開発プロジェクト単位を基本としつつも、各分

57　特定重要技術研究開発基本指針10頁～11頁。

野の実態に応じて柔軟に対応することが想定されている。たとえば、個別の研究開発プロジェクトごとに独立した協議会を組織する方式のほか、複数の研究開発プロジェクトを包含する協議会を組織し、個別の研究開発プロジェクトごとに分科会を設置する方式によることも可能である[58・59]。

《経済安全保障推進法》

第62条

2　研究開発大臣は、協議会を組織するときは、あらかじめ、内閣総理大臣に協議しなければならない。

【資料3】　第208回国会衆議院内閣委員会経済産業委員会連合審査会第1号

○小林国務大臣　委員御指摘のとおり、先端的な重要技術を育成するためには、学術論文などあまたある技術シーズから、将来性のある技術を見出す力、いわゆる目利き力というものが重要になってくると思います。

　この法案におきましては、こうした役割を担う一主体としてシンクタンクを法的に位置づけておりますほか、具体的な技術の見定めに関しましては、研究開発事業におけるプロジェクトの公募を通じて寄せられる提案も当然活用していく方針でございます。

　また、この枠組みは、将来にわたりまして、国としての優位性を維持し確保していく観点から、民生利用や公的利用への幅広い活用を目指して、先端的な重要技術の研究開発を進めるものでありまして、委員お尋ねの成果といたしましては、具体的製品の開発、試作に至る前までの段階を目標としているところでございます。

　また、期間についてのお尋ねもございました。

　研究開発の期間につきましては、個々のプロジェクトの研究内容や技術の成熟度などによって変動し得るものでございますが、指定基金として念頭に置いています経済安全保障重要技術育成プログラムの場合は、研究開始から最長10年程度を目安として考えているところでございます。

58　特定重要技術研究開発基本指針10頁。

59　2022年11月16日に開催された令和4年経済安全保障会議（第4回）において、協議会の設置等に係る政府内の手続および協議会規約が定められるまでの手続を定めた「特定重要技術の研究開発の促進及びその成果の適切な活用に関する協議会の設置等に係るガイドライン（案）」が公表されている。

3　協議会の構成員

　協議会を組織する研究開発大臣は、経済安全保障推進法62条3項に基づき、「必要と認めるときは、協議会に、国の関係行政機関の長、当該特定重要技術の研究開発等に従事する者、特定重要技術調査研究機関……その他の研究開発大臣が必要と認める者をその同意を得て構成員として加えることができる」とされている。

　具体的には、潜在的な社会実装の担い手として想定される関係行政機関の長またはその職員、研究開発の実施者、連携相手となる研究機関またはその役職員、シンクタンクやその役職員、さらには、資金配分機関またはその役職員、その他社会実装に関係する者等が想定される。特定重要技術の研究開発を推進するうえで必要となる共同研究の相手方として、外国籍の人材が参加することもありうる（【資料2】参照）。

　協議会の構成員は、研究開発大臣が選定することとなるが、その際は、協議会で提供される機微な情報を共有すべき者が適切に含まれるよう、上述の研究開発等を代表する者として相当と認められる者と十分に相談することが必要である。そのうえで、研究開発大臣が協議会の構成員を加えようとする場合、本人（法人の場合は当該法人）の同意が必要となるが、その際、協議会に参画することによる義務や守秘義務の内容等について、あらかじめ十分に説明することが必要である。また、協議会発足後、研究開発大臣が追加的に新たな構成員を加えようとする場合や、構成員を除名しようとする場合は、当該協議会が定める規約等に従うことが必要となる。なお、協議会に参加したのちに、研究者自らの意向によって協議会から離脱することも可能であり、協議会から離脱した研究者は、引き続き当該協議会がテーマとする研究のチームメンバーに残ることは可能である。その場合、たとえば、協議会で交換される機微な情報の提供を受けることはできないが、そのほか関係行政機関から不利益な扱いを受けることはない[60]。

60　特定重要技術研究開発基本指針11頁。

《経済安全保障推進法》

第62条

3 第１項の規定により協議会を組織する研究開発大臣は、必要と認めるときは、協議会に、国の関係行政機関の長、当該特定重要技術の研究開発等に従事する者、特定重要技術調査研究機関（第64条第３項に規定する特定重要技術調査研究機関をいう。第６項において同じ。）その他の研究開発大臣が必要と認める者をその同意を得て構成員として加えることができる。

---

4 協議会の運営

協議会は、経済安全保障推進法62条４項に基づき、①当該特定重要技術の研究開発に有用な情報の収集、整理および分析に関する事項（同項１号）、②当該特定重要技術の研究開発の効果的な促進のための方策に関する事項（同項２号）、③当該特定重要技術の研究開発の内容および成果の取扱いに関する事項（同項３号）、④当該特定重要技術の研究開発に関する情報を適正に管理するために必要な措置に関する事項（同項４号）、⑤その他当該特定重要技術の研究開発の促進およびその成果の適切な活用に必要な事項（同項５号）について、協議する。

《経済安全保障推進法》

第62条

4 協議会は、第１項の目的を達成するため、次に掲げる事項について協議を行うものとする。

一 当該特定重要技術の研究開発に有用な情報の収集、整理及び分析に関する事項

二 当該特定重要技術の研究開発の効果的な促進のための方策に関する事項

三 当該特定重要技術の研究開発の内容及び成果の取扱いに関する事項

四 当該特定重要技術の研究開発に関する情報を適正に管理するために必要な措置に関する事項

五 前各号に掲げるもののほか、当該特定重要技術の研究開発の促進及びその成果の適切な活用に必要な事項

　また、協議会の組織および運営に関する具体的な事項については、経済安全保障推進法62条8項に基づき、各協議会が「規約」において定めることとしている。規約は、構成員の全会一致により定めることとする。規約においては、協議会の運営に関する具体的な事項として、協議会としての意思決定の方法を定める。各協議会の規約は、特定重要技術研究開発基本指針の内容を踏まえて定めなければならない。なお、内閣総理大臣は、各協議会が規約を定める際の参考とするため、モデルとなる規約を示すこととされている[61]。

　政府は、2022年11月16日に開催された令和4年経済安全保障会議（第4回）において、「経済施策を一体的に講ずることによる安全保障の確保の推進に関する法律第62条第1項に規定する協議会に関する協議会モデル規約（案）」（以下、「協議会モデル規約案」という）を公表している。協議会モデル規約案は以下の内容から構成されており、また、情報共有活動等に関し、「特定重要技術研究開発協議会情報管理規程（モデル）（案）」（以下、「情報管理規程案」という）が公表されている。情報管理規程案は、守秘義務登録情報の登録・共有手続に関する規定と守秘義務登録情報の共有方法・保管等に関する安全管理措置に関する規定がおかれている。

① 　協議会モデル規約案の内容
　ⓐ 　総則：協議会の目的・活動
　ⓑ 　構成員の加入・脱退等：構成員等の加入・脱退・除名等に関する手続
　ⓒ 　会議の開催等：会議開催、会議成立要件、意思形成の方法、分科会事務局の役割（各種手続、名簿作成、設置状況の公表 等）
　ⓓ 　情報共有活動等：守秘義務登録情報の登録・共有、研究成果の取扱い
② 　情報管理規程案の内容
　ⓐ 　守秘義務登録情報の登録・共有手続に関する規定

61　特定重要技術研究開発基本指針13頁。

ⓑ 守秘義務登録情報の共有方法・保管等に関する安全管理措置

【資料4】 協議会モデル規約案

出典：「令和4年第4回会議配布資料5」2頁。

《経済安全保障推進法》
第62条
8 前各項に定めるもののほか、協議会の組織及び運営に関し必要な事項
は、協議会が定める。

5 安全管理措置

　協議会は、特定重要技術の研究開発に関する情報を適正に管理するために
必要な措置（以下、「安全管理措置」という）が講じられることを前提に、関
係行政機関が保有するニーズ情報や民間企業等の情報セキュリティのインシ
デント情報などの機微な情報が共有されることが見込まれる（62条4項4号）。

安全管理措置の具体的内容は、情報の性質や技術の進展状況等を踏まえ、協議会ごとに決定されることとなるが、たとえば、以下のような措置が考えられる[62]（【資料8参照】）。

① ICカード等による入退出管理をはじめとした、機微な情報を取り扱う区域の管理

② 電子媒体・資料等を持ち出す際の漏えい・盗難の防止・データ等へのアクセスログの記録化

この点、協議会モデル規約案17条2項は、「構成員等は、情報管理規程で定められた安全管理措置を実施するものとする」と規定し、情報管理規程案2条は、以下のとおり、人的側面、物理的側面、技術的側面の3つの側面から安全管理措置を実施する旨を規定し、さらに3条以下において、3つの側面それぞれについて安全管理措置の具体的な内容を規定している（【資料5】参照）。

《情報管理規程案》
第2条
　構成員等は、信頼性の高い情報交換及び守秘義務登録情報の保持を確保するため、次の各号に掲げる側面から、当該各号に定める措置を講じる等の環境を整備するものとする。
一　人的側面
　　守秘義務登録情報を取り扱う者を記録することにより、守秘義務登録情報の保持を確保することとするとともに、守秘義務登録情報を提供した構成員（以下「提供者」という。）及び当該守秘義務登録情報の提供を受けた構成員等（以下「受領者」という。）以外の者が当該守秘義務登録情報を取り扱うことがないようにするものとする。
二　物理的側面
　　守秘義務登録情報の保管等を行うに当たっては、提供者及び受領者以外の者が当該守秘義務登録情報を容易に取り出すことができないように管理

62　特定重要技術研究開発基本指針14頁。

するものとする。

三 技術的側面

　守秘義務登録情報の送信等を行うに当たっては、暗号化等の必要な措置を講じるものとする。

《経済安全保障推進法》

第62条

5 協議会の構成員は、前項の協議の結果に基づき、特定重要技術の研究開発に関する情報の適正な管理その他の必要な取組を行うものとする。

【資料５】 安全管理措置

守秘義務登録情報の取扱い			
人的措置	守秘義務登録情報の範囲、守秘義務の存続期間、共有する範囲等の明示	技術的措置	電子情報の暗号化措置（外部電磁記録媒体又はファイルの暗号化等）
	目録の作成・維持		情報端末使用時のアクセス制限及びログの記録
物理的措置	ICカード等により制御された入口、受付又は施錠による取扱区域の管理		外部ネットワーク接続端末使用時のフルスキャン
	施錠した引き出し又はロッカー等で保管		
	持出しに伴うリスクを回避できる場合を除き、持出しを制限		技術的脆弱性に関する情報の取得と適切な対処
	構成員等による四半期毎目途の保管状況の点検		電子的な伝達時の暗号化措置
	破棄時、復元できないような裁断		破棄時、復元できないように削除　　12
	書留など許可されていないアクセス及び不正使用等から保護する手段で送付		

出典：「令和４年第４回会議配布資料５」12頁。

6　守秘義務

　協議会の事務に従事する者または従事していた者は、経済安全保障推進法62条７項により、正当な理由がなく、当該事務に関して知り得た秘密を漏らし、または盗用してはならない。同項の規定に違反して秘密を漏らし、または盗用した者は、１年以下の懲役または50万円以下の罰金が科される（95条１項１号）[63]。

---

63 「令和３年第４回会議提言」において、協議会で提供を受けた情報の取扱いに関し、「その場で共有される機微な情報について、国家公務員に求められるものと同等の罰則を伴う守秘義務を参加者に求めるべきである」と指摘されていた。

《経済安全保障推進法》
第62条

6　協議会は、第4項の協議を行うため必要があると認めるときは、その構成員又は特定重要技術調査研究機関（当該協議会の構成員であるものを除く。以下この項において同じ。）に対し、特定重要技術の研究開発の促進及びその成果の適切な活用に関し必要な資料の提供、説明、意見の表明その他の協力を求めることができる。この場合において、当該構成員及び当該特定重要技術調査研究機関は、その求めに応じるよう努めるものとする。

7　協議会の事務に従事する者又は従事していた者は、正当な理由がなく、当該事務に関して知り得た秘密を漏らし、又は盗用してはならない。

　守秘義務の対象となる情報の範囲は、「協議会の事務に関して知り得た」秘密に限定される。このため、研究者が自ら生み出した研究成果は、元の守秘義務の対象とされた情報が直接的に了知されない限り、守秘義務の対象外となる。また、経済安全保障推進法62条7項の秘密は、国家公務員法等と同様、非公知の事実であって、実質的にもそれを秘密として保護するに値すると認められるもの（実質秘）に限定される。このため、協議会において守秘義務の対象とされた情報の提供を受けた側がすでに当該情報を保有している場合や、当該情報が技術の進展等に伴い提供後に公知となった場合などは、実質秘にあたらないことから守秘義務の対象とはならない（【資料7】参照）。なお、大量破壊兵器の開発をはじめとする、海外での懸念用途への転用があり得る場合などにおいて、関係行政機関から協議会構成員に対し、研究成果を非公開として扱うべきとの要請が行われた場合、協議会において規約等に従ってすべての参加者が納得する形で、速やかに結論を出すものとされている（【資料8】参照）[64]。

　守秘義務の対象となる情報の範囲および守秘義務が求められる期間については、予見可能性の確保に加えて、技術の育成や成果の活用に支障が生じな

64　特定重要技術研究開発基本指針15頁。

いよう、また、協議会構成員の間で理解の齟齬が生じないよう、当該情報が提供される前に明確にされる必要がある。特に、守秘義務が求められる期間については、情報の特性に応じて明確にするとともに、技術の進展状況等を踏まえ、保護する必要がなくなれば、速やかに解除されることが必要である。守秘義務については、対象となる情報、共有範囲、期間、管理方法等の明確化の方法を含めた具体的な運用のあり方につき、安全管理措置の運用と合わせ、個々の協議会において、経済安全保障推進法62条4項4号の事項として協議を行ったうえで、規約等において明確に定めておくこととされている[65]。

　協議会モデル規約案は、ある情報を守秘義務の対象として協議会に提供しようとする構成員の申請に基づき、事務局が当該情報およびその守秘義務の期間、提供者、共有する構成員等、保管場所、受領日等を登録管理簿に登録し、管理することとしている（協議会モデル規程案13条以下）（【資料６】参照）。

【資料６】　守秘義務登録情報

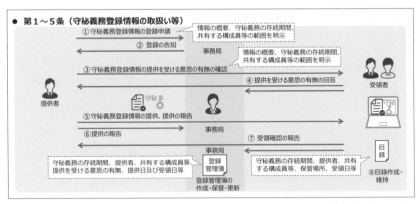

出典：「令和４年第４回会議配布資料５」12頁。

65　特定重要技術研究開発基本指針15頁。

【資料7】　第208回国会衆議院内閣委員会第11号

> （62条7項の解釈についての答弁）
>
> ○小林国務大臣　この条文の説明をさせていただきますと、従来の研究開発においては、特定秘密保護法に基づく場合を除きまして、政府が提供する機密性の高い情報に対して保全措置等を求める法的枠組みは存在しておりません。また、守秘義務契約を締結する場合でも罰則による担保はなされていなくて、政府機関と民間の企業や研究者との間で、情報共有には一定の制約があったところであります。
>
> 　このため、この法案では、協議会の構成員に法律上の守秘義務を新たに課す枠組みを設けることによって、機微な情報を含む有用な情報の交換や協議が官と民との間で安心して円滑に行われるようにしたものでございます。
>
> 　その上で、主な情報提供者となることが想定される政府職員とのバランスを確保するとともに、企業や研究者が萎縮して本法案の協議会の枠組みへの参画をちゅうちょすることがないようにする観点を踏まえまして、国家公務員と同等の罰則を伴う守秘義務を課すこととしたものであります。

【資料8】　第208回国会参議院内閣委員会第10号

> ○国務大臣（小林鷹之君）
>
> 　この協議会における安全管理措置の具体的内容なんですけれども、これ、情報の性質ですとか、また技術の進展状況などを踏まえまして、個々の協議会ごとに全ての協議会構成員が納得する形で決めていただくことになりますが、例えば、ICカードなどによる入退室管理を始めとした機微な情報を取り扱う区域の管理ですとか、電子媒体また資料などを持ち出す際の漏えい、盗難の防止、そしてデータなどへのアクセスログの記録化などが考えられるところでございます。

7　研究開発プロジェクトの評価と評価結果の公表

　研究開発プロジェクトの評価と評価結果の公表は、説明責任の確保や研究成果の適切な活用等の観点から重要である。このため、国費を用いて実施される研究開発については、「国の研究開発評価に関する大綱的指針」（2016年12月21日内閣総理大臣決定）に基づき、評価・公表することとされており、経

済安全保障推進法の枠組みにより協議会が組織された研究開発も、当然にその対象となる（【資料9】参照）。

【資料9】　第208回国会参議院本会議第16号

○内閣総理大臣（岸田文雄君）

　本法案に基づく研究開発の成果について、論文等の成果発表については、守秘義務の対象となる情報を除き、制約は課さず、公開されることとなります。

　その上で、海外での懸念用途への転用があり得る場合などに、詳細な技術情報を公開せず内部管理するよう政府が求める場合も例外的に想定されますが、いずれにせよ、最終的な研究成果の取扱いは、研究者を含む全ての協議会参加者の合意を踏まえることとしており、研究者の意向を無視して、政府など特定の者の意向が反映されることはありません。

　また、協議会に参加した者が自らの意向によって協議会から離脱することも可能であり、その際には、協議会で共有される情報にアクセスできないことなどを除き、協議会の枠外で不利益な扱いを受けることはありません。

8　研究成果の取扱い（成果の帰属）

　研究成果に係る特許権等の帰属の取扱いについては、研究参画へのインセンティブや、その後の社会実装のあり方に大きく影響することから、産業技術力強化法（平成12年法律第44号）17条[66]（いわゆる日本版バイ・ドール制度）

66　産業技術力強化法17条は、国等の委託研究について、開発者のインセンティブを増し、研究開発成果の普及を促進するため、一定の条件の下、国等の委託研究開発に関する知的財産権を受託者（民間企業等）に帰属させることを可能としている。すなわち、以下の4つの条件を受託者が約する場合に、各省庁が政府資金を供与して行っている全ての委託研究開発（国立研究開発法人等を通じて行うものを含む）に係る知的財産権について、100％受託者（民間企業等）に帰属せしめる。

　　①　研究成果が得られた場合には国に報告すること

　　②　国が公共の利益のために必要がある場合に、当該知的財産権を無償で国に実施許諾すること

　　③　当該知的財産権を相当期間利用していない場合に、国の要請に基づいて第三者に当該知的財産権を実施許諾すること

　　④　当該知的財産権の移転または当該知的財産権を利用する権利の設定・移転の承諾にあたって、あらかじめ国の承認を受けること

の適用を基本としつつ、個々の技術について日本版バイ・ドール制度を適用しない場合、協議会においては、その規約等に従ってすべての参加者が納得する形で決定するものとされている。

【資料10】　協議会

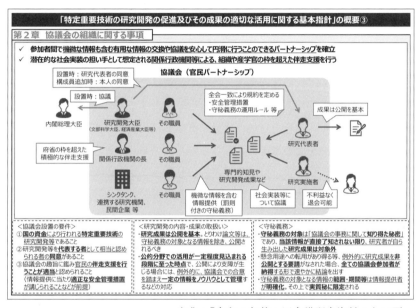

「特定重要技術の研究開発の促進及びその成果の適切な活用に関する基本指針」の概要③

第2章　協議会の組織に関する事項

✓ 参加者間で機微な情報も含む有用な情報の交換や協議を安心して円滑に行うことのできるパートナーシップを確立
✓ 潜在的な社会実装の担い手として想定される関係行政機関等による、組織や産学官の枠を超えた伴走支援を行う

協議会（官民パートナーシップ）

設置時：研究代表者の同意
構成員追加時：本人の同意

設置時：協議

内閣総理大臣

研究開発大臣（文部科学大臣、経済産業大臣等）　その職員

府省の枠を超えた積極的な伴走支援

関係行政機関の長　その職員

シンクタンク、連携する研究機関、民間企業　等　その職員

全会一致により規約を定める
・安全管理措置
・守秘義務の運用ルール　等

研究代表者　成果は公開を基本

専門的知見や研究開発成果など

社会実装等について協議

研究実施者

機微な情報を含む情報提供（罰則付きの守秘義務）

不利益なく退会可能

＜協議会設置の要件＞
①国の資金により行われる特定重要技術の研究開発等であること
②研究開発等を代表する者として相当と認められる者の同意があること
③協議会の趣旨に鑑み官民の伴走支援を行うことが適当と認められること
（情報提供に当たり適正な安全管理措置が講じられることなどが前提）

＜研究開発の内容・成果の取扱い＞
・研究成果は公開を基本。とりわけ論文等は、守秘義務の対象となる情報を除き、公開されるべき
・公的分野での活用が一定程度見込まれる段階に至った時点で、公開により支障が生じる場合には、例外的に、協議会での合意を踏まえ一定の情報をノウハウとして管理するなどの対応

＜守秘義務＞
・守秘義務の対象は「協議会の事務に関して知り得た秘密」であり、当該情報が直接了知されない限り、研究者が自ら生み出した研究成果は対象外
・懸念用途への転用があり得る等、例外的に研究成果を非公開とする要請がなされた場合、全ての協議会参加者が納得する形で速やかに結論を出す
・守秘義務の対象となる情報の範囲・期間等は情報提供者が明確化。その上で実質秘に限定される

出典：「令和４年第１回会議配布資料４」16頁。

Q26 指定基金の指定

指定基金の制度について教えてください。

〔解説〕

1 指定基金の趣旨

　特定重要技術の研究開発の促進と成果の活用は、中・長期的にわが国が国際社会において確固たる地位を確保し続けるうえで不可欠な要素であり、政府がリスクをとって投資を行い、知見を有する民間企業・大学等との官民連携の下、研究開発を強力に推進することが必要である。こうした技術に関しては、社会実装に結び付けば民間企業等にリターンをもたらす一方、先端性の高さがゆえに、投資に見合う成果を得られるかの不確実性が高いこと、多様な主体・用途での社会実装を念頭に研究成果の公開が重要であることから、市場経済のメカニズムのみに委ねていては投資が不十分となりがちである。指定基金は、こうした状況認識を踏まえ、わが国として諸外国と伍する形で研究開発を進めるための制度の整備を図るため、経済安全保障推進法63条の規定に基づき、内閣総理大臣は、活性化法27条の2第1項に規定する基金のうち、特定重要技術の研究開発の促進およびその成果の適切な活用を目的とするものを指定基金として指定することができることとされた。

2 指定基金の対象

　2021年度補正予算において予算措置された「経済安全保障重要技術育成プログラム」は、先端的な重要技術について、その実用化に向け、政府が情報を提供するなど強力な支援を行うことを目的としており、活性化法27条の2第1項に基づき国立研究開発法人科学技術振興機構および国立研究開発法人新エネルギー・産業技術総合開発機構に造成された「経済安全保障重要技術

育成基金」を用いて推進されることが経済安全保障推進法成立前から決定されている。特定重要技術研究開発基本方針は、当該基金が経済安全保障推進法63条1項の「指定基金」として指定されることにより、特定重要技術の研究開発の促進およびその成果の適切な活用に向け、より強力な支援を行うことが可能となることから、内閣総理大臣は、当該基金を指定基金として指定することが適当であるとしている[67]。

┌─《経済安全保障推進法》══════════════════════

第63条

1　内閣総理大臣は、特定重要技術研究開発基本指針に基づき、活性化法第27条の2第1項に規定する基金のうち特定重要技術の研究開発の促進及びその成果の適切な活用を目的とするものを指定基金として指定することができる。

2　内閣総理大臣は、前項の指定をするときは、あらかじめ、財務大臣、当該指定基金に係る資金配分機関（活性化法第27条の2第1項に規定する資金配分機関をいう。）を所管する大臣（第4項及び第87条第1項において「指定基金所管大臣」という。）その他関係行政機関の長に協議しなければならない。

3　指定基金の運営

　指定基金を用いて行われる経済安全保障重要技術育成プログラムは、以下のとおり推進される。

(1)　基本的な意思決定の枠組み

「経済安全保障重要技術育成プログラムの運用に係る基本的考え方について」（2022年6月17日内閣総理大臣決裁。以下、「基本的考え方」という）に基づき、経済安全保障推進会議および統合イノベーション戦略推進会議の下、内閣官房、内閣府その他の関係行政機関が一体となって推進することとしている。両会議は、支援すべき重要技術を含めた研究開発ビジョンを決定し、当

67　特定重要技術開発基本指針18頁。

該ビジョンに沿って、関係行政機関が一体となって研究開発を推進するとともに、研究開発ビジョンの決定に際しては、国家安全保障会議での経済安全保障に係る審議を経るものとされている[68]。

(2) プログラム会議の開催等

基本的考え方に基づき、関係府省および学識経験者等から構成される経済安全保障重要技術育成プログラムに係るプログラム会議（以下、「プログラム会議」という）が研究開発ビジョンに関する検討を行うとともに、研究開発制度の運用および評価の指針、個々の研究開発の推進方法等の細則に関する検討を行うこととしている。そのうえで、内閣官房および内閣府は、プログラム会議からの意見を踏まえ、関係行政機関の協力を得て、研究開発制度の運用および評価の指針等を決定する。この際、専門家の知見や関係行政機関がもつ情報、特定重要技術調査研究機関による調査研究の成果等を活用するとともに、本プログラムと他制度等との有機的な連携を図ることとしている[69]。

(3) 関係行政機関の役割

指定基金を用いて行われる経済安全保障重要技術育成プログラムの運営について中心的な役割を担うのは、内閣官房および内閣府並びに資金配分機関を所管する経済産業省および文部科学省であるが、その他の関係行政機関についても、指定基金協議会を通じた研究開発に有用な情報の提供や社会実装に向けた検討等、積極的に伴走支援を行うものとされている[70]。

(4) 技術流出対策・安全管理措置の実施

経済安全保障重要技術育成プログラムは、将来の国民生活および経済活動の維持にとって重要なものとなり得る先端的な技術の育成に特化した基金であることから、その運営に際しては、当該技術または当該技術の研究開発に用いられる情報が外部に不当に利用されることがないよう、万全を期すこと

68　特定重要技術開発基本指針19頁。
69　特定重要技術開発基本指針19頁。
70　特定重要技術開発基本指針19頁。

が必要となる。同時に、研究者やスタートアップ企業が参画しやすい間口を備えた制度とすることが望ましい。このため、指定基金協議会において、経済安全保障推進法63条5項において準用される同法62条4項に基づき、研究開発に関する情報を適正に管理するために必要な措置（同項4号）について協議が行われた場合、その結果を受けて、同法62条5項に基づき、指定基金協議会の構成員たる研究者が実施する情報の適正な管理に関する措置（安全管理措置）を行うこととし、適切と認められる場合はその必要な資金を指定基金から支出することとされている[71]。

経済安全保障重要技術育成プログラムにおいては、経済安全保障推進法63条4項により指定基金協議会が必置となる。指定基金協議会においては、同法63条5項において準用する同法62条5項に基づき情報の適正な管理等が特に求められることから、当該プログラムの運営にあたっては、研究代表者および主たる研究分担者が安全管理措置を十分に講じられる者である必要がある。また、安全保障貿易管理や営業秘密保護に関する法令上必要な措置、研究インテグリティとして求められる取組みについても、これらの者が所属する機関において適切に対応していくことが求められる。

《経済安全保障推進法》
第63条
4 指定基金所管大臣は、内閣総理大臣と共同して、当該指定基金により行われる特定重要技術の研究開発の促進及びその成果の適切な活用を図るため、当該指定基金により行われる特定重要技術の研究開発等に従事する者のうち当該研究開発等を代表する者として相当と認められる者、当該指定基金所管大臣及び内閣総理大臣により構成される協議会（次項において「指定基金協議会」という。）を組織するものとする。
5 前条第3項から第8項までの規定は、指定基金協議会について準用する。この場合において、同条第3項及び第4項中「第1項」とあるのは「次条第4項」と、同条第3項中「研究開発大臣」とあるのは「指定基金所管大臣及び内閣総理大臣」と読み替えるものとする。

---

71 特定重要技術研究開発基本指針20頁。

(5)　戦略的な国際研究協力

　経済安全保障重要技術育成プログラムの運営に際しては、重点的に守り育てることが必要な先端的な重要技術の特性に鑑みつつ、実効性のある研究開発の推進に向けて、国際的な研究協力を戦略的に進めるものとする。

(6)　その他

　指定基金を用いて行われる研究開発を受託する者は、特定重要技術調査研究機関と相互に知見を深めつつ、特定重要技術の育成と積極的な活用の促進を図ることができるよう、特定重要技術調査研究機関の行う調査研究に積極的に協力するものとする。

【資料】　指定基金

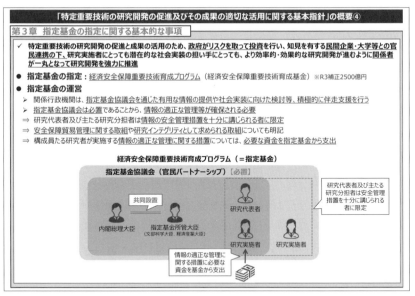

出典：「令和4年第1回会議配布資料4」17頁。

Q27　調査研究の実施

経済安全保障推進法64条が規定する内閣総理大臣が行うものとされている「特定重要技術の研究開発の促進及びその成果の適切な活用を図るために必要な調査及び研究」（調査研究）の具体的な内容について教えてください。

〔解説〕

1　調査研究の趣旨

　AIあるいは量子といった先端的な技術は、開発動向の進展が速く、世界主要国において、多様な主体がさまざまな形で社会実装に向けた取組みを行っている。そうした中にあって、わが国として、守り、育成すべき特定重要技術を見定めていく必要があるところ、この見定めを政府が単独で行うことにはおのずと限界がある。そこで、経済安全保障推進法は、特定重要技術の研究開発の促進などのために必要な情報収集、分析などを、一定の基準を満たすシンクタンクに委託することができる枠組を設けることとし、同法64条に、「内閣総理大臣は、特定重要技術研究開発基本指針に基づき、特定重要技術の研究開発の促進及びその成果の適切な活用を図るために必要な調査及び研究（次項及び第3項において「調査研究」という。）を行う」旨が規定された。

　具体的には、

①　特定重要技術や指定基金により研究開発を促進すべき技術の絞り込み

②　特定重要技術の育成方針の検討

③　特定重要技術の活用方針の検討

に資するため、内外の社会経済情勢や最新の科学・技術に関する知見を糾合し、特定重要技術が含まれうる技術領域について調査研究を行う（【資料1】

参照）。

2 調査研究の方法

　内閣総理大臣は、調査研究実施方針を策定し、これに基づき、調査研究を実施する。調査研究実施方針においては、特定重要技術調査研究機関への委託方法など調査研究の実施方法の詳細が定められる。また、調査研究に際しては、幅広く、関係行政機関や関係機関、先端的技術の研究開発を担う第一線の研究者、社会実装を担う民間企業の知見を糾合することが不可欠であり、こうした機関との協力はもちろん、特定重要技術の研究開発を進める中で発掘された課題や、集められた知見についても有機的に取り込むことが重要である。特に関係行政機関においては、経済安全保障推進法4条2項において相互に協力しなければならない旨が定められていること、同法64条3項において調査研究を行うために必要な情報および資料の提供を行うことができる旨が定められていることも踏まえ、内閣総理大臣または特定重要技術調査研究機関が行う調査研究に関して、積極的な情報や資料の提供などの協力を行うことが求められる[72]（【資料3】参照）。

3 調査研究の継続性

　調査研究の委託にあたっては、知見の蓄積や内外機関とのネットワーク構築、人材の養成・確保を図るためにも、中・長期的な視点から継続性に配意することが必要である。経済安全保障推進法64条2項の適合要件を満たす機関を適切に選定したうえで、複数年にわたり継続して委託することが望ましい[73]。

72　特定重要技術開発基本指針21頁。
73　特定重要技術開発基本指針22頁。

4　特定重要技術調査研究機関（シンクタンク）

　将来の国民生活および経済活動の維持にとって重要なものとなり得る先端的な技術に関する調査研究を効果的に行うためには、技術等の動向等が常に変化し続ける中で、中・長期的な視点から継続的に調査・分析を行うことが必要である[74]。このため、政府内部のみに閉じた取組みではおのずと限界があることから、経済安全保障推進法64条2項に基づき、一定の基準に適合する者への委託を可能としている。

　経済安全保障推進法64条2項の規定による委託を受けた者（特定重要技術調査研究機関・シンクタンク）は、国内外の技術動向、社会経済動向、安全保障など多様な視点から、特定重要技術の研究開発の促進等に向けた調査研究を行うこととなる。また、特定重要技術調査研究機関（シンクタンク）は、協議会および指定基金協議会に関し、構成員となることが求められた場合や、資料の提供や説明、意見の表明等の協力を求められた場合は、積極的に対応することが求められる。

　「経済財政運営と改革の基本方針2022」（2022年6月7日閣議決定）および「統合イノベーション戦略2022」（2022年6月3日閣議決定）において示されているように、政府としては、2023年度をめどにシンクタンクを本格的に立ち上げるべく検討を実施することとしており、当該シンクタンクが、特定重要技術調査研究機関として、経済安全保障推進法の調査研究の一端を担うことも期待されるところである。かかるシンクタンクは、単に情報提供の機関ではなく、先端技術の専門性を有する産業界・学術界の人材を確保するとと

74　「令和3年第4回会議提言」41頁は、調査研究機関に求められる能力に関し、「国内外の情勢や研究開発動向等の調査・分析等を行う能力、情報集約・連携のハブとなる能力に加えて、人材の確保・育成等を実施する能力が求められる」。「海外ネットワークの形成の観点も踏まえ、例えば、在外公館の科学アタッシェの活用など、政府との具体的な連携体制の構築が望まれる」。「一方で、政府の保有する情報には機密性の求められる情報が含まれ得ることから、情報管理体制を確保するとともに、守秘義務を求め、情報の第三者への提供やその不正な利用に対処すべきである」としている。

もに、機関やその活動を目に見える形として拠点化したうえで、産業界・学術界への必要な情報の提供や、政府の政策の意思決定への貢献・寄与をしていく機関となっていくことが期待される。このため、シンクタンクには、必要な機関との連携体制や、情報共有のネットワークの構築に努めることが求められており、関係行政機関は、これらの実現に必要な支援を行う必要がある。

【資料1】　第208回国会衆議院内閣委員会第15号

○小林国務大臣　シンクタンクの話が、昨日村山先生も触れておられましたけれども、将来的にこのシンクタンクが、順番としては、調査分析を行って、その結果を生かして政府がこのプログラムの公募対象技術というのを選定をし、研究開発を支援するというプロセスを構築していくことが重要だと考えています。それが本来あるべき姿だと思っています。

　一方で、このシンクタンク、これは重要だと思っていますので、私どもとして令和五年度を目指して急ぎます。急ぎますけれども、このシンクタンクの育成というのは、最初から何か物すごいしっかりした、まあ、しっかりしたものをつくりたいんですけれども、大きな最終形が示されるわけではなくて、一朝一夕にできるものではないと考えています。令和2年1月から令和3年4月にかけてその在り方に関する検討を行った結果を踏まえて、令和3年度、昨年度からシンクタンク機能に関する試行事業を実施し、今申し上げた5年度の本格的なシンクタンク立ち上げを目指しています。

　他方で、先ほど申し上げたとおり、近年、主要国が先端技術の獲得に向けてしのぎを削っておりますので、これは早急に我が国としても研究開発を進める必要がある、その意味で、国会の審議の上、予算を措置したところでございます。

　まずは、関係省庁、有識者の知見、試行事業の調査分析の成果を生かしながら事業に着手していきたいと思っています。

　今後、令和5年度に立ち上げるシンクタンクと経済安保重要技術育成プログラムの両方の施策を推進していく中で、当然、委員御指摘のとおり、村山先生御指摘のとおり、これらを連動させて、調査分析から社会実装につなげるプロセスの構築を目指していきたいと考えています。

5　特定重要技術調査研究機関（シンクタンク）の要件

　経済安全保障推進法64条2項に基づく委託については、特定重要技術調査研究機関が、同法64条3項に基づき関係行政機関から情報・資料の提供を受けることのできる者であり、かつ、同法62条6項（63条5項において準用する場合を含む）に基づき協議会および指定基金協議会への協力を求められる者であること等を踏まえ、同法において、委託先に求める能力を示している（【資料2】参照）。

　①　専門的な調査研究に関する能力（64条2項1号）

　②　情報収集・整理・保管に関する能力（64条2項2号）

　③　内外の関係機関との連携に関する能力（64条2項3号）

　④　情報管理体制（64条2項4号）

《経済安全保障推進法》

第64条

2　内閣総理大臣は、調査研究の全部又は一部を、その調査研究を適切に実施することができるものとして次に掲げる基準に適合する者（法人に限る。）に委託することができる。

一　先端的技術に関する内外の社会経済情勢及び研究開発の動向の専門的な調査及び研究を行う能力を有すること。

二　先端的技術に関する内外の情報を収集し、整理し、及び保管する能力を有すること。

三　内外の科学技術に関する調査及び研究を行う機関、科学技術に関する研究開発を行う機関その他の内外の関係機関と連携する能力を有すること。

四　情報の安全管理のための措置を適確に実施するに足りる能力を有すること。

【資料２】 第208回国会衆議院内閣委員会第12号

○小林国務大臣 この法案におきまして、いわゆるシンクタンクの要件といたしまして、先端的技術に関する内外の社会経済情勢、そして研究開発の動向の専門的な調査研究を行う能力を有すること、これが１つです。先端的技術に関する内外の情報を収集し、整理し、そして保管する能力を有すること、これが２つ目。３つ目として、内外の科学技術に関する調査研究を行う機関、あるいは科学技術に関する研究開発を行う機関その他の内外の関係機関と連携する能力を有すること、また、情報の安全管理のための措置を適確に実施するに足りる能力を有すること。幾つか要件が定められています、この能力につきまして。

個別の分野についてこうした能力を一定程度有する調査研究機関は国内にも存在すると承知をしています。例えば、JST、科学技術振興機構にあるCRDS、研究開発戦略センターや、NEDOのTSC、技術戦略研究センター、こうしたものが一応シンクタンク機能に関する検討結果報告書では列挙されています。

ただ、他方、こうした機関だけでは、経済安全保障上の政策ニーズに対応した技術の探索や重要技術の絞り込み、これは委員が、そこは見極め、目利きと言ったところですけれども、それに加えて、政策立案に資する提言、これはリスク分析というのも入ってくると考えています、こうした機能を実現するのは、そうした今私が申し上げた機関だけだと困難だというふうに思っておりまして、既存の様々な機関とも連携しながら、多様な視点から調査分析を行う新たなシンクタンクを立ち上げることが必要であると認識をしているところであります。

調査研究の実施においては、社会実装に関して関係行政機関が保有するニーズ情報等の取り込みをはじめ、関係行政機関との緊密な情報連携が求められる。このため、経済安全保障推進法64条３項に基づき、関係行政機関が、特定重要技術調査研究機関からの求めに応じて、必要な情報等の提供を行うことができることとしている。このように、特定重要技術調査研究機関が、国内外の連携先との機微な情報の円滑な共有に資するためには、相互の信頼関係はもちろん、連携先が安心して円滑に情報をやりとりしてくれるような制度や体制の構築が必要であり、同法64条４項に基づく役職員への守秘

義務や、同法64条2項4号に基づく安全管理措置を適確に実施するに足りる能力を求める旨が規定されている。

┌《経済安全保障推進法》────────
　第64条
　3　関係行政機関の長は、前項の規定による委託を受けた者（次項において「特定重要技術調査研究機関」という。）からの求めに応じて、当該委託に係る調査研究を行うために必要な情報及び資料の提供を行うことができる。
　4　特定重要技術調査研究機関の役員若しくは職員又はこれらの職にあった者は、正当な理由がなく、当該委託に係る事務に関して知り得た秘密を漏らし、又は盗用してはならない。

【資料3】　調査研究

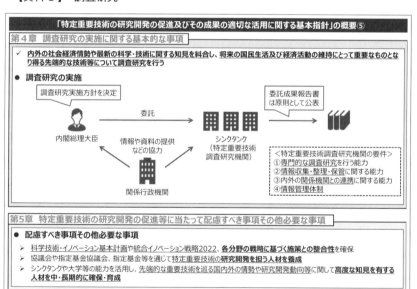

出典：「令和4年第1回会議配布資料4」18頁。

第5章 特許出願の非公開に関する制度

Q28 制度の趣旨・目的

経済安全保障推進法において、特許出願の非公開に関する制度が創設されましたが、なぜこのような制度が創設されたのでしょうか。本制度の基本的な考え方についても教えてください。

〔解説〕

1 特許出願の公開制度

わが国における特許制度は、新しい発明を公開する代償として、一定期間、排他的独占権である特許権を付与することで、「発明を奨励し、もって産業の発達に寄与することを目的」(特許法1条) とした制度である。そのため、特許出願された発明については、特許出願の日から1年6カ月を経過したときに公開されることになる[75] (同法64条1項第1文)。

〔図1〕 特許出願から公開までの期間

```
        1年6カ月
  |←――――――――――→|
  特許            出願
  出願            公開
```

---

[75] 特許出願の日から1年6カ月経過する前であっても、特許出願人から出願公開の請求がなされたときには公開される (特許法64条1項第2文)。

2　特許出願非公開の趣旨・目的

　これまで、わが国の特許制度においては、例外なく、特許出願の日から1年6カ月を経過したときに公開されることとなっていた。

　そのため、これまでの制度においては、わが国の安全保障上、機微な発明で公にすべきでない発明あっても、特許出願されれば自動的に公開されることになってしまっていた。実際に、日本のレーザーウラン濃縮技術に関する特許公報等がIAEAの査察を受けた他国の極秘研究施設で発見された旨が報じられたこともあった。他方で、諸外国の多くは、特許制度の例外措置として機微な発明の特許出願については、出願を非公開にするとともに、技術流出を防ぐ措置が講じられており、G20諸国の中でこのような措置を講じていないのは、日本、メキシコおよびアルゼンチンのみであった[76]。

　そこで、経済安全保障推進法において、特許の出願公開制度の例外として、安全保障上機微な発明について、特許出願を非公開とする制度が設けられた。

〔図2〕　特許出願から公開までの期間（例外）

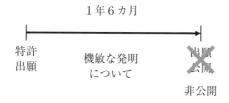

76　「令和3年第4回会議提言」44頁。

Q29 制度の概要

特許出願の非公開に関する制度の全体像をまず把握したいので、本制度の概要を教えてください。

〔解説〕

1 2段階の審査

経済安全保障推進法により設けられた特許出願の非公開制度においては、特許庁長官による第1次審査と、内閣総理大臣による第2次審査（保全審査）により、非公開とすべき対象の特許出願を選定するしくみとなっている。

〔図〕 2段階審査

特許出願人

特許出願

特許庁長官
第1次審査 明細書等に特定技術分野（政令で指定）に属する発明が記載されてるかを審査

 記載
あり

出願書類
送付

内閣総理大臣
第2次審査 （保全審査） 情報の外部流出防止措置が適当かを審査

 記載なし

 適切

通常の特許出願手続
（出願公開へ）

保全指定
保全対象発明の開示時の禁止等

(1) 特許庁長官による審査（第 1 次審査）

〔図〕のとおり、まず、特許出願人が特許出願すると、特許庁長官が、特許出願に係る明細書等に、特定技術分野（公にすることにより外部から行われる行為によって国家および国民の安全を損なう事態を生ずるおそれが大きい発明が含まれ得る技術分野として国際特許分類またはこれに準じて細分化したものに従い政令で定めるもの）に属する発明[77]が記載されているか否かを審査する。そして、審査の結果、特定技術分野に属する発明が記載されているときには、特許庁長官は、当該特許出願の日から 3 カ月以内の政令で定める期間を経過する日までに、当該特許出願に係る書類を内閣総理大臣に送付する（66条 1 項本文）。ただし、当該発明に関する技術の水準等に照らして、当該発明を内閣総理大臣による保全審査（情報が外部に流出しないようにするための措置をすることが適当か否かの審査）に付する必要がないことが明らかであるときは、送付しないことができる（66条 1 項ただし書）。

また、特許出願人が、特許出願とともに、保全審査に付すことを求める旨の申出があったときも同様に、特許庁長官は、当該特許出願に係る書類を内閣総理大臣に送付する（66条 2 項第 1 文）。

(2) 内閣総理大臣による審査（第 2 次審査・保全審査）

内閣総理大臣は、特許庁長官より特許出願に係る書類の送付を受けたときは、当該特許出願に係る明細書等に公にすることにより外部から行われる行為によって国家および国民の安全を損なう事態を生ずるおそれが大きい発明が記載され、かつ、そのおそれの程度および保全指定をした場合に産業の発達に及ぼす影響その他の事情を考慮し、当該発明に係る情報の保全（当該情報が外部に流出しないようにするための措置）をすることが適当と認められるかどうかについての審査（以下、「保全審査」という）をする。

そして、内閣総理大臣が、保全をすることが適当と認めたときは、当該発

77　第 2 次審査（保全審査）の対象となる「特定技術分野に属する発明」の正確な定義については、Q33参照。

明を保全対象発明と指定する（70条1項。以下、当該指定を「保全指定」という）。

2　保全指定による効果の概要

保全指定によって生じる効果は、以下のとおりである（効果の詳細はQ34等で後述する）。

① 特許出願取下げの制限（72条）

② 保全対象発明の実施の制限（73条）

③ 保全対象発明の開示の禁止（74条）

④ 保全対象発明の適正管理措置（75条）

⑤ 発明共有事業者に関する制限（76条）

Q30　特許出願非公開基本指針

　経済安全保障推進法65条１項において、政府は特許出願非公開基本指針を定めるものとされていますが、本基本指針にはどのような内容が定められるのでしょうか。

〔解説〕

　経済安全保障推進法２条１項において、政府は、経済施策を一体的に講ずることによる安全保障の確保の推進に関する基本的な方針（基本方針）を定めなければならないとされているところ、政府は、当該基本方針に基づき、特許法の出願公開の特例に関する措置、明細書等に記載された発明に係る情報の適正管理その他公にすることにより外部から行われる行為によって国家および国民の安全を損なう事態を生ずるおそれが大きい発明に係る情報の流出を防止するための措置（特許出願の非公開）に関する特許出願非公開基本指針を定めるものとされている（65条１項）。

　特許出願非公開基本指針においては、次に掲げる事項を定めるものとされている（65条２項）。

① 　特許出願の非公開に関する基本的な方向に関する事項

② 　特定技術分野に関する基本的な事項

③ 　保全指定に関する手続に関する事項

④ 　①～③のほか、特許出願の非公開に関し必要な事項

　このように、特許出願非公開基本指針は、非公開の対象となる特定技術分野や保全指定の手続に関する基本的な事項など、特許出願の非公開に関する基本的な指針を定めることとされている。

　内閣総理大臣は、安全保障の確保に関する経済施策、産業技術その他特許出願の非公開に関し知見を有する者の意見を聴くとともに、産業活動に与える影響に配慮したうえで、特許出願非公開基本指針の案を作成し、閣議の決

定を求めなければならない（65条3項・4項）。閣議の決定があったときは、内閣総理大臣は、遅滞なく、特許出願非公開基本指針を公表しなければならない（65条5項）。特許出願非公開基本指針を変更する場合も同様の手続を経る必要がある（65条6項）。

Q31　特許庁長官による審査（第 1 次審査）

特許出願の非公開に関する制度における、特許庁長官による審査（第
1 次審査）について、具体的に教えてください。

〔解説〕

1　第 1 次審査の目的

　現在、日本における特許出願は、年間約30万件前後に及び、全出願につい
て逐一、機微性の審査を本格的に行うことはおよそ現実的ではなく、特許手
続全体の遅延を生じかねないことから、本制度においては、2 段階審査を採
用している。あらかじめ、第 2 次審査の対象となる技術分野（特定技術分野）
を定めたうえで、まず、特許庁においてこれに該当するか否かといった点を
中心とする定型的な第 1 次審査を行い、対象件数を絞り込んだうえで、内閣
総理大臣が機微性や産業への影響等を総合的に検討する第 2 次審査を行う[78]。
　したがって、特許庁における第 1 次審査においては、機微性の大小の判断
といった具体的な判断には踏み込まず、第 2 次審査の対象を迅速に絞り込む
ことに主眼があるといえる。

2　第 1 次審査の手続

　まず、特許出願人が特許出願すると、特許庁長官が、特許出願に係る明細
書等に、公にすることにより外部から行われる行為によって国家および国民
の安全を損なう事態を生ずるおそれが大きい発明が含まれうる技術分野とし
て、国際特許分類またはこれに準じて細分化したものに従い政令で定めるも
の（特定技術分野）に属する発明が記載されているか否かを審査する。

78　「令和 3 年第 4 回会議提言」48頁。

　「特定技術分野」については、政令によって定められることとなっているが、特許出願非公開基本指針において特定技術分野に関する基本的な事項が定められることから、同指針に定められた基本的な事項に沿った形で、政令において、具体的に特定技術分野について定められるものと考えられる。また、特許庁長官による審査は、特許を受けようとする発明、すなわち、特許請求の範囲に掲げられた発明だけではなく、明細書から把握される発明についても審査の対象となる点に注意を要する[79]。

　特許庁長官は、上記の審査の結果、特許出願に係る明細書等に、特定技術分野に属する発明が記載されているときには、当該特許出願の日から3カ月以内の政令で定める期間を経過する日までに、当該特許出願に係る書類を、内閣総理大臣に送付する（66条1項本文）。ただし、当該発明に関する技術の水準等に照らして、当該発明を内閣総理大臣による第2次審査（保全審査＝情報が外部に流出しないようにするための措置をすることができるか否かの審査）に付する必要がないことが明らかであるときは、送付しないことができる（66条1項ただし書）。

　また、特許出願人から、特許出願とともに、保全審査に付すことを求める旨の申出があったときも同様に、特許庁長官は、当該特許出願に係る書類を内閣総理大臣に送付する（66条2項第1文）。上記のとおり、特許庁長官は、審査の結果、特許出願に係る明細書等に、特定技術分野に属する発明が記載されているとき（66条1項）、または、特許出願人から、特許出願とともに、保全審査に付すことを求める旨の申出があったとき（66条2項）に、内閣総理大臣に対して、当該特許出願に係る書類を送付する。

　特許庁長官は、当該送付をしたとき、送付をした旨を特許出願人に通知する（66条3項）。他方、特許庁長官は、当該送付をする場合に該当しないと判断した場合において、特許出願人から申出があったときは、送付しない旨の判断をした旨を特許出願人に通知する（66条10項）。

---

79 「令和3年第4回会議提言」49頁。

　特許庁長官は、内閣総理大臣に対する特許出願に係る書類の送付をするかどうかを判断するために必要があると認めるときは、特許出願人に対し、資料の提出および説明を求めることができる（66条6項）。

　そして、以下の期間、特許法49条（拒絶査定）、同法51条（特許査定）、同法64条1項（出願公開）の規定は適用されず、審査官は、拒絶査定も特許査定もせず、出願公開もなされない（66条7項）。

① 　特許長官が内閣総理大臣に対する特許出願に係る書類の送付をする場合に該当しないと判断するまでの間

② 　当該送付がされずに特許出願の日から3カ月以内の政令で定める期間を経過するまでの間

③ 　内閣総理大臣が保全指定をする必要がない旨の通知（71条）をするまでの間

④ 　内閣総理大臣が保全指定の解除もしくは保全指定の期間の満了の通知（77条2項）をするまでの間

〔図〕　第2次審査への流れ

特許出願人

特許出願

```
┌─────────────────────────┐
│      特許庁長官          │
│                          │
│      第1次審査           │
│  明細書等に、特定技術分野（政│
│  令で指定）に属する発明が記載│
│  されてるかを審査        │
│                          │
│  ※審査中は、拒絶査定・特許│
│  査定・出願公開されない  │
└─────────────────────────┘
```

①記載あり
または
②申告あり

出願書類送付
＋
送付した旨を
出願人に通知

内閣総理大臣
（第2次審査へ）

記載なし

通常の特許出願手続
（出願公開へ）

Q32　内閣総理大臣による審査（第2次審査）

> 特許出願の非公開に関する制度における、内閣総理大臣による審査（第2次審査）について、具体的に教えてください。

〔解説〕

1　第2次審査の目的

　第2次審査は、第1次審査において特許庁長官によって選別された対象の特許出願について、機微性や産業への影響等を総合的に判断することを目的として行われる。

2　第2次審査の手続

(1)　内閣総理大臣による検討

　内閣総理大臣は、特許庁長官より特許出願に係る書類の送付を受けたときは、内閣府令の定めるところにより、当該特許出願に係る明細書等に公にすることにより外部から行われる行為によって国家および国民の安全を損なう事態を生ずるおそれが大きい発明が記載され、かつ、そのおそれの程度および保全指定をした場合に産業の発達に及ぼす影響その他の事情を考慮し、当該発明に係る情報の保全（当該情報が外部に流出しないようにするための措置）をすることが適当と認められるかどうかについての審査（保全審査）をする（67条1項）。

　内閣総理大臣は、保全審査のため必要があると認めるときは、特許出願人その他の関係者に対し、資料の提出および説明を求めることができる（67条2項）。また、内閣総理大臣は、保全審査をするにあたって、必要な専門的知識を有する国の機関に対し、保全審査に必要な資料または情報の提供、説明その他必要な協力を求めることができ、国の機関から十分な資料または情

報が得られないときは、国の機関以外の専門的知識を有する者に対し、必要な資料または情報の提供、説明その他必要な協力を求めることができる（67条3項・4項）。さらに、内閣総理大臣は、保全指定をするかどうかの判断をするにあたり、必要があると認めるときは、あらかじめ、関係行政機関の長に協議することもできる（67条6項）。

(2) 特許出願人に対する通知

内閣総理大臣は、保全指定をする場合には、特許出願人に対し、内閣府令で定めるところにより、保全指定の対象となり得る発明の内容を通知するとともに、特許出願を維持する場合には次に掲げる事項について記載した書類を提出するよう求める（67条9項）。

① 当該通知に係る発明に係る情報管理状況

② 特許出願人以外に当該通知に係る発明に係る情報の取扱いを認めた事業者がある場合にあっては、当該事業者

③ ①②のほか、内閣府令で定める事項

特許出願人は、特許出願を維持する場合には、経済安全保障推進法67条9項の規定による通知を受けた日から14日以内に、内閣府令で定めるところにより、同項に規定する書類を内閣総理大臣に提出しなければならない（67条10項）。特許出願人がこれに反するなどした場合には、内閣総理大臣は、保全審査を打ち切ることができ、保全審査が打ち切られた場合、特許庁長官は、特許出願を却下する（69条）。

また、特許出願人は、上記の通知を受けた場合は、内閣総理大臣が保全指定の通知（70条1項）または保全指定をしない旨の通知（71条）を受けるまでの間は、保全指定の対象となり得る発明の内容を公開してはならない（68条）。

(3) 保全指定

内閣総理大臣は、保全審査の結果、明細書等に公にすることにより外部から行われる行為によって国家および国民の安全を損なう事態を生ずるおそれが大きい発明が記載され、かつ、そのおそれの程度および指定をした場合に

産業の発達に及ぼす影響その他の事情を考慮し、当該発明に係る情報の保全をすることが適当と認めたときは、内閣府令で定めるところにより、当該発明を保全対象発明として指定（保全指定）し、特許出願人および特許庁長官に通知する（70条1項）。保全指定の際、内閣総理大臣は、保全指定の日から1年以内の期間を保全指定の期間として定める（70条2項）。保全指定期間は必要に応じて何度でも延長することができ、延長期間は1年以内の期間が定められる（70条3項）。延長した場合、内閣総理大臣は、特許出願人および特許庁長官に通知する（70条5項）。

　他方、内閣総理大臣は、保全審査の結果、保全指定をする必要がないと認めたときは、その旨を特許出願人および特許庁長官に通知する（71条）。

〔図〕 第2次審査

第2次審査
（保全審査）
内閣総理大臣が情報の外部流出
防止措置が適当かを審査　　　→　　保全指定しない旨を
　　　　　　　　　　　　　　　　特許庁長官と出願人に通知

保全指定をしようとする場合

| 内閣総理大臣 | → | 特許出願人 |

保全指定の対象となり
得る発明の内容を通知

この通知を受けた
時点で、出願人は
公開禁止

保全指定
（保全指定期間：1年以内）
特許庁長官と出願人に通知

Q33　制度の対象となる技術

第2次審査（保全審査）の対象となる発明、そして、最終的に保全指定の対象となる発明はどのようなものでしょうか。

〔解説〕

1　保全審査対象となる発明

特許庁長官は、保全審査（第2次審査）の対象となる特許出願を選定するところ、「公にすることにより外部から行われる行為によって国家及び国民の安全を損なう事態を生ずるおそれが大きい発明が含まれ得る技術の分野として国際特許分類……又はこれに準じて細分化したものに従い政令で定めるもの（以下この項において「特定技術分野」という。）に属する発明」が記載されているときは、当該特許出願を保全審査の対象として選定する（66条）。

特定技術分野は、政令で定められるものとされているが、現時点において、特定技術分野を定める政令は制定されておらず、具体的に、特定技術分野が何かは定まっていない。

また、「特定技術分野」に属する発明であっても、「保全指定をした場合に産業の発達に及ぼす影響が大きいと認められる技術の分野として政令で定められるもの」に属する発明については、政令で定められた要件に該当する発明のみが保全審査の対象となる（66条）。「保全指定をした場合に産業の発達に及ぼす影響が大きいと認められる技術分野」や当該要件も政令で定められることとなっているが、2022年12月9日時点において、当該政令は制定されておらず、具体的な「技術分野」や「要件」がどのようなものかは定まっていない。

しかし、後述するとおり、「特定技術分野」に属する発明（その中で、「保全指定をした場合に産業の発達に及ぼす影響が大きいと認められる技術分野とし

て政令で定められるもの」に属する発明については、政令で定められた要件に該
当する発明（〔図〕参照）。以下、「保全審査対象発明」という）については、原
則として[80]何人も外国出願をすることが禁止されており（78条1項）、保全審
査対象発明の範囲は、企業の活動において非常に重要になるものと思われ
る。

〔図〕 特定技術分野に属する発明

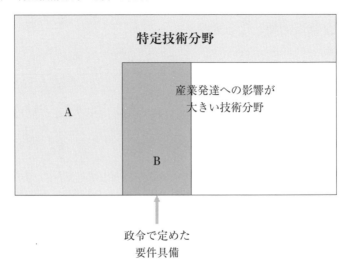

A ＋ B ＝ 保全審査対象発明

2　保全指定の対象となる発明

　保全審査において、内閣総理大臣は、①当該特許出願に係る明細書等に公
にすることにより外部から行われる行為によって国家および国民の安全を損
なう事態を生ずるおそれが大きい発明が記載され、かつ、②そのおそれの程

80　経済安全保障推進法79条4項により、公にすることにより外部から行われる行為によって国
　家および国民の安全に影響を及ぼすものでないことが明らかである旨の回答を特許庁長官から
　受けた場合を除く（78条1項）。

度および保全指定をした場合に産業の発達に及ぼす影響その他の事情を考慮し、当該発明に係る情報の保全（当該情報が外部に流出しないようにするための措置）をすることが適当と認められるかどうかについて審査（保全審査）し（67条1項）、これを適当と認めた発明を保全対象発明として指定する（70条）。

すなわち、内閣総理大臣は、内閣府令で定めるところにより、

① 当該特許出願に係る明細書等に公にすることにより外部から行われる行為によって国家および国民の安全を損なう事態を生ずるおそれが大きい発明が記載されているかどうか

② そのおそれの程度および保全指定をした場合に産業の発達に及ぼす影響その他の事情を考慮し、当該発明に係る情報の保全（当該情報が外部に流出しないようにするための措置）をすることが適当と認められるかどうか

について審査し、保全をすることが適当と認めた場合に、保全対象発明とする。

保全対象発明は、「当該特許出願に係る明細書等に公にすることにより外部から行われる行為によって国家及び国民の安全を損なう事態を生ずるおそれが大きい発明」であることが前提となっている（67条）。具体的な対象発明について、法律上明記されてはいないものの、「経済安全保障法制に関する提言」47頁〜48頁においては、以下のように述べられている。

> 「非公開の対象となる発明については、核兵器の開発につながる技術及び武器のみに用いられるシングルユース技術のうち我が国の安全保障上極めて機微な発明を基本として選定するべきである。これらの技術は、機微性が比較的明確であることに加え、開発者自身が機微性を認識し、情報管理を徹底していることが通常であり、かつ、一般市場に製品が広く出回るような性質のものでもないと考えられる。
>
> 他方、いわゆるデュアルユース技術については、これらの技術を広く対象とした場合、我が国の産業界の経済活動や当該技術の研究開発を阻害し、かえって我が国の経済力や技術的優位性を損ないかねないおそれがある。また、発展が期待されるいわゆる新興技術を対象に取り込むことは、諸外国で

も慎重な扱いがなされていると考えられ、国際的な研究協力にも支障を生じかねない。このため、いわゆるデュアルユース技術を対象とする場合には、技術分野を絞るとともに、例えば、国費による委託事業の成果である技術や、防衛等の用途で開発された技術、あるいは出願人自身が了解している場合などを念頭に、支障が少ないケースに限定するべきである。

制度開始当初は第二次審査の対象となる技術分野を限定したスモールスタートとし、その後の運用状況等を見極めながら、対象技術分野の在り方を検討することが適当である」。

このように上記提言においては、核兵器の開発につながる技術および武器のみに用いられる技術（いわゆる「シングルユース技術」）については、基本的に、保全対象とすべきという考えが示されている。他方、軍事的な利用だけでなく、その他の用途にも用いられることが想定される技術（いわゆる「デュアルユース技術」）については、これを保全対象とした場合の制約等を考慮して慎重に検討すべきであり、保全対象とする場合でもその範囲をできる限り限定的にすべきという考え方が示されている。

【資料】 第208回国会衆議院内閣委員会第16号

○岡田委員 今までのこの委員会での答弁でも、有識者会議の指摘を踏まえて総合的に勘案した結果であるという答弁をしていますが、私はそうじゃないと思うんです。考え方として間違っているというふうに思いますので、そういうふうに申し上げておきたいと思います。

次に、特許出願の非公開化についてです。

ここで私が問題にしておりますのは、その対象であります。

核兵器の開発につながる技術それからシングルユース技術のうち我が国の安全保障上極めて機微な発明を基本とするというふうに、この委員会でも答弁がなされております。では、デュアルユース、つまり軍民共用技術についてはどうかということですが、イノベーション促進の観点から、支障の少ないケースに限定すべきという有識者提言を踏まえて定めたいというのが答弁です。非常に、有識者提言というものを間に挟んで、かなりこれは幅のある答弁だと思うんですね。

　私は、日本の特許制度からいうと、諸外国にあったとしても、日本にとってはこれは初めての制度なんですね。特許というのは、基本的には、発明を開示するということの見返りに独占的な権利を与える。これは、そもそも開示しないというわけですから、特許制度にとってはいわば革命的な、そういう制度だというふうに思うんですね。

　そうであれば、やはり最初は、核兵器の開発につながる技術、シングルユース技術、この範囲でスタートすべきじゃないか。制度が成熟してきた中でその範囲をどうするかということを議論すればいいのであって、最初からデュアルユース技術、軍民共用技術まで広げてしまうと、その範囲はかなり私は曖昧で、逆に言うと発明意欲というものをそいでしまうというふうに思うんですが、いかがでしょうか。

○小林国務大臣　お答え申し上げます。

　近年、防衛技術と民生技術の間でボーダーレス化、いわゆるデュアルユース化が進展しています。このデュアルユース技術が、各国における最先端の武器や防衛システムの開発の決め手となることも十分にあり得るところだと考えます。したがって、国家及び国民の安全を損なうおそれという観点で見れば、デュアルユース技術を一律に制度の対象外と位置づけるのは、そうしたおそれのある技術の拡散を防ぐという本制度の趣旨に照らして適当ではないと考えます。

　ただし、デュアルユース技術を対象に取り込むに当たりましては、安全保障と産業の発達の両立を考えることが重要だとも考えています。そこで、この法案では、保全指定を決める第二次審査、すなわち保全審査におきまして、産業の発達への影響を考慮すべき旨を条文上明記しております。

　また、技術分野で絞りをかける第一次審査の段階では、一律に保全審査の対象とした場合、経済活動やイノベーションに及ぼす支障が大きい技術分野につきましては、別の角度から更に絞りをかけるため、政令で付加的な要件を定める構造としています。

　この付加要件というのは、特定技術分野の指定と一体を成すものとして、有識者の意見を聞いた上で閣議決定する基本指針に基づき定めることとなりますが、規定の趣旨に照らせば、当然、発明者自身が機微性を認識し秘匿の必要性を感じるようなケースなど、保全審査や第一国出願義務の対象に取り込まれても産業の発達への支障が少ないものに限定する要件でなければなら

ないと思います。例えば、防衛、軍事用途で開発された技術といった限定を
かけることなども考えているところであります。

○岡田委員 既にこの委員会で答弁されたことを繰り返していただく必要は
ありません。総理にお聞きしているわけです。

　私は、今の説明を聞いても、やはり、国の手のひらでその基準というもの
がどうにでもなるような、そういう印象を受けるんですね。だから、よほど
慎重な運用をお願いしたいと思います。

　時間も限られていますが、ここで言う通常生ずべき損失を補償するとい
う、そのときの中身なんですが、これは何も書かれていないんですが、発明
に要した費用は当然ですけれども、発明が商品化されたときの得べかりし利
益、海外も含めて、という理解でいいですか。簡単にお願いします。

○小林国務大臣 通常生ずべき損失というのは、損失補償制度を規定する多
くの法律で用いられている表現であって、一般に相当因果関係の範囲内にあ
る損失を表すものと承知をしております。

　具体例を申し上げますと、例えば、発明の実施を不許可とされたため、製
品の製造、販売が国内外でできなくなったことによる損失ですとか、第三者
が同じ発明をして実施したけれども、特許権が留保されているため、実施許
諾料相当額を請求できないことによる損失などが考え得るところであります。

○岡田委員 海外で先に特許を取られちゃったというようなことも当然起こ
り得ますよね。かなり大きな損失を被ることもあると思います。

　重要特定技術についてお聞きします。

　私、この制度、一番分かりにくいんですね。何のためにこれをやるのかな
というのが、いま一歩分からない。今までの様々な技術開発の制度があります
よね。宇宙や海洋なども、バイオとか、国もいろいろな技術開発制度を
持っている。

　具体的に聞きますと、例えば、宇宙について、JAXAという組織がありま
す。JAXAは、大学との共同研究とか宇宙科学技術の基礎研究、あるいは人
工衛星の開発、利用、そういうものを総合的、計画的に行うということが規
定されています。そのJAXAの行う技術開発、研究開発と、今度の制度とい
うのはどういう関係にあるんでしょうか。そこをきちっと整理されるべきな

んじゃないですか。

○小林国務大臣　この法案は、政府機関が多様な主体に対して円滑な情報共有を行う新たな法的枠組みを設けて、これまでの取組を補完するものです。

　委員御指摘のJAXAにおける宇宙科学の基礎的研究につきましては、例えば、宇宙や生命の起源を探る宇宙科学、探査における直接的な応用を考慮しない研究などは、基礎研究段階のものとして位置づけられますので、この法案に基づく協議会を設置する必要性は想定しづらいと考えます。

　他方で、宇宙分野におきましても、例えば、衛星コンステレーションの技術といったような、各府省のニーズ情報を共有しつつ研究開発を進める場合、あるいは、JAXAが有するノウハウの管理を要する情報をアカデミア、スタートアップなどが多様な主体で共有して、一体となって研究開発を進める場合などには、協議会を設置することで、産学官で円滑な情報共有をすることによって、より効果的に研究開発を進めることが考えられるところであります。

○岡田委員　普通は、新しい制度をつくるときには、既存の制度との整合性というか、新しいものをつくるなら古いもののここはもうスクラップするとか、そういう議論があって制度ができてくるというのが普通だと思うんですね。行革の議論などはそういう議論をよくいたします。

　これは、新しいものだけがぽんと来るので、非常に私は不思議に思っているんですね。ひょっとすると、宇宙の平和的利用という規定がJAXAにはかかってきますから、それをクリアするための新しい制度なのかなというふうにも思ってしまいます。

　いずれにしても、そういう多くの論点がまだ残っております。参議院での審議もございます。制度の必要性というものは私どもは認めておりますが、かなりまだ論点があると思いますので、しっかり審議していきたいと思います。

　終わります。

Q34　保全指定による制限

保全指定がなされると、特許出願人にはどのような制限が生じるのでしょうか。

〔解説〕

1　概　要

保全指定の通知を受けた特許出願人（以下、「指定特許出願人」という）は、以下の制約を受ける。

① 特許出願取下げの制限（72条）

② 保全対象発明の実施の制限（73条）

③ 保全対象発明の開示の禁止（74条）

④ 保全対象発明の適正管理措置（75条）

⑤ 発明共有事業者に関する制限（76条）

2　特許出願取下げの制限

指定特許出願人は、保全指定を解除した旨、または、保全指定の期間が満了した旨の通知（77条2項の通知）を受けるまでの間は、特許出願を放棄し、または取り下げることができない（72条1項）。

3　保全対象発明の実施の制限

指定特許出願人および保全対象発明の内容を特許出願人から示された者その他保全対象発明の内容を職務上知り得た者であって当該保全対象発明について保全指定がされたことを知るものは、当該保全対象発明の実施をしてはならない。ただし、指定特許出願人が当該実施について内閣総理大臣の許可を受けた場合は、この限りでない（73条1項）。

4　保全対象発明の開示の禁止

　指定特許出願人および保全対象発明の内容を特許出願人から示された者その他保全対象発明の内容を職務上知り得た者であって当該保全対象発明について保全指定がされたことを知るものは、正当な理由がある場合を除き、保全対象発明の内容を開示してはならない（74条1項）。

　なお、特許出願人については、保全指定の前に、内閣総理大臣から保全指定の対象となり得る発明の内容の通知を受けた時点で、当該発明の内容の公開が禁じられる（68条）。

5　保全対象発明の適正管理措置

　指定特許出願人は、保全対象発明に係る情報を取り扱う者を適正に管理することその他保全対象発明に係る情報の漏えいの防止のために必要かつ適切なものとして内閣府令で定める措置を講じ、および保全対象発明に係る情報の取扱いを認めた事業者（以下、「発明共有事業者」という）をして、その措置を講じさせなければならない（75条1項）。

6　発明共有事業者に関する制限

　特許出願人は、保全指定の対象となり得る発明の内容の通知を受けた場合で、特許出願を維持する場合には、特許出願人以外に当該通知に係る発明に係る情報の取扱いを認めた事業者についての書類を内閣総理大臣に提出しなければならないところ（67条9項2号）、当該書類に記載した事業所以外の事業者に新たに保全対象発明に係る情報の取り扱いを認めるときは、あらかじめ、内閣総理大臣の承認を受けなければならない（76条1項）。

Q35　外国出願の禁止

どのような発明について、外国出願が禁止されるのでしょうか。

〔解説〕

1　外国出願が禁止される場合

　外国出願の禁止は、保全指定されるかどうかとは関係がなく、生じるものであり、注意を要する。

　経済安全保障推進法78条1項は、「何人も、日本国内でした発明であって公になっていないものが、第66条第1項本文に規定する発明であるときは、次条第4項の規定により、公にすることにより外部から行われる行為によって国家及び国民の安全に影響を及ぼすものでないことが明らかである旨の回答を受けた場合を除き、当該発明を記載した外国出願（外国における特許出願及び1970年6月19日にワシントンで作成された特許協力条約に基づく国際出願をいい、政令で定めるものを除く。以下この章及び第94条第1項において同じ。）をしてはならない」と規定する。

　このように、日本国内でした発明であって公になっていないものが、経済安全保障推進法66条1項本文に規定する発明、すなわち、「保全審査対象発明」であるときは、原則として、外国出願をしてはならないと規定されている。保全審査対象発明は、「特定技術分野」に属する発明（その中で、「保全指定をした場合に産業の発達に及ぼす影響が大きいと認められる技術分野として政令で定められるもの」に属する発明については、政令で定められた要件に該当する発明）である。

〔図〕　保全審査対象発明

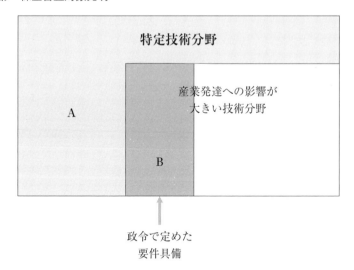

A　＋　B　＝　保全審査対象発明

　日本国内でした発明で、公になっていないものであって、保全審査対象発明であれば、日本で特許出願をしていなくても、また、保全審査対象発明か否かについての特許庁長官の判断がされる前であっても、外国出願は禁じられる。

　そのため、特許出願人は、自身の出願した発明が保全審査対象発明を含むか否かを検討し、保全審査対象発明を含む可能性があるのであれば、外国出願を控えるかどうかを速やかに検討しなければならない。

2　外国出願禁止の例外

　外国出願が禁止されない場合について、経済安全保障推進法78条1項ただし書は以下のとおり定めている。

①　わが国において明細書等に当該発明を記載した特許出願をした場合であって、当該特許出願の日から10カ月を超えない範囲内において政令で定める期間を経過したとき（70条1項の規定による通知（保全指定通知）

を受けたとき等を除く）

② 特許出願の日から3カ月を超えない範囲内において政令で定める期間を経過するまでに、特許庁長官が内閣総理大臣に特許出願に係る書類を送付した旨の通知を特許出願人に発しなかったとき（当該期間を経過する前に当該特許出願が却下されたとき等を除く）

③ 経済安全保障推進法66条10項（特許庁長官が内閣総理大臣に特許出願に係る書類を送付しない旨の判断をした旨の通知）、71条（内閣総理大臣が保全指定しない旨の通知）または77条2項（保全指定が解除されたまたは満了した旨の通知）の規定による通知を受けたとき

における当該特許出願に係る明細書等に記載された発明については、外国出願は禁じられない。

3 外国出願の禁止に反した場合

内閣総理大臣は、特許庁長官が内閣総理大臣に特許出願に係る書類を送付した旨の通知をした特許出願人が外国出願の禁止に反して外国出願をしたと認める場合であって、当該特許出願が却下されることが相当と認めるときは、その旨を特許庁長官および特許出願人に通知するものとし、これを受けた特許庁長官は、特許出願を却下する（78条5項・7項）。

4 外国出願の禁止に関する事前確認

経済安全保障推進法66条1項本文に規定する発明（保全審査対象発明）に該当し得る発明を記載した外国出願をしようとする者は、わが国において明細書等に当該発明を記載した特許出願をしていない場合に限り、内閣府令・経済産業省令で定めるところにより、特許庁長官に対し、その外国出願が79条1項の規定により禁止されるものかどうかについて、確認を求めることができる（79条1項）。

この求めを受けた特許庁長官は、当該求めに係る発明が保全審査対象発明に該当しないときは、遅滞なく、その旨を当該求めをした者に回答する（79

条2項）。

　他方、当該求めに係る発明が保全審査対象発明に該当するときは、内閣総理大臣に対し、公にすることにより外部から行われる行為によって国家および国民の安全に影響を及ぼすものでないことが明らかかどうかにつき確認を求めるものとする。この場合において、当該確認を求められた内閣総理大臣は、遅滞なく、特許庁長官に回答するものとする（79条3項）。特許庁長官は、経済安全保障推進法79条3項の規定により回答を受けたときは、遅滞なく、当該求めをした者に対し、当該求めに係る発明が保全審査対象発明に該当する旨および当該回答の内容を回答するものとする（79条4項）。

Q36　損失の補償

　保全指定がされた場合、特許出願人には損失の補償がされるのでしょうか。

〔解説〕

　指定特許出願人は、内閣総理大臣の許可を受けない限り、保全対象発明の実施をすることができないところ（73条1項）、保全対象発明（保全指定が解除され、または、保全指定の期間が満了したものを含む）について、内閣総理大臣の許可を受けられなかったこと、または、経済安全保障推進法73条4項の規定によりその許可に条件を付されたこと、その他保全指定を受けたことにより損失を受けた者に対して、国は通常生ずべき損失を補償することとされている（80条1項）。

　補償を受けようとする者は、内閣府令で定めるところにより、内閣総理大臣にこれを請求しなければならない（80条2項）。内閣総理大臣は、当該請求があったときは、補償すべき金額を決定し、これを当該請求者に通知しなければならない（80条3項）。当該決定に不服がある者は、その通知を受けた日から6カ月以内に訴えをもって補償すべき金額の増額を請求することができる（80条5項）。

Q37　後願者の通常実施権

後願者の通常実施権が認められるのはどのような場合でしょうか。

〔解説〕

　指定特許出願人であって、保全指定がされた他の特許出願について出願公開がされた日前に、経済安全保障推進法66条7項の規定により当該出願公開がされなかったため、自己の特許出願に係る発明が特許法29条の2の規定により特許を受けることができないものであることを知らないで、日本国内において当該発明の実施である事業をしている者またはその事業の準備をしている者は、その実施または準備をしている発明および事業の目的の範囲内において、その特許出願について拒絶をすべき旨の査定または審決が確定した場合における当該他の特許出願に係る特許権またはその際現に存する専用実施権について通常実施権を有する（81条1項）。ただし、特許権または専用実施権を有する者は通常実施権を有する者から相当の対価を受ける権利を有する（81条2項）。

Q38 施行期日

特許出願の非公開に関する制度の施行日を教えてください。

〔解説〕

本制度は、経済安全保障推進法65条〜85条において規定されているところ、本制度の具体的な内容を定める66条〜85条についての施行日は、附則1条5号により、公布の日から起算して2年を超えない範囲内において政令で定める日とされている。

第2部

企業における実務対応

第1章 特定重要物資の安定的な供給の確保に関する制度

Q39 自社が特定重要物資の安定的な確保に関する制度にかかわるか否かの確認

> 自社の業務に特定重要物資の安定的な確保に関する制度の適用があるかどうかは、どのような観点からどのように検討すればよいのでしょうか。

〔解説〕

1 特定物質等の把握

　本制度は、おおまかにとらえると、特定重要物資について、安定供給を確保するために、政府が安定供給確保基本指針および安定供給確保取組方針を策定するとともに、民間事業者が安定供給確保のための取組みに関する計画を作成し、所管大臣の認定を受け、認定供給確保事業者として、支援措置を受けながら、安定供給確保を図るという制度である。

　そのため、本制度の適用の有無を検討する出発点は、「特定重要物資」が何かという点である。自社の業務に「特定重要物資」が含まれていないか、あるいは、自社の業務が「特定重要物資」にかかわるものかどうかを検討しておくことが必要といえる。

　「特定重要物資」の要件は以下の4要件である。

① 重要性（要件①）

　　国民の生存に必要不可欠または広く国民生活もしくは経済活動が依拠していること

② 外部依存性（要件②）

外部に過度に依存し、または過度に依存するおそれがあること

③ 供給途絶等の蓋然性（要件③）

外部から行われる行為による供給途絶等の蓋然性

④ 必要性（要件④）

本制度により安定供給確保のための措置を講ずる必要性

これらの要件の詳細については、Q9で述べたとおりである。

2　本制度の適用

かかる要件を満たす物質として、2022年12月9日時点において政令案に掲げられた特定重要物資は、半導体、可燃性天然ガス、抗菌性物質製剤等の11種の物資である（Q9参照）。

それら特定重要物資、または特定重要物資の生産に必要な原材料、部品、設備、機器、装置もしくはプログラムについて、事業者が、安定供給確保のための計画書を政府に提出し、政府の審査を経て認定を受けることによって、助成金の交付や、日本政策金融公庫による指定金融機関を通じた低利・長期の資金の貸付けなどの本制度の適用を受けることになる（9条）。

なお、特定重要物資ごとの供給確保のために主務大臣が定めることとされている安定供給確保取組方針（8条1項。以下、「取組方針」という）の概要案（以下、「取組方針案」という）では、取組方針および主務省令で規定が予定されている「物資横断的な共通の要件」として以下の①～⑤の事項が掲げられている。そこで、本制度の適用を受けるためには、以下の①～④に順応していることが求められる可能性がある。

① サイバーセキュリティへの対応（リスクに対する適切な点検・評価・対策の実施）

② 関係法令等への対応（ガバナンスの透明性の確保）

③ 技術流出防止への対応（情報管理体制の構築）

④ 供給能力確保・事業継続性確保のための計画の整備（事業継続計画の

　策定等）

　⑤　認定供給確保計画の実施状況についての主務大臣への報告（毎年度）

　また、取組方針案は、個別の特定重要物資等の安定供給確保にあたって物資横断的に主務大臣が配慮すべき事項（8条2項7号）として、以下の事項を掲げている。そこで、事業者が本制度の適用を受けるために、人権の尊重やサイバーセキュリティの確保についても、順応していることが求められる可能性がある。

　①　国際約束との整合性（WTO協定等の国際ルールとの整合性）

　②　サプライチェーンにおける人権の尊重の勧奨等の対応

　③　サプライチェーンにおけるサイバーセキュリティの確保を勧奨する等の対応

　④　事業者等への周知・公表

　⑤　関係行政機関との相互協力

　⑥　フォローアップ（技術の進展などに対応した随時の見直し）

　なお、第4回経済安全保障法制に関する有識者会議の資料によれば、政令案に係る政令の閣議決定および各取組方針の公表は、2022年12月下旬に予定されている。

Q39 自社が特定重要物資の安定的な確保に関する制度にかかわるか否かの確認

【資料１】 取組方針策定に向けた基本的な考え方

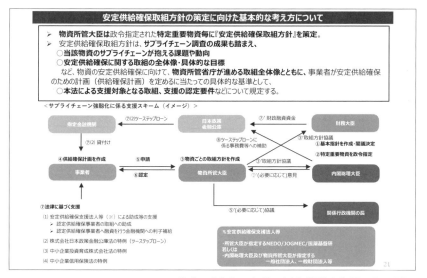

出典：「令和４年第３回会議配布資料１」21頁。

【資料２】 取組方針の策定にあたって

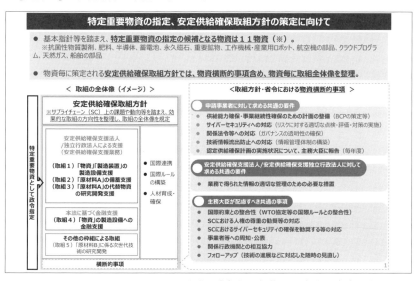

出典：「令和４年第４回会議配布資料」１頁。

Q40 認定を受けるか否かの検討（メリット・デメリット）

> 供給確保計画の認定を受けるか否かを検討する際に、認定を受けるメリットとデメリットとしてどのような点を考慮すればよいでしょうか。

〔解説〕

認定供給確保事業者との認定を受けると、一定の支援を受けることができる一方で、認定に伴う義務も発生する。

認定に伴い受けることのできる主な支援の概要は、以下のとおりである。

① 株式会社日本政策金融公庫から指定金融機関を通じた低利・長期の資金の供給

② 中小企業信用保険法および中小企業投資育成株式会社法の特例を通じた中小企業者向けの資金の調達

これに対して、認定に伴い生じる主な義務は、以下のとおりである。

① 認定を受けた供給確保計画の変更についての認定（10条1項・2項）

② 認定供給確保計画の実施状況についての主務大臣への報告（毎年度）（12条）

③ 認定供給確保計画の実施状況その他必要な事項に関し、主務大臣からの報告または資料の提出の求めに対する対応（48条4項）

これらの支援（メリット）と義務（デメリット）を考慮して、供給確保計画の認定を受けるかを検討することとなる。

供給確保計画への記載が求められる事項については、Q39を参照されたい。

Q41　取引先等が認定供給確保事業者である場合の影響・対応

> 自社の取引先の1つが認定供給確保事業者である場合、自社の業務に何らかの影響はあるでしょうか。

〔解説〕

　認定供給確保事業者は、特定重要物資について安定供給確保のための取組みに関する計画を作成し、所管大臣の認定を受ける者であるところ、当該計画は、特定重要物資に関する一連のサプライチェーンに関する情報も含みうることから、自社の取引先が認定供給確保事業者である場合には、自社の業務に関しても当該計画に盛り込まれる可能性があるといえる。そのため、自社の業務が自社の取引先である認定供給確保事業者による計画に盛り込まれている場合には、自社の業務も、当該計画の履行との関係で事実上協力する必要のある局面が生じてくることが考えられる。

　また、主務大臣は、その所管する事業に係る特定重要物資について、経済安全保障推進法13条〜43条までの規定による措置では当該特定重要物資の安定供給確保を図ることが困難であると認めるときは、安定供給確保基本指針および安定供給確保取組方針に基づき、安定供給確保のための特別の対策を講ずる必要がある特定重要物資として指定することができるところ（44条1項）、主務大臣は、当該特定重要物資（特別の対策を講ずる必要がある特定重要物資）について、備蓄その他の安定供給確保のために必要な措置を講ずるものとするとされている（44条6項）。そして、備蓄その他の安定供給確保のために必要な措置を講ずる際においては、輸送手段の確保について十分配慮することとされている（衆議院・内閣委員会における附帯決議）。そのうえで、主務大臣は、外部から行われる行為により当該特定重要物資（特別の対策を講ずる必要がある特定重要物資）等の供給が不足し、または不足するおそ

れがあり、その価格が著しく騰貴したことにより、国家および国民の安全を損なう事態を生ずるおそれが大きい場合において、当該事態に対処するため特に必要があると認めるときは、政令で定めるところにより、必要な条件を定めて保有する当該特定重要物資またはその生産に必要な原材料等を時価よりも低い対価であって、価格が騰貴する前の標準的な価格として政令で定める価格で譲渡し、貸し付け、または使用させることができるものとするとされている（44条8項）。このように、自社の業務が、特別の対策を講ずる必要がある特定重要物資にかかわる場合には、国による介入を受ける可能性がある。

第2章　基幹インフラ役務の安定的な提供の確保に関する制度

Q42　自社が基幹インフラ役務の安定的な提供の確保に関する制度にかかわるか否かの確認

> 　自社が基幹インフラ役務の安定的な提供の確保に関する制度の適用を受ける事業者であるか否か、どのようにして確認すればよいか教えてください。

〔事例〕

　A社は、いわゆる大企業であり、一般的にみて相当程度大規模な発電容量の発電設備を保有し、発電事業を営んでいる。A社は、経済安全保障推進法における制度の適用を受けると考えられるか。

〔解説〕

1　特定社会基盤事業者の指定

　Q18で述べたとおり、対象となる特定社会基盤事業者の指定基準は、特定重要設備の機能が停止し、または低下した場合に、その提供する特定社会基盤役務の安定的な提供に支障が生じ、これによって国家および国民の安全を損なう事態を生ずるおそれが大きいものとして、主務省令において定められることになる。

　主務省令の指定基準は、今後制定される基本指針の内容を踏まえ、広く意見募集を行ったうえで、個別事業分野の特性等に応じて定められることが想定されている。

また、国家および国民の安全と事業者の経済活動の自由とのバランスのとれた制度とするため、規制対象を真に必要なものに限定するという考え方から、指定の際には、事業規模や代替可能性等を考慮要素とすることが想定されている。

そのため、中小規模の事業者については、基本的に特定社会基盤事業者として規制を受けないものとみられる。ただし、中小規模の事業者であっても、提供する役務に特殊性があり、それに支障が生じることによって国家および国民の安全を損なう事態を生ずるおそれが大きい場合には、例外的に規制対象となることがあり得る。

2 事例における基本的な考え方

自社が特定社会基盤事業者としての指定を受けるか否かを検討するにあたっては、①指定対象となる14の事業類型に入るか（Q17参照）、②事業規模が大きく、代替可能性のないサービスを提供しているか、というような視点で考えることになる。

②については、今後制定される主務省令で具体的な要件が定められるので、制定後はその要件を検討すべきであるが、制定前の想定・準備段階として、どのように考えるべきか。

上記の事例の場合、発電事業は、電気事業法2条1項16号に定める「電気事業」に含まれるので、①指定対象となる14の事業類型に含まれる。

次に、②事業規模や代替可能性等の観点から考えることになる。国会審議の場での政府答弁によれば、発電事業者が指定の対象となるか否かという点について、その保有する発電設備の発電容量といった指標を定めることが考えうるとのことである。

A社は、いわゆる大企業であり、一般的にみて相当程度大規模な発電容量の発電設備を保有しているから、事業規模や代替可能性等の観点からして、特定社会基盤事業者として指定される蓋然性が高い。そのため、特定社会基盤事業者として指定を受ける可能性を想定して、準備をしておくべきで

ある。

なお、電気事業に関し、一般送配電事業者については、基本的に特定社会基盤事業者としての指定を受けることが想定されている。

【資料】　第208回国会衆議院内閣委員会第11号

○木村政府参考人　お答え申し上げます。

　省令で定める、事業者を指定するための基準につきましては、主務大臣が法施行後に、基本指針の内容を踏まえまして、広く意見募集を行った上で、個別事業分野の特性等に応じて具体的な指定基準を定めることを想定しているところでございます。

　したがいまして、現時点におきまして確たるお答えをすることは困難でございますけれども、仮にその指定の考え方として基本指針で事業規模や代替可能性などを定めました場合におきましては、例えば、御指摘ございました貨物自動車運送につきましては、自動車が実際に貨物を載せて走った距離を表す実車キロ、あるいは輸送した貨物の重量の合計を表す輸送トンや全国に営業所を設置しているということ、もう一方、電気通信につきましては、業務区域、これはサービスエリアでございますけれども、そういった点、あるいは利用契約数、代替困難性といった指標を定めることが考えられるというふうに認識をいたしてございます。

　以上でございます。

○國重委員　このようなことを省令で指定基準として定めることになりますと、中小・小規模事業者というのはこの特定社会基盤事業者には指定されない、このように理解していいのかどうか、お伺いします。

○木村政府参考人　お答え申し上げます。

　法案の制度設計について御議論いただきました有識者会議の提言におきましては、中小規模の事業者につきまして規制の対象とするべきかについて、慎重な検討が必要とされたことも踏まえまして、中小規模の事業者を本法案の規制対象とすることは基本的には想定しておらないところでございます。

　ただし、提供する役務に特殊性がございまして、それに支障が生じることによりまして国家及び国民の安全を損なう事態を生ずるおそれが大きい場合

には、例外的に中小規模の事業者が対象となることがあり得るものと考えてございます。

　指定基準の詳細及び対象事業者につきましては、今後、法施行までに、各事業の実態を踏まえながら個別に検討させていただきたい、このように考えてございます。

　以上でございます。

【資料】 第208回国会参議院内閣委員会第10号

○国務大臣（小林鷹之君） お答え申し上げます。

　特定社会基盤事業者の指定基準、そして特定重要設備につきましては、委員御理解いただいているように、今後、基本指針や主務省令によって具体的な内容を定めることになりますので、現時点で確たるお答えすることは困難であることは冒頭申し上げさせていただきます。

　その上で、じゃ、それだとイメージが湧かないじゃないかということだと思います。仮にその基本指針で事業規模や代替可能性などを指定の考え方として定めると仮定した場合に、今委員から例示としてございました電気事業における事業者の指定につきましては、例えば、全国に10社存在する一般送配電事業者は基本的に対象としつつ、発電事業者につきましてはその保有する発電設備の発電容量といった指標を定めることが考え得るところです。

Q43　届出の方法

> 　基幹インフラ役務の安定的な提供の確保に関する制度において、届出
> はどのようにして行うことになるのでしょうか。

〔事例〕

　国際航空運送事業を営む A 社は、特定社会基盤事業者として指定を受け
た。 A 社が、特定重要設備 X に係る重要維持管理等を保守会社 B 社に委
託しようとする場合、 A 社は、この委託についてどのようにして届出を行
うことになるか。

　また、届出内容に変更があるときは、どのような手続を行えばよいか。

〔解説〕

1　届出書類

　特定社会基盤事業者は、特定重要設備の導入等の届出を行うにあたり、導
入等計画書に以下の事項を記載し（52条2項）、主務省令で定める書類を添
付する必要がある（52条1項本文）。

① 　特定重要設備の概要
② 　計画の内容
　ⓐ 　特定重要設備の導入の場合
　　㋐ 　導入の内容および時期
　　㋑ 　特定重要設備の供給者に関する事項
　　㋒ 　特定重要設備の一部を構成する設備、機器、装置またはプログラ
　　　　ムであって特定妨害行為の手段として使用されるおそれがあるもの
　　　　に関する事項
　ⓑ 　特定重要設備の重要維持管理等を委託する場合

⑦　重要維持管理等の委託の内容および時期または期間

④　重要維持管理等の委託の相手方に関する事項

⑤　重要維持管理等の委託の相手方が他の事業者に再委託して重要維持管理等を行わせる場合には、再委託に関する事項

③　その他関連事項

　上記のうち、②ⓐ④〜⑤、②ⓑ④〜⑤および③の具体的な内容については、今後、主務省令で定められることとなる。

2　届出事項の変更

　特定社会基盤事業者は、届出後、実際に特定重要設備の導入を実施する前または重要維持管理等の委託の期間が開始もしくは終了する前に、上記1の届出事項に重要な変更をする場合には、導入等計画書の変更の案を作成し、当該変更に先立って届け出る必要がある（54条1項本文）。この場合、変更の案について、あらためて審査の手続・スケジュールが開始されることとなる（54条2項）。

　なお、緊急やむを得ない変更の場合には、事後に遅滞なく重要な変更について届出を行うことができる（54条1項ただし書）。

　届出事項の重要な変更ではなければ、変更後に遅滞なく主務大臣に報告することで足りる。ただし、軽微な変更については、報告すらも不要である。

　重要な変更であるか、軽微な変更であるかという点を判断する基準については、今後主務省令において定められる。

変更の内容	手続	手続の時期
重要な変更	主務大臣に導入等計画書の変更の案について届け出て、審査を受ける	①　特定重要設備の導入前 ②　重要維持管理等の委託の期間の開始または終了前
軽微な変更	不要	—
上記以外の変更	主務大臣に変更の内容について報告する	変更後に遅滞なく

3　事例における考え方

　A社は、特定重要設備Xに係る重要維持管理等を保守会社B社に委託しようとしているので、A社は、①特定重要設備Xの概要、②重要維持管理等の委託の内容およびその時期、そしてB社に関する事項、③その他主務省令で定められた関連事項があれば、これを導入等計画書に記載のうえ、必要な書類を添付して届出を行うこととなる。もしB社が第三者に再委託する予定であるならば、再委託に関する事項も導入等計画書に記載する必要がある。

　A社が届出事項を変更する場合には、その変更の内容に応じて、変更の案を届け出たり、変更の内容について報告したりする必要がある。ただし、主務省令で軽微な変更として定められるものであれば、手続は不要である。

Q44　届出・審査のスケジュール

基幹インフラ役務の安定的な提供の確保に関する制度において、届出や審査はどのようなスケジュールで進められることになるのでしょうか。

〔事例〕

電気通信事業者のA社は、特定社会基盤事業者として指定を受けた。A社は、2024年3月頃に、特定重要設備XをメーカーB社から新たに導入することを検討し始めたが、A社が特定重要設備Xを2024年12月1日に導入したい場合、A社はいつまでに届出を行うべきか。

また、A社が、そのサービスの安定的な供給のために、緊急やむを得ず、特定重要設備XをB社から新たに導入する場合であって、通常の届出を行う時間的余裕がない場合には、どのような手続をとるべきか。

〔解説〕

1　届出・審査制度

⑴　届出と計画実施禁止期間

Q19で述べたとおり、特定社会基盤事業者として指定された事業者は、①特定重要設備の導入を行う場合、または②他の事業者に委託して特定重要設備の維持管理・操作（重要維持管理等）を行わせる場合に、主務大臣に対し、あらかじめ所定の事項を記載した導入等計画書を届け出なければならない（52条1項）。

そして、届出を行った事業者は、主務大臣が届出を受理した日から30日を経過する日（52条4項による延長がされた場合は最長4カ月間）（計画実施禁止期間）まで、届出に係る計画を実施することができない（52条3項本文）。

なお、審査の結果、主務大臣が、当該特定重要設備が特定妨害行為の手段

として使用されるおそれが大きいとはいえないと認めるときは、計画実施禁止期間を短縮することができる（52条3項ただし書）。

　以上のように、特定重要設備の導入または重要維持管理等の委託を検討する際には、計画実施禁止期間を念頭に、そこから逆算して適切な時期に届出を行う必要がある。

(2)　緊急時の例外手続

　特定重要設備の導入または重要維持管理等の委託において、緊急やむを得ない場合として主務省令で定める場合については、例外的に、事後の届出が許容される。

　この場合、特定社会基盤事業者は、特定重要設備の導入または重要維持管理等の委託の実施後に、遅滞なく、主務省令の定めに従って、事前届出と同様の内容を届け出る必要がある（緊急導入等届出書。52条11項）。

```
《経済安全保障推進法》
第52条
11　特定社会基盤事業者は、第1項ただし書に規定する場合において特定重
　　要設備の導入を行い、又は重要維持管理等を行わせたときは、遅滞なく、
　　主務省令で定めるところにより、同項の主務省令で定める書類を添付し
　　て、第2項各号に掲げる事項を記載した当該特定重要設備の導入又は重要
　　維持管理等の委託に関する届出書（第54条第5項及び第55条第2項におい
　　て「緊急導入等届出書」という。）を主務大臣に届け出なければならない。
```

〔図〕 審査・措置の全体像

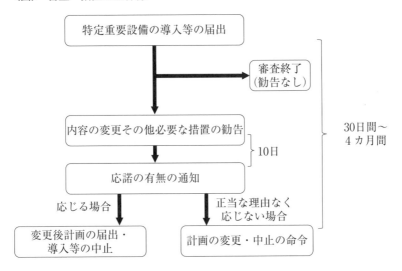

2 事例における基本的な考え方

A社が、特定重要設備Xを2024年12月1日に導入したい場合、上記1のとおり、事前に特定重要設備の導入の届出を行う必要があり、その審査には最大で4カ月間を要するから、遅くとも7月末までには届出を行う必要があるということになる。

A社が、そのサービスの安定的な供給のために、緊急やむを得ず、特定重要設備XをB社から新たに導入する場合であって、通常の届出を行う時間的余裕がない場合には、それが主務省令で定める場合に該当するのであれば、A社は事前に届出をせずに、特定重要設備Xを導入することができる。

この場合、A社は、遅滞なく、特定重要設備Xに関する導入計画について、事前届出の場合と同様の内容を主務大臣に届け出ることが必要となる。

Q45　届出義務や勧告・命令に反した場合の不利益

> 　基幹インフラ役務の安定的な提供の確保に関する制度において、新た
> に創設された届出義務を怠ったり、勧告・命令に従わなかったりした場
> 合、どのような不利益が課されるのでしょうか。

〔事例〕

　A社は、特定社会基盤事業者として指定を受けた。A社が、特定重要設
備Xに係る重要維持管理等を保守会社B社に委託するにあたり、緊急やむ
を得ない場合でないにもかかわらず、届出を怠った場合、A社はどのよう
な不利益を受ける可能性があるか。

　あるいは、A社が、届出の後に、主務大臣から受けた勧告を正当な理由
なく応諾しない場合、どのような不利益を受ける可能性があるか。

〔解説〕

1　届出義務違反

　特定社会基盤事業者が、特定重要設備の導入または重要維持管理等の委託
を行うにあたり、届出義務に違反した場合、罰則規定の適用があり得る。

　具体的には、その特定重要設備の導入等を実施した自然人について、2年
以下の懲役もしくは100万円以下の罰金、またはこれの併科がなされ、その
事業者（法人）について100万円以下の罰金が科される（92条1項1号・97条）。

対象者	罰則の内容
自然人（代表者、従業者等）	①　2年以下の懲役 ②　100万円以下の罰金 ③　①②の併科
法　人	○　100万円以下の罰金

《経済安全保障推進法》
第92条
1　次の各号のいずれかに該当する場合には、当該違反行為をした者は、2年以下の懲役若しくは100万円以下の罰金に処し、又はこれを併科する。
一　第52条第1項又は第54条第1項（同条第5項において準用する場合を含む。）の規定に違反して届出をせず、又は虚偽の届出をして、特定重要設備の導入を行い、又は重要維持管理等を行わせたとき。

2　勧告・命令に応じない場合

　勧告は行政指導であり、それ自体に強制力はないとみられるが、勧告に従わない場合には、行政処分としての命令が行われ得る。すなわち、たとえば、特定社会基盤事業者が、主務大臣から、計画の内容の変更その他の特定妨害行為を防止するため必要な措置を講じたうえで実施するように勧告を受けたにもかかわらず、それに正当な理由なく応諾しない場合、主務大臣は、①当該勧告に係る変更を加えた導入等計画書を主務大臣に届け出たうえでその計画を実施するか、②その計画の実施を中止することを命令することができる（52条10項本文）。

　この命令に違反した場合には、上記1の届出義務違反と同じく、その特定重要設備の導入等を実施した自然人について、2年以下の懲役もしくは100万円以下の罰金、またはこれの併科がなされ、その事業者（法人）について100万円以下の罰金が科される（92条1項4号・97条）

3　事例における基本的な考え方

　A社が、緊急やむを得ない場合でないにもかかわらず、事前に届出を行わず、特定重要設備 X に係る重要維持管理等を保守会社 B 社に委託した場合、当該委託を実施した A の代表者、従業者等が、A 社とともに、罰則の適用を受ける可能性がある。

　また、A 社が、届出の後、主務大臣から受けた勧告を応諾しない場合、

応諾しないことに正当な理由が認められなければ、計画の実施の中止命令等の行政処分を受けることとなる。

そして、仮に、A社が、その命令に違反した場合には、Aの代表者、従業者等およびA社は、届出義務違反の場合と同内容の罰則の適用を受ける可能性がある。

以上より、正当な理由なく勧告に応じないことは、その後に行政処分を受け、ひいては刑事罰を受けるなど、重大な不利益につながるおそれがあることから、このような事態に発展しないように適切に処理する体制を構築することが肝要である。

Q46 経過措置

基幹インフラ役務の安定的な提供の確保に関する制度において、経過措置の定めはどのようなものか教えてください。

〔事例〕

第一種鉄道事業者である A 社は、特定社会基盤事業者として指定を受けた。A 社が、指定を受けた１カ月後に、特定重要設備 X に係る重要維持管理等を保守会社 B 社に委託しようとする場合、A 社はこの委託について事前または事後に届出を行わなくてはならないか。

〔解説〕

1 経過措置の定め

経済安全保障推進法53条において、特定重要設備の導入等の届出に関しては、経過措置の定めが設けられている。

具体的にいうと、特定社会基盤事業者が、その指定を受けた日から６カ月間は、特定重要設備等の届出に関する規定（52条１項）は適用されない。そのため、特定社会基盤事業者として指定を受けた者は、指定を受けた日から６カ月の間に実施する特定重要設備の導入等については、届出をする義務を負わないことになる。

なお、①特定重要設備の対象や②重要維持管理等の内容・範囲は、今後見直されていく可能性があるところ、主務省令の改正により、①新たに特定重要設備となった設備、機器、装置もしくはプログラム、または②新たに重要維持管理等となった維持管理もしくは操作について、そのような変更があった日から６カ月間は、その規定が適用されないこととされている。

各事業者においては、６カ月の間に、新たに指定を受けた特定重要設備や

重要維持管理等について理解するなどして、今後の届出体制を整えていくということになるだろう。

《経済安全保障推進法》
第53条
1　前条第1項の規定は、特定社会基盤事業者が第50条第1項の規定による指定を受けた日から6月間は、当該指定に係る特定社会基盤事業の用に供される特定重要設備の導入及び重要維持管理等の委託に関する限り、適用しない。
2　前条第1項の規定は、第50条第1項の特定重要設備を定める主務省令の改正により新たに特定重要設備となった設備、機器、装置又はプログラムについては、当該設備、機器、装置又はプログラムが特定重要設備となった日から6月間は、適用しない。
3　前条第1項の規定は、同項の重要維持管理等を定める主務省令の改正により新たに重要維持管理等となった維持管理又は操作については、当該維持管理又は操作が重要維持管理等となった日から6月間は、適用しない。

〔図〕　経過措置

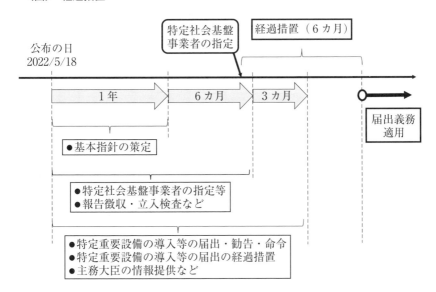

2 事例における基本的な考え方

　A社が、特定重要設備 X に係る重要維持管理等を保守会社 B 社に委託しようとする時期は、指定を受けた1カ月後である。上記1のとおり、A社は、経過措置（53条1項）により、特定社会基盤事業者の指定を受けた日から6カ月間は、特定重要設備等の届出に関する規定が適用されない。

　そのため、冒頭事例の場合、A社は、特定重要設備 X に係る重要維持管理等を保守会社 B 社に委託する計画について、事前にも事後にも届出をする必要がない。

Q47　社内体制の整備

　基幹インフラ役務の安定的な提供の確保に関する制度の適用を受ける事業者において、どのような情報収集を行い、どのような社内体制を設けるべきか教えてください。

〔解説〕

1　情報収集

　特定社会基盤事業の対象となり得る14の事業類型（Q17参照）の事業を営む事業者は、自社が特定社会基盤事業者として指定を受ける可能性があることを踏まえ、必要な情報の収集を行うことが肝要である。

　Q17で述べたとおり、本制度は、経済安全保障推進法の公布の日（2022年5月18日）から、1年～1年9カ月の間に、3段階に分けて施行される。まずは、第1弾として特定社会基盤役務基本指針が策定され、以下の内容が明らかにされるので（49条2項）、その内容をフォローすべきである。

①　特定妨害行為の防止による特定社会基盤役務の安定的な提供の確保に関する基本的な方向に関する事項（特定妨害行為の具体的内容に関する事項を含む）

②　特定社会基盤事業者の指定に関する基本的な事項

③　特定社会基盤事業者に対する勧告および命令に関する基本的な事項

④　特定妨害行為の防止による特定社会基盤役務の安定的な提供の確保にあたって配慮すべき事項

⑤　特定妨害行為の防止による特定社会基盤役務の安定的な提供の確保に関し必要な特定社会基盤事業者その他の関係者との連携に関する事項

⑥　その他必要な事項

　また、自社が特定社会基盤事業者の指定を受けた場合には、特定重要設備

について定める主務省令の内容を確認するなど、自社が受ける規制の内容・範囲について、必要な情報の収集を行うこととなる。特定重要設備や重要維持管理等など、規制の対象となる内容・範囲が主務省令で今後定められることになるため、適時にその内容も確認すべきである。

　加えて、届出後の主務大臣の審査においてどのような点が懸念要素となり得るかという点や事後の勧告・命令に関し、国際情勢の変化その他の関連する事情についても不断の情報収集に努めていく必要がある。

2　届出・審査の対応

　Q19で述べたとおり、特定重要設備の導入等にあたっては、導入等計画書を届け出て、その届出が受理された日から30日（延長された場合には最長4カ月間）の間に、主務大臣による審査に加え、場合によっては勧告や命令が行われる。

　届出事項（詳細はQ43参照）には、特定重要設備の導入元・委託先自身に関する事項や特定重要設備の一部を構成する設備・機器・装置・プログラムに関する事項等が含まれるため、導入元や委託先から適時に必要な情報や資料の提供を受けるなどして、所定の期間内に対応をする必要がある。

〔対応策〕

1　経済安全保障担当部門の設置

　経済安全保障推進法の対応も含め、今後の情報収集やリスク管理について、特化した部門を設けることが考えられる。このような担当部門の設置は、大規模な製造業が先行して設置してきたところ、最近では、社会インフラや情報通信に関する事業などを営む企業においても設置を検討する動きがみられる[1]。

1　大川信太郎「経済安全保障の基本と実務対応への道標」ビジネス法務22巻9号68頁〜69頁。

　担当部門を設置する際には、経済安全保障推進法が部門横断的な規制であることから、経済安全保障の規制に特化した専従者のみの部門とするよりも、サイバーセキュリティも含めた関係部署の兼務担当者により構成される横串のような部門とすることが一案として考えられる。

　また、リスクマネジメントとの類似性から、経済安全保障の対応について、リスクマネジメント統括部門が統括し、渉外や経営企画に関する部門と密に連携するという実例がみられるようである[2]。

2　届出等の規制対応

(1)　社内対応

　まず、規制対象となる特定重要設備や重要維持管理等の要件について主務省令で定められた後、自社で取り扱う設備のうち、具体的にどの設備、どのような維持管理行為等が規制対象となるかを確認すべきである。

　次に、特定重要設備の導入等を行う際に、主務大臣への届出や審査対応を行う必要が出てくるため、社内における新たな業務フローを検討し、規程の整備等を行うこととなる。

　特に勧告の諾否については、勧告を受けた日から起算して10日以内に決定し、主務大臣宛てに通知する義務を負うため（52条7項）、そのような緊急の対応が可能となるように決裁フローについてもあらかじめ検討しておく必要がある。

(2)　取引先との協働体制の構築

　届出・審査においては、自社内の情報を収集・整理するというよりも、設備の導入元や委託先（再委託が前提となるときは再委託先も含む）から必要な情報を収集し、審査に対応することが想定される。そのため、設備の導入元や委託先から必要な情報を適時に入手できるような協働体制を整えておく必

2　川口貴久「経済安全保障推進法案の概要と今後の争点」東京海上ディーアール「リスクマネジメント最前線」2022年8号最終頁。

要がある。

　また、届出にあたり、設備の導入元や委託先から虚偽の説明や資料の提出がなされた場合、最終的に特定社会基盤事業者が、虚偽の届出を行ったことについて罰則を科され得る（92条1項1号・97条）。そのため、これまで以上に、特定重要設備に関する設備の導入元や委託先の選定にあたっては、特定社会基盤事業者として慎重に審査を行うべきである。

Q48　委託先の事業者との間で講ずべき措置

> 　基幹インフラ役務の安定的な提供の確保に関する制度の適用を受ける
> 事業者において、委託先の事業者との間でどのような措置を講ずるべき
> でしょうか。

〔事例〕

　ガス事業者である A 社は、特定社会基盤事業者として指定を受けた。 A
社は、指定を受けた 8 カ月後に、特定重要設備 X に係る重要維持管理等を
保守会社 B 社に委託することを計画しているが、 B 社に対する委託に際
し、どのような措置を講ずるべきか。

〔解説〕

1　届出・審査の対応

　届出事項（詳細はQ43参照）には、特定重要設備の委託先自身に関する事
項（52条 2 項 3 号ロ）や再委託に関する事項（同号ハ）など、特定社会基盤事
業者が直接的には知り得ない事項が含まれる。そのため、特定社会基盤事業
者は、委託先に問い合わせて、適時に必要な情報や資料の提供を受け、所定
の期間内に届出・審査の対応をする必要がある。

　また、届出にあたり、委託先から虚偽の説明や資料の提出がなされた場
合、最終的に特定社会基盤事業者が、虚偽の届出を行ったことについて罰則
を科され得る（92条 1 項 1 号・97条）。このことからすれば、届出や審査の対
応においては、委託先の管理や監督も含めて、あくまで特定社会基盤事業者
の責任において適切な対応を行わなければならないということである。

　以上を踏まえて、委託先から適時に必要な情報等の提供を受けることがで
きるように、特定社会基盤事業者としては、委託先との契約等に必要な条項

を盛り込んでおく必要がある。

2 審査による委託内容の変更・中止

　主務大臣は、導入等計画書の届出があった場合に、当該導入等計画書に係る特定重要設備が特定妨害行為の手段として使用されるおそれが大きいと認めるときは、①当該導入等計画書の内容の変更その他の特定妨害行為を防止するための必要な措置を講じたうえでその計画を実施するか、②その計画の実施を中止することを勧告することができ（52条6項）、③正当な理由なく届出事業者が応諾しない場合には、さらに、ⓐ当該勧告に係る変更を加えた導入等計画書を主務大臣に届け出たうえでその計画を実施するか、ⓑその計画の実施を中止することを命令することができる（52条10項本文）。

　そのため、主務大臣から勧告・命令があった場合には、これに応じて導入等計画書の内容の変更が必要となり、その場合には、委託先等との間の取引内容も当然に見直す必要が出てくる。主務大臣による勧告・命令と委託先等との契約との板挟みにならないように、委託先等との契約において、届出・審査対応のために必要となる条項を盛り込んでおくべきである。

〔対応策〕

1 届出・審査の対応

　A社としては、そもそも委託先のB社に対し、特定社会基盤事業者に係る経済安全保障推進法の規制内容を理解し、届出や審査に対する認識をA社と共通とするように求める必要がある。

　A社が、多くの委託先との間で今後同様の理解を求める必要がありそうであれば、特定重要設備の重要維持管理等の取引にあたって委託先に遵守を求めるガイドラインを策定することも一案である。ガイドラインにおいて、特定社会基盤事業に係る経済安全保障推進法制の概要を含め、委託先として法制度に対応するために協力すべき事項について、その基本的な考え方を示

すことが考えられる。

　また、Ｂ社との契約においては、届出・審査のために、Ａ社がＢ社から随時必要な情報や資料の提供を受けることができるとする条項を盛り込むべきである。なお、Ａ社は、届出・審査の後であっても、国際情勢の変化その他の事情の変更により、主務大臣から報告徴収を受ける場合があるので、Ｂ社との間の委託契約において、Ｂ社から随時必要な情報等の提供が受けられるように、契約条項を設定すべきである。

　これに加えて、Ｂ社が提供する情報等の真実性やその他経済安全保障推進法の定める要件に違反していないことを担保するために、表明保証条項を設けることが考えられる。

2　審査による委託内容の変更・中止

　Ｂ社との契約にあたっては、主務大臣により変更・中止の勧告や命令がなされたことを契約の解除事由として定めておくなど、審査の結果に応じた対応ができるような契約条項としておく必要がある。

　このほか、Ａ社は、審査後であっても、国際情勢の変化その他の事情の変更により、主務大臣が、特定重要設備の重要維持管理津の委託の相手方の変更やその他の特定妨害行為を防止するために必要な措置をとるべきことを勧告することができることを踏まえ（55条1項）、そのような場合も契約の変更や解除事由として定めておくべきである。

第3章　先端的な重要技術の開発支援に関する制度

Q49　自社が先端的な重要技術の開発支援に関する制度にかかわる場合①

政府は経済安全保障の強化に向けて育成する重要技術を公募するとのことですが、協議会の構成員となったり、指定基金を用いて行われる研究開発を受託したりすることによって、どのようなメリットがあるのでしょうか。

〔解説〕

1　協議会の構成員となることのメリットと負担

⑴　メリット

「経済安全保障法制に関する提言」は、支援対象となる先端的な重要技術について、「重点的に支援すべき具体的な技術は、研究開発の状況や内外の社会経済情勢により変わり得るものであり、シンクタンクでの調査研究も踏まえつつ、不断の見直しを怠るべきではない」と指摘している[3]。また、報道によれば、政府は、経済安全保障の強化に向けて育成する重要技術の公募を年内に開始するとしており、ベンチャー企業等も含めて、特定安全保障技術にかかわる企業に門戸が開かれている。協議会の構成員となるか、指摘基金を用いて行われる研究開発に携わることにより、一定の利益を享受しうる（もちろん、後述する一定の責任を伴うことになる）。

具体的なメリットとしては、Q22で述べたとおり、協議会の構成員は、経

3　「令和3年第4回会議提言」36頁。

済安全保障推進法が規定する秘密保持義務を負ったうえで、これまでの官民協力では提供され得なかった各府省が保有する機微情報や、他の構成員である企業、研究機関ないしそれらの所属員が保有する技術情報、さらには、調査研究機関（64条）が得た国内外の研究開発にかかわる最新動向等の情報を得ることができ、より効果的に研究開発を進めることが可能になると想定される。

　また、Q25で述べたとおり、研究成果に係る特許権等の帰属の取扱いについては、産業技術力強化法17条（いわゆる日本版バイ・ドール制度）の適用を基本としつつ、個々の技術について日本版バイ・ドール制度を適用しない場合、協議会の規約等に従ってすべての参加者が納得する形で帰属が決定される。したがって、研究開発の成果が国に徴集されたり、その権利行使が著しく制限されたりすることは想定されていない。

⑵　負　担

㈠　秘密保持

　経済安全保障推進法62条7項に基づき守秘義務の対象となる情報の範囲は、協議会を通じて提供され、知り得た秘密に限定される。守秘義務の対象となる情報を除き、研究者が自ら生み出した研究成果は守秘義務の対象とはならない。論文などの成果発表については、守秘義務の対象となる情報を除き、制約を課すことはせずに公開されることが原則となる。

　たとえば、海洋センシング技術について、海底資源の探査などへの応用が研究開発対象である場合、ある地域におけるレアアースなどの海底資源の具体的な分布状況といった情報のうち、その具体的な数量などは政府から非公開の要請がなされ、構成員がそれに同意することによって、守秘義務対象となる場合がある。また、サイバーセキュリティ上の脆弱性の検知技術を研究開発対象とする場合、政府のシステムが抱える具体的な脆弱性情報は守秘義務の対象となり得る[4]。

4　第208回国会参議院内閣委員会第13号〔国務大臣（小林鷹之）答弁〕。

　政府から非公開として扱うべきとの要請があった場合、協議会においてすべての参加者が納得する場合、非公開とされるが、協議会で結論を出すことができなければ、法の枠組みではそれ以上の制約は課されることはない。また、非公開の要請を行った事実自体は秘密にあたらず守秘義務の対象とはならない[5]。

　もっとも、経済安全保障推進法で守秘義務の対象とならないとしても、機微技術として外為法上の輸出規制、あるいはみなし輸出規制の対象となり得ることには注意を要する[6]。また、非公開特許の指定（保全指定）を受ける可能性もあり得る。

(B)　成果の帰属

　研究成果の帰属の取扱いについては、上述のとおり、産業技術力強化法17条の適用が基本とされているが、協議会の規約等に従ってすべての参加者が納得する場合には、異なる扱いがなされる可能性がある。あとから協議会の構成員となる場合には、規約の内容をよく理解したうえで、参加の当否を判断することが必要である。また、わが国の国際競争力の維持に支障を及ぼすこととなる研究開発の成果については、活性化法41条により国外流出に一定の制限がかかることがある。

《研究開発力強化法》

第41条

1　国は、研究開発の成果の適切な保護を図るため、国の資金により行われる研究開発の成果について、我が国の国際競争力の維持に支障を及ぼすこととなる国外流出の防止に必要な施策を講ずるものとする。

2　研究開発法人、大学等及び民間事業者は、その研究開発の成果について、我が国の国際競争力の維持に支障を及ぼすこととなる国外流出の防止に努めるものとする。

5　第208回国会参議院内閣委員会第13号〔政府府参考人（泉恒有）答弁〕。
6　第208回国会参議院内閣委員会第13号〔政府府参考人（泉恒有）答弁〕。

2　指定基金を用いて行われる研究開発を受託することのメリットと負担

(1)　メリット

　学識経験者等および関係行政機関により構成される「経済安全保障重要技術育成プログラムに係るプログラム会議」における検討を踏まえ、国家安全保障会議における経済安全保障に係る審議を経て、経済安全保障推進会議および統合イノベーション戦略推進会議が決定する「研究開発ビジョン」において、都度、指定基金を用いて実施することが想定される「経済安全保障重要技術育成プログラム」で支援すべき重要技術が示されることになる。

　支援が決まった場合、研究開発費として一定額の指定基金を受けることできる。支援を受ける期間については、個々のプロジェクトの研究内容や技術の成熟度などによって変動するであろうが、指定基金として念頭におかれている経済安全保障重要技術育成プログラムの場合は、研究開始から最長で10年程度が目安とされている旨、担当大臣が国会で答弁している[7]。指定基金協議会における協議の結果を受けて、指定基金協議会の構成員たる研究者は情報の適正な管理に関する措置（安全管理措置）を行うべきこととなるが、適切と認められる場合には、管理措置に必要な資金を指定基金から受けることもできる[8]。

　また、指定基金を用いて行われる経済安全保障重要技術育成プログラムの運営について、内閣官房および内閣府並びに資金配分機関を所管する経済産業省および文部科学省、その他の関係行政機関により、指定基金協議会を通じた研究開発に有用な情報の提供や社会実装に向けた検討等、積極的な伴走支援がなされることが予定されている。

　さらに、特定重要技術研究開発基本指針は、「経済安全保障重要技術育成

7　第208回国会衆議院内閣委員会経済産業委員会連合審査会第1号〔国務大臣（小林鷹之）答弁〕。
8　特定重要技術研究開発基本指針20頁。

プログラムの運営に際しては、重点的に守り育てることが必要な先端的な重要技術の特性に鑑みつつ、実効性のある研究開発の推進に向けて、国際的な研究協力を戦略的に進めるものとする」としており、国際的な研究協力を受けることができる可能性もある[9]。

　加えて、特定重要技術研究開発基本指針は、「指定基金を用いて行われる研究開発を受託する者は、特定重要技術調査研究機関と相互に知見を深めつつ、特定重要技術の育成と積極的な活用の促進を図ることができるよう、特定重要技術調査研究機関の行う調査研究に積極的に協力するものとする」としており[10]、特定重要技術調査研究機関（シンクタンク）からの情報も得ることが期待できる。

(2) 負担（技術流出対策・安全管理措置の実施）

　経済安全保障重要技術育成プログラムは、将来の国民生活および経済活動の維持にとって重要なものとなり得る先端的な技術の育成に特化した基金であることから、その運営に際しては、当該技術または当該技術の研究開発に用いられる情報が外部に不当に利用されることがないよう、万全を期すことが必要となる。このため、経済安全保障推進法63条4項により指定基金協議会が必置となり、同法63条5項において準用する同法62条5項に基づき情報の適正な管理等が求められる（Q25参照）。また、安全保障貿易管理や営業秘密保護に関する法令上必要な取組み、研究インテグリティとして求められる取組みおよび安全管理措置についても、適切に対応していくことが求められる。

9　特定重要技術研究開発基本指針20頁。
10　特定重要技術研究開発基本指針20頁。

Q50　自社が先端的な重要技術の開発支援に関する制度にかかわる場合②

協議会での情報交換を通じて得た知見を利用して得られた研究成果の帰属や成果発表はどうなるのでしょうか。

〔解説〕

1　成果の帰属

研究成果の帰属の取扱いについては、Q49で述べたとおり、産業技術力強化法17条（日本版バイ・ドール制度）の適用が基本とされているが、これは、自らが単独でなした成果に係る知的財産権の帰属についてあてはまり、共同でなした成果に係る知的財産権の帰属については、特許法や著作権法等の規律に基づき、他の構成員等との共有に属することもありうる。また、協議会の規約等に従ってすべての参加者が納得する場合には、異なる扱いがなされる可能性がある。後から協議会の構成員となる場合には、規約の内容をよく理解したうえで、参加の当否を判断することが必要である。

2　成果の発表

研究成果については、制約的要素は必要最小限としつつ、公開を基本とすべきと解されている。特に、論文などの成果発表については、守秘義務の対象となる情報を除き、制約を課すことはせずに原則として公開される。

3　秘密保持義務の範囲

経済安全保障推進法62条7項に基づき守秘義務の対象となる情報の範囲は、協議会を通じて提供された、知り得た秘密に限定される。守秘義務の対

象となる情報を除き、研究者が自ら生み出した研究成果は守秘義務の対象とはならない。

　もっとも、経済安全保障推進法で守秘義務の対象とならないとしても、機微技術として外為法上の輸出規制、あるいはみなし輸出規制の対象となり得ることに注意を要する[11]。

11　第208回国会参議院内閣委員会第13号〔政府府参考人（泉恒有）答弁〕。

Q51　他社が先端的な重要技術の開発支援に関する制度にかかわる場合

　共同研究の相手方であるベンチャー企業 α 社が、協議会の構成員となりました。今後は、 α 社との共同研究は継続してはならないのでしょうか。また、継続できる場合、 α 社との今後の共同研究において何か留意すべき点はあるでしょうか。

〔解説〕

1　協議会設置の趣旨

　特定重要技術の研究開発にあたっては、潜在的な社会実装の担い手として想定される関係行政機関や民間企業等による、各組織や産学官の枠を超えた伴走支援が有効であり、技術力あるスタートアップ企業や中小企業も含め、参加者間で機微な情報も含む有用な情報の交換や協議を安心して円滑に行うことのできるパートナーシップの確立が必要である。

　そこで、経済安全保障推進法62条は、活性化法12条1項の規定による国の資金により行われる研究開発等に関して、当該資金を交付する各大臣（以下、「研究開発大臣」という）は、当該研究開発等により行われる特定重要技術の研究開発の促進およびその成果の適切な活用を図るため、基本指針に基づき、当該特定重要技術の研究開発等に従事する者のうち当該研究開発等を代表する者として相当と認められる者の同意を得て、当該者および当該研究開発大臣により構成される協議会を組織することができることとしている。

　具体的には、まず、特定重要技術の研究開発等に関する情報管理の枠組みを設けることにより、関係行政機関が保有するニーズ情報や民間企業等の情報セキュリティのインシデント情報など、研究開発等には有用であるが、通常であれば、国家公務員法100条1項に基づく守秘義務等により、研究者に

は共有されることがなかった機微な情報の共有を可能とすることで、研究開発等のより効果的な実施が期待される[12]。

また、協議会では、機微情報の共有にとどまらず、社会実装のイメージや研究開発の進め方を議論・共有するほか、必要に応じ、規制緩和の検討や国際標準化の支援など、組織の枠を越えた協議が行われることが期待されている。

さらに、協議会参加者が納得する形で、技術流出対策を講じるべき対象範囲やオープン・クローズ戦略を決めていくことが期待されている。

2 研究の自由

経済安全保障推進法に基づく研究開発の成果について、論文等の成果発表については、守秘義務の対象となる情報を除き、制約は課さず、公開されることとなる。

そのうえで、海外での懸念用途への転用が想定される場合などに、詳細な技術情報を公開せず内部管理するよう政府が求める場合も例外的に想定されるが、いずれにせよ、最終的な研究成果の取扱いは、研究者を含むすべての協議会参加者の合意を踏まえることとされており、研究者の意向を無視して政府の意向が反映されることはない[13]。

かかる内閣総理大臣の国会答弁からしても、協議会の枠外で他社と共同研究開発を行うことが禁止されるとは考えられず、特に、研究開発のテーマが異なる場合には、原則として何らの制約も受けないと解される。そして、そのことは、研究開発の相手方が外国企業であっても基本的に同様と考えられ

---

12 「令和３年第４回会議提言」37頁は、「具体的な社会実装イメージ、政府が実施してきた研究の成果、サンプリングデータ、サイバーセキュリティのインシデント・脆弱性情報、非公開とされた契約情報、国民の安全・安心に係る政府機関の態勢に係る情報等が想定されるが、研究開発の具体的内容に応じて異なることから、どのような情報が提供されるべきか、協議会において十分に議論されることが必要である」と指摘する。

13 第208回国会参議院本会議第16号〔内閣総理大臣（岸田文雄）答弁〕。

る[14]。

3　研究成果の取扱い（成果の帰属）

　研究成果に係る特許権等の帰属の取扱いについては、研究参画へのインセンティブや、その後の社会実装のあり方に大きく影響することから、産業技術力強化法17条（いわゆる日本版バイ・ドール制度）の適用を基本としつつ、個々の技術について日本版バイ・ドール制度を適用しない場合、協議会においては、その規約等に従ってすべての参加者が納得する形で決定するものとされている。

　ただし、外為法の規制がかかることには注意を要する。

4　まとめ

　以上のとおり、共同研究の相手方であるベンチャー企業 a 社が、協議会の構成員となったとしても、a 社との共同研究を中止しなくてはならなくなるわけではない。ただし、研究テーマが重なる部分については、一定の範囲の技術情報について a 社が協議会から守秘義務を課されたり、研究成果の帰属ないし利用について一定の制約がかかることによって、a 社との共同研究に一定の支障が出てくる場合がある。a 社に適宜確認して、対応していくことが求められる。

14　テーマに重複部分がある場合において、協議会を通じて得た守秘義務が課せられている情報については、協議会の枠外での利用は少なくとも一定期間は制限されることになる。

Q52　経済安全保障推進法による官民協力の特徴

経済安全保障推進法による国による研究開発の支援と、研究開発における これまでの国による支援ないし官民協力とは、何が違うのでしょうか。

〔解説〕

1　制度趣旨

経済安全保障推進法による官民技術協力は、民生利用から公的利用まで幅広い活用をめざして先端的な重要技術の研究開発を進め、わが国の将来的な国民生活の向上につながるだけでなく、世界全体が直面しているさまざまな課題に対して積極的な貢献につなげることを制度趣旨とする。

2　官民協力

これまでの先端技術の研究開発を推進するための官民協力、たとえば、戦略的イノベーション創造プログラム（SIP）あるいはムーンショット型研究開発制度においても、関係者間の効果的な連携調整のための会議が開催されるなど、法的な規定によらない形での官民連携は一定程度なされている。これに対し、経済安全保障推進法では、特定重要技術の研究開発にあたって、各府省の保有するニーズ情報や情報セキュリティのインシデントに係る情報など、研究開発に有用な機微な情報の共有を可能とすることで、より効果的に研究開発が行われるようなしくみとしている。また、既存の施策で研究開発が進められているプロジェクトについても、協議会を組織し、政府の機微な情報を提供できるようにすることで研究開発をさらに強力に推進することが可能となる（Q25～Q27参照）。

3　技術流出の防止

　先端重要技術の研究開発においては、技術流出を防止することが極めて重要である。

　Q25で述べたとおり、経済安全保障推進法は、官民の技術協力を推進するうえで、官民で情報の交換などを行う協議会を設けて、その構成員に安全管理措置を求めるとともに、国家公務員並びの守秘義務を課すなどの措置が講じられている。

　さらに、外為法や不正競争防止法の規律を受けることに注意を要する。外為法に基づく輸出管理については、事前届出の対象業種について、サイバーセキュリティや重要鉱物資源関連を追加するなど対象品目を随時見直すとともに、人材を介した技術流出に着目して、国内での居住者間の技術提供であっても、外国政府等から強い影響を受けている状態にあると考えられる場合はみなし輸出管理の対象とする改正が2021年に行われた。このほか、中小企業、大学等における輸出管理体制構築に向けて、留学生、研究者等の受入れの審査強化や、研究インテグリティの確保など継続的な普及啓発活動が行われている。また、対内直接投資の管理について、2019年に、外国企業による上場企業に係る株式取得にあたって事前届出を求める閾値が10％から１％に引き下げられた。さらに、不正競争防止法では、営業秘密の不正な取得などを罰則等の対象にしているところ、2015年の改正を通じて海外での使用を目的とした不正な行為を重罰化するなど保護の強化を進めるとともに、最新の事案や対策について情報共有する場として官民フォーラムを開催するなど普及啓発活動が行われている。

Q53 セキュリティクリアランス制度

セキュリティクリアランス制度に関する議論の状況について説明してください。

〔解説〕

セキュリティクリアランス制度とは、先端技術の流出を防ぐため機密情報を取り扱う研究者などの適格性についての審査制度をいう。一般に、従事するポジションや取り扱う情報の機密性のランクが上がれば上がるほど必要とされるクリアランスレベルも高くなる。

欧米をはじめとする世界の諸外国では、公的機関および民間企業が人を採用する際、セキュリティクリアランスを義務づけることがある。組織において機密情報の安全な運用管理に資することを目的とするが、この制度は、民間企業が機密情報にアクセスできることで各国がそれぞれの技術開発に応用して成果を上げているという側面があるとの指摘がある。また、他方において、行きすぎた審査は、対象者のプライバシーや思想良心の自由を過度に制約することにならないかを懸念する指摘がある。

わが国では、2014年12月10日に施行された特定秘密保護法の中で、特定秘密取扱従事者（民間人を含む）には適格性を審査する適性評価が義務づけられている[15]。

2019年の経産省産構審通商・貿易分科会安全保障貿易管理小委員会の中間

---

15 特定秘密保護法は、政府が保有する特定秘密の取扱いが見込まれる者に対し、「適性評価」として、その者が特定秘密の取扱いの業務を行った場合にこれを漏らすおそれがないことについての評価の実施を規定している。具体的には、同法12条2項は、特定有害活動およびテロリズムとの関係に関する事項、犯罪および懲戒の経歴に関する事項、情報の取扱いに係る非違の経歴に関する事項、薬物の乱用および影響に関する事項、精神疾患に関する事項、飲酒についての節度に関する事項、信用状態その他の経済的な状況に関する事項について調査を行い、当該調査の結果に基づき、その者が特定秘密の取扱いの業務を行った場合にこれを漏らすおそれがないことについての評価を実施する旨を規定している。

報告は、わが国の情報保全に係る制度として特定秘密保護法に基づく特定秘密や日米相互防衛援助協定等に伴う秘密保護法（いわゆるMDA秘密保護法）に基づくMDA秘密があるが、これらに該当しない機微技術に係る情報については制度が不十分であり[16]、機微技術に関する国際共同研究開発にわが国企業が参加できないと指摘されている。また、「統合イノベーション戦略2020」において、「諸外国との連携が可能な形での重要な技術情報を取り扱う者への資格付与の在り方を検討」する旨、指摘がされている。

　経済安全保障促進法の成立に伴い、安全保障にかかわる先端技術の取扱いについて、国際共同研究を円滑に推進し、わが国の技術的優位性を確保、維持する観点からも、セキュリティクリアランス制度が重要であるとの議論がなされ、国会審議において、内閣総理大臣は、「国際共同研究等においてクリアランスが求められる具体的事例の検証や、クリアランス制度への国民の理解の醸成の度合いなどをまずは踏まえるべき性質のものであると考えております」と答弁している[17]（【資料1】～【資料4】も参照されたい）。

　さらに、高市早苗経済安全保障担当大臣（当時）は、2022年8月29日、セキュリティクリアランス制度について、報道各社のインタビューの中で、「今後、確実に検討しなければならない課題だと思っている。機微な情報や重要な技術に接する方々については、しっかり信頼性を確保しなければ、日本で民生技術として研究してきたものが他国の先進的な兵器に使われる可能性もある」と述べ、経済安全保障の強化に向けて、具体的な制度設計に向けた検証を急ぐ考えを示すとともに、「制度をしっかりと法制上位置づけることは重要だと思っている。ただ、個人情報に対する調査を含むものになるので、まずは実際に制度の活用が必要とされる具体的な事例の把握や検証を早急に行っていきたい」として[18]、今後の具体的な制度設計に向けた検証を急

16　特定秘密保護法はあくまで国家内部に存する秘密の保全に主眼がおかれており、民間企業において生成された機微情報を保護するしくみになっていない。

17　第208回国会衆議院本会議第12号〔内閣総理大臣（岸田文雄）答弁〕。

18　NHK政治マガジンホームページ「高市経済安保相"セキュリティークリアランス制度　検証早急に"」（2022年8月29日）参照。

ぐ考えを示している。

【資料1】　経済施策を一体的に講ずることによる安全保障の確保の推進に関する法律案に対する附帯決議（衆議院）

> 14　国際共同研究の円滑な推進も念頭に、我が国の技術的優位性を確保、維持するため、情報を取り扱う者の適性について、民間人も含め認証を行う制度の構築を検討した上で、法制上の措置を含めて、必要な措置を講ずること。

【資料2】　経済施策を一体的に講ずることによる安全保障の確保の推進に関する法律案に対する附帯決議（参議院）

> 21　国際共同研究の円滑な推進も念頭に、我が国の技術的優位性を確保、維持するため、情報を取り扱う者の適性について、民間人も含め認証を行う制度の構築を検討した上で、法制上の措置を含めて必要な措置を講ずること。

【資料3】　第208回国会参議院内閣委員会第10号

> ○国務大臣（小林鷹之君）　いわゆるセキュリティークリアランスにつきましては、各国との共同研究などを民間部門も含めて円滑に進めていく上で我が国でもクリアランスを取得できないかといった声があることは承知をしておりまして、この法案の衆議院の内閣委員会の附帯決議も踏まえまして、今後検討していくべき課題の一つだと認識はしてはいます。
> 　一方で、この法案による先端性の高い技術の研究開発に関する官民技術協力の枠組みにおきましては、研究に際しての制約的要素は必要最小限にしていくと、その研究成果は公開を基本とすることとしておりまして、知見などを有する欧米の大学や研究機関との連携を図ることができるものと認識をしています。
> 　いずれにしても、この法案の特定重要技術の研究開発を効果的に行うためには、自前主義に陥ることがないように、国際的かつ戦略的な技術協力を推進してまいりたいと考えます。

【資料４】第208回国会参議院内閣委員会第10号

○政府参考人（櫻澤健一君）　お答えいたします。

　経済安全保障の推進上、特に先端技術の流出防止対策は極めて重要であると認識しております。

　警察では、技術流出防止対策として、従来から、産業スパイ事案や機微技術を使った製品の不正輸出事案、サイバー攻撃事案等の実態解明と取締りを推進しております。

　また、昨年来、新たな取組として、警察から、先端技術についての情報を保有する企業や大学、研究機関等に対しまして技術流出の手口や有効な対策を提供し、これを抑止するため、いわゆるアウトリーチ活動を行っております。

　我が国が誇る先端技術は全国各地の企業や大学において保有されているところ、各都道府県警察におけるこうした取組を強化するため、警察庁では、本年４月、経済安全保障室を新設しました。

　経済安全保障に関する情報収集や分析、そして企業などへのアウトリーチ活動について、全国警察への指導を含め積極的に推進してまいりたいと考えております。

　……また、国際連携という部分も非常に重要でございまして、警察庁は、外国の治安情報機関と協力した技術流出事案の実態解明、こうしたものにも従来から取り組んでおりまして、今後も引き続きこうした連携を強化していきたいというふうに考えております。

　また、2022年10月27日付けの日本経済新聞は、自民・公明両党はセキュリティークリアランスの導入が必要との認識で一致し、法整備に向けて対象となる情報や要件を調整する旨報道している。

第4章 特許出願の非公開に関する制度

Q54 自社が特許出願の非公開に関する制度にかかわる場合

特許出願の非公開に関する制度の適用の有無に関して、どのような局面で、どのようなことを検討すればよいのでしょうか。

〔解説〕

本制度は、特許出願の非公開に関する制度であるから、本制度の適用の有無を検討する必要があるのは、企業等が特許出願を行う局面においてである。

企業等が、発明について特許出願を行う場合に、出願対象の発明が、保全審査の対象となる発明かどうかを検討する必要がある。保全審査の対象となる場合には、当該発明の特許出願は、通常の特許出願とは大幅に異なる手続がとられるとともに、保全指定による各種制限を受ける可能性があるからである（Q32・Q34参照）。

保全審査の対象となる発明か否かの1つ目のメルクマールは、経済安全保障推進法66条1項に定められた「特定技術分野に属する発明」に該当するか否かである。特許出願しようとする者は、出願対象の発明が「特定技術分野に属する発明」に該当するかを検討する必要がある。「特定技術分野に属する発明」については、今後、政令により具体的に定められることになる。

そして、上記の点に加えて出願対象の発明が「特定技術分野に属する発明」に該当する場合には、出願対象の発明が「保全指定をした場合に産業の発達に及ぼす影響が大きいと認められる技術分野として政令で定められるも

の」に属する発明に該当するかを検討する必要がある。政令で定められた要件に該当する発明は保全審査の対象となる（Q33参照）。

Q55 特許出願の非公開に関する制度との関係での注意点

> 特許出願の非公開制度に関して、最も注意すべきことは何か教えてください。

〔解説〕

　日本国内でした発明について、日本よりも先に外国に特許出願をする場合に、最も注意をする必要がある。

　本制度においては、基本的に、内閣総理大臣が特許出願された発明について保全指定をした場合に、当該特許出願の出願人に対して一定の制限（特許出願の取下げ等の制限等。72条〜76条）が課されることになるが、外国出願の禁止については、保全指定されるかどうかとは関係がなく、生じるものである（78条）。

　そのため、日本国内でした発明について特許出願をしようとする者は、自ら、当該発明が保全審査の対象となる発明かどうかを判断し、当該発明に該当する場合には、日本よりも先に外国に特許出願をしてはならない。仮に、保全審査の対象となる発明について、誤って、日本よりも先に外国に特許出願をしてしまうと、経済安全保障推進法78条１項違反となり、その後に日本において特許出願をしても、日本における特許出願は却下されることになってしまう（78条７項）。

　もっとも、特許出願しようとする発明が、保全審査の対象となる発明かどうかの判断が困難な場合も想定される。そのような場合には、当該発明について、外国出願を行う前に経済安全保障推進法79条に従って、事前に、特許庁長官に対し、特許出願しようとする発明が、保全審査の対象となる発明に該当するかを確認しておくなどの措置を講ずるのが安全である。

Q56　内閣総理大臣からの通知に対する対応

　　自社の特許出願について、保全審査が行われ、内閣総理大臣から経済
安全保障推進法67条9項に基づき、保全対象発明となり得る発明の内容
の通知がありました。この通知に対して、特許出願を維持する場合に
は、その旨を回答することになりますが、特許出願を維持するか否かの
判断においては、どのようなことを考慮する必要があるか教えてくださ
い。

〔解説〕

　内閣総理大臣から経済安全保障推進法67条9項に基づき、保全対象発明と
なり得る発明の内容の通知があった段階で、特許出願人としては、特許出願
を維持するか、または、取り下げるかを選択することができる。

　特許出願を維持した場合には、保全指定がなされ、保全指定の期間は通常
の特許審査手続は行われず、特許出願人は経済安全保障推進法72条～76条の
制限を受ける。保全指定がされた発明について、指定特許出願人等は、内閣
総理大臣による許可を得ない限り、実施することができない。他方で、指定
特許出願人等が、内閣総理大臣による許可を得られずに実施をすることがで
きずに損失を受けた場合、または、当該許可を得られたとしても、当該許可
に条件が付されていたことにより損失を受けた場合には、損失を受けた者
は、国に対して、通常生ずべき損失の補償を求めることができる。また、特
許出願を維持した場合において、保全指定が解除されたとき、または、保全
指定の期間が満了したときには、通常の特許審査手続が再開され、特許権が
付与される可能性もある（Q34・Q36参照）。

　これに対して、特許出願を取り下げた場合には、当該発明の使用等につい
て制限は課されない一方で、特許権を取得することはできない。

　以上の点を比較衡量しつつ、特許権による発明の独占の利益も得るため
に、特許出願を維持するか、取り下げるかを選択することになる。

【参考資料】　経済施策を一体的に講ずることによる安全保障の確保の推進に関する法律（令和 4 年法律第43号）

第 1 章　総則

（目的）
第 1 条　この法律は、国際情勢の複雑化、社会経済構造の変化等に伴い、安全保障を確保するためには、経済活動に関して行われる国家及び国民の安全を害する行為を未然に防止する重要性が増大していることに鑑み、経済施策を一体的に講ずることによる安全保障の確保の推進に関する基本的な方針を策定するとともに、安全保障の確保に関する経済施策として、特定重要物資の安定的な供給の確保及び特定社会基盤役務の安定的な提供の確保に関する制度並びに特定重要技術の開発支援及び特許出願の非公開に関する制度を創設することにより、安全保障の確保に関する経済施策を総合的かつ効果的に推進することを目的とする。

（基本方針）
第 2 条　政府は、経済施策を一体的に講ずることによる安全保障の確保の推進に関する基本的な方針（以下「基本方針」という。）を定めなければならない。
2　基本方針においては、次に掲げる事項を定めるものとする。
　一　経済施策を一体的に講ずることによる安全保障の確保の推進に関する基本的な事項
　二　特定重要物資（第 7 条に規定する特定重要物資をいう。第 6 条において同じ。）の安定的な供給の確保及び特定社会基盤役務（第50条第 1 項に規定する特定社会

基盤役務をいう。第49条において同じ。）の安定的な提供の確保並びに特定重要技術（第61条に規定する特定重要技術をいう。第60条において同じ。）の開発支援及び特許出願の非公開（第65条第１項に規定する特許出願の非公開をいう。）に関する経済施策の一体的な実施に関する基本的な事項

　三　安全保障の確保に関し、総合的かつ効果的に推進すべき経済施策（前号に掲げるものを除く。）に関する基本的な事項

　四　前３号に掲げるもののほか、経済施策を一体的に講ずることによる安全保障の確保の推進に関し必要な事項

3　内閣総理大臣は、基本方針の案を作成し、閣議の決定を求めなければならない。

4　内閣総理大臣は、前項の規定による閣議の決定があったときは、遅滞なく、基本方針を公表しなければならない。

5　前２項の規定は、基本方針の変更について準用する。

（内閣総理大臣の勧告等）

第３条　内閣総理大臣は、安全保障の確保に関する経済施策の総合的かつ効果的な推進のため必要があると認めるときは、関係行政機関の長に対し、必要な資料又は情報の提供、説明、意見の表明その他必要な協力を求めることができる。

2　内閣総理大臣は、安全保障の確保に関する経済施策の総合的かつ効果的な推進のため特に必要があると認めるときは、関係行政機関の長に対し、必要な勧告をし、又はその勧告の結果とられた措置について報告を求めることができる。

3　内閣総理大臣は、安全保障の確保に関する経済施策の総合的かつ効果的な推進のため必要があると認めるときは、関係行政機関の長に対し、安全保障の確保に関する経済施策に資する情報を提供することができる。

（国の責務）

第４条　国は、基本方針に即して、安全保障の確保に関する経済施策を総合的かつ効果的に推進する責務を有する。

2　国の関係行政機関は、安全保障の確保に関する経済施策の実施に関し、相互に協力しなければならない。

3　国は、安全保障の確保に関する経済施策を総合的かつ効果的に推進するために必要な資金の確保その他の措置を講ずるよう努めるものとする。

（この法律の規定による規制措置の実施に当たっての留意事項）

第５条　この法律の規定による規制措置は、経済活動に与える影響を考慮し、安全保障を確保するため合理的に必要と認められる限度において行わなければならない。

第２章　特定重要物資の安定的な供給の確保

第１節　安定供給確保基本指針等

（安定供給確保基本指針）

第６条　政府は、基本方針に基づき、外部から行われる行為により国家及び国民の安全を損なう事態を未然に防止するため、特定重要物資の安定的な供給の確保（以下この章において「安定供給確保」という。）に関する基本指針（以下この章において「安定供給確保基本指針」という。）を定めるものとする。

2　安定供給確保基本指針においては、次に掲げる事項を定めるものとする。

  一 特定重要物資の安定供給確保の基本的な方向に関する事項

  二 特定重要物資の安定供給確保に関し国が実施する施策に関する事項

  三 特定重要物資の指定に関する事項

  四 第8条第1項に規定する安定供給確保取組方針を作成する際の基準となるべき事項

  五 特定重要物資の安定供給確保のための取組に必要な資金の調達の円滑化の基本的な方向に関する事項（第13条第1項に規定する供給確保促進円滑化業務等実施基本指針を作成する際の基準となるべき事項を含む。）

  六 安定供給確保支援業務（第31条第1項に規定する安定供給確保支援業務をいう。第8条第2項第4号及び第9条第6項において同じ。）並びに安定供給確保支援法人基金（第34条第1項に規定する安定供給確保支援法人基金をいう。第8条第2項第4号及び第33条第2項第5号において同じ。）及び安定供給確保支援独立行政法人基金（第43条第1項に規定する安定供給確保支援独立行政法人基金をいう。第8条第2項第4号において同じ。）に関して安定供給確保支援法人（第31条第1項に規定する安定供給確保支援法人をいう。第8条第2項第4号及び第9条第6項において同じ。）及び安定供給確保支援独立行政法人（第42条第2項に規定する安定供給確保支援独立行政法人をいう。第8条第2項第4号及び第9条第6項において同じ。）が果たすべき役割に関する基本的な事項

  七 第44条第1項の規定による指定に関する基本的な事項

  八 特定重要物資の安定供給確保に当たって配慮すべき基本的な事項

  九 前各号に掲げるもののほか、特定重要物資の安定供給確保に関し必要な事項

3 内閣総理大臣は、安定供給確保基本指針の案を作成し、閣議の決定を求めなければならない。

4 内閣総理大臣は、前項の規定により安定供給確保基本指針の案を作成するときは、あらかじめ、安全保障の確保に関する経済施策、産業構造その他特定重要物資の安定供給確保に関し知見を有する者の意見を聴かなければならない。

5 内閣総理大臣は、第3項の規定による閣議の決定があったときは、遅滞なく、安定供給確保基本指針を公表しなければならない。

6 前3項の規定は、安定供給確保基本指針の変更について準用する。

（特定重要物資の指定）

第7条 国民の生存に必要不可欠な若しくは広く国民生活若しくは経済活動が依拠している重要な物資（プログラムを含む。以下同じ。）又はその生産に必要な原材料、部品、設備、機器、装置若しくはプログラム（以下この章において「原材料等」という。）について、外部に過度に依存し、又は依存するおそれがある場合において、外部から行われる行為により国家及び国民の安全を損なう事態を未然に防止するため、当該物資若しくはその生産に必要な原材料等（以下この条において「物資等」という。）の生産基盤の整備、供給源の多様化、備蓄、生産技術の導入、開発若しくは改良その他の当該物資等の供給網を強靱化するための取組又は物資等の使用の合理化、代替となる物資の開発その他の当該物資等への依存を低減するための取組により、当該物資等の安定供給確保を図ることが特に必要と認められるときは、政令で、当該物資を特定重要物資として指定するものとする。

（安定供給確保取組方針）

第8条 主務大臣は、安定供給確保基本指針に基づき、前条の規定により指定された特定重要物資のうち、その所管する事業に係るものに関し、特定重要物資ごとに当

該特定重要物資又はその生産に必要な原材料等（以下この章及び第86条第1項第2
号において「特定重要物資等」という。）に係る安定供給確保を図るための取組方
針（以下この章において「安定供給確保取組方針」という。）を定めるものとする。
2　安定供給確保取組方針においては、次に掲げる事項を定めるものとする。
　一　対象となる個別の特定重要物資等（以下この項において「個別特定重要物資
　　等」という。）の安定供給確保のための取組の基本的な方向に関する事項
　二　個別特定重要物資等の安定供給確保のための取組に関し主務大臣が実施する施
　　策に関する事項
　三　個別特定重要物資等の安定供給確保のための取組の内容に関する事項及び当該
　　取組ごとに取組を行うべき期間又は取組を行うべき期限
　四　個別特定重要物資等の安定供給確保のために安定供給確保支援業務及び安定供
　　給確保支援法人基金又は安定供給確保支援独立行政法人基金に関して安定供給確
　　保支援法人又は安定供給確保支援独立行政法人が果たすべき役割に関する事項
　五　対象となる個別の特定重要物資に係る第44条第1項の規定による指定に関する
　　事項
　六　個別特定重要物資等の安定供給確保に当たって配慮すべき事項
　七　前各号に掲げるもののほか、個別特定重要物資等の安定供給確保に関し必要な
　　事項
3　主務大臣は、対象となる個別の特定重要物資について、第44条第1項の規定によ
　る指定をしたときは、安定供給確保取組方針において、前項各号に掲げる事項のほ
　か、対象となる個別の特定重要物資に係る同条第六項に規定する措置に関する事項
　を定めるものとする。
4　主務大臣は、安定供給確保取組方針を作成するときは、あらかじめ、内閣総理大
　臣、財務大臣その他関係行政機関の長に協議しなければならない。
5　主務大臣は、安定供給確保取組方針を定めたときは、遅滞なく、これを公表しな
　ければならない。
6　前2項の規定は、安定供給確保取組方針の変更について準用する。

第2節　供給確保計画

（供給確保計画の認定）
第9条　特定重要物資等の安定供給確保を図ろうとする者は、その実施しようとする
　特定重要物資等の安定供給確保のための取組（以下この条において「取組」とい
　う。）に関する計画（以下この節及び第29条において「供給確保計画」という。）を
　作成し、主務省令で定めるところにより、主務大臣に提出して、その認定を受ける
　ことができる。
2　二以上の者が取組を共同して実施しようとする場合にあっては、当該二以上の者
　は、共同して供給確保計画を作成し、前項の認定を受けることができる。
3　供給確保計画には、次に掲げる事項を記載しなければならない。
　一　安定供給確保を図ろうとする特定重要物資等の品目
　二　取組の目標
　三　取組の内容及び実施期間
　四　取組の実施体制
　五　取組に必要な資金の額及びその調達方法

六　取組を円滑かつ確実に実施するために行う措置
七　取組に関する情報を管理するための体制
八　供給確保計画の作成者における当該特定重要物資等の調達及び供給又は使用の現状
九　前各号に掲げるもののほか、主務省令で定める事項
4　主務大臣は、第1項の認定の申請があった場合において、当該申請に係る供給確保計画が次の各号のいずれにも適合するものであると認めるときは、その認定をするものとする。
一　取組の内容が安定供給確保取組方針に照らし適切なものであること。
二　取組の実施に関し、安定供給確保取組方針で定められた期間以上行われ、又は期限内で行われると見込まれるものであること。
三　取組の実施体制並びに取組に必要な資金の額及びその調達方法が供給確保計画を円滑かつ確実に実施するため適切なものであること。
四　特定重要物資等の需給がひっ迫した場合に行う措置、特定重要物資等の供給能力の維持若しくは強化に資する投資又は依存の低減の実現に資する措置その他の取組を円滑かつ確実に実施するために行う措置として主務省令で定めるものが講じられると見込まれるものであること。
五　取組に関する情報を適切に管理するための体制が整備されていること。
六　同一の業種に属する事業を営む二以上の者が共同して作成した供給確保計画に係る第1項の認定の申請があった場合にあっては、次のイ及びロに適合するものであること。
　　イ　内外の市場の状況に照らして、当該申請を行う事業者とその営む事業と同一の業種に属する事業を営む他の事業者との間の適正な競争が確保されるものであること。
　　ロ　一般消費者及び関連事業者の利益を不当に害するおそれがあるものでないこと。
5　主務大臣は、第1項の認定をするときは、あらかじめ、内閣総理大臣その他関係行政機関の長に協議しなければならない。
6　主務大臣は、第1項の認定をしたときは、その旨を、当該認定に係る特定重要物資について安定供給確保支援業務を行う安定供給確保支援法人又は安定供給確保支援独立行政法人に通知するものとする。

（供給確保計画の変更）
第10条　前条第1項の認定を受けた者（以下この章において「認定供給確保事業者」という。）は、当該認定に係る供給確保計画を変更するときは、主務省令で定めるところにより、あらかじめ、主務大臣の認定を受けなければならない。ただし、主務省令で定める軽微な変更については、この限りでない。
2　認定供給確保事業者は、前項ただし書の主務省令で定める軽微な変更をしたときは、遅滞なく、その旨を主務大臣に届け出なければならない。
3　前条第4項から第6項までの規定は、第1項の規定による変更の認定について準用する。

（供給確保計画の認定の取消し）
第11条　主務大臣は、認定供給確保事業者が認定を受けた供給確保計画（前条第1項の規定による変更の認定又は同条第2項の規定による変更の届出があったときは、その変更後のもの。以下この章において「認定供給確保計画」という。）に

　　　従って特定重要物資等の安定供給確保のための取組を行っていないと認めるとき
　　　は、その認定を取り消すことができる。
　2　主務大臣は、認定供給確保計画が第9条第4項各号のいずれかに適合しないもの
　　　となったと認めるときは、認定供給確保事業者に対して、当該認定供給確保計画の
　　　変更を指示し、又はその認定を取り消すことができる。
　3　第9条第6項の規定は、前2項の規定による認定の取消しについて準用する。
（定期の報告）
第12条　認定供給確保事業者は、毎年度、主務省令で定めるところにより、認定供
　　　給確保計画の実施状況について主務大臣に報告しなければならない。

第3節　株式会社日本政策金融公庫法の特例

（供給確保促進円滑化業務等実施基本指針）
第13条　主務大臣は、安定供給確保基本指針に基づき、株式会社日本政策金融公庫
　　　（以下この節及び第98条において「公庫」という。）及び第16条第1項の規定による
　　　指定を受けた者（以下この節及び第48条第5項において「指定金融機関」という。）
　　　の次に掲げる業務の実施に関する基本指針（以下この節において「供給確保促進円
　　　滑化業務等実施基本指針」という。）を定めるものとする。
　　一　公庫が指定金融機関に対し、認定供給確保事業者が認定供給確保事業（認定供
　　　　給確保計画に従って行われる特定重要物資等の安定供給確保のための取組に関す
　　　　る事業をいう。以下この章において同じ。）を行うために必要な資金の貸付けに
　　　　必要な資金を貸し付ける業務及びこれに附帯する業務（以下この節において「供
　　　　給確保促進円滑化業務」という。）
　　二　指定金融機関が認定供給確保事業者に対し、認定供給確保事業を行うために必
　　　　要な資金を貸し付ける業務のうち、当該貸付けに必要な資金について公庫から貸
　　　　付けを受けて行うもの（以下この章及び第96条第2号において「供給確保促進業
　　　　務」という。）
　2　供給確保促進円滑化業務等実施基本指針においては、次に掲げる事項を定めるも
　　　のとする。
　　一　供給確保促進円滑化業務及び供給確保促進業務の基本的な方向に関する事項
　　二　認定供給確保事業者が認定供給確保事業を行うために必要な資金の調達の円滑
　　　　化に関して公庫及び指定金融機関が果たすべき役割に関する事項
　　三　公庫が行う供給確保促進円滑化業務の内容及びその実施体制に関する事項
　　四　指定金融機関が行う供給確保促進業務の内容及びその実施体制に関する事項
　　五　前各号に掲げるもののほか、供給確保促進円滑化業務及び供給確保促進業務の
　　　　実施に関し必要な事項
　3　主務大臣は、供給確保促進円滑化業務等実施基本指針を作成するときは、あらか
　　　じめ、関係行政機関の長に協議しなければならない。
　4　主務大臣は、供給確保促進円滑化業務等実施基本指針を定めたときは、遅滞な
　　　く、これを公表しなければならない。
　5　前2項の規定は、供給確保促進円滑化業務等実施基本指針の変更について準用す
　　　る。
（公庫の行う供給確保促進円滑化業務）
第14条　公庫は、株式会社日本政策金融公庫法（平成19年法律第57号）第1条及び

第11条の規定にかかわらず、供給確保促進円滑化業務を行うことができる。
（供給確保促進円滑化業務実施方針）
第15条　公庫は、供給確保促進円滑化業務等実施基本指針に基づき、主務省令で定めるところにより、供給確保促進円滑化業務の実施方法及び実施条件その他の供給確保促進円滑化業務の実施に必要な事項に関する方針（以下この節及び第98条第1号において「供給確保促進円滑化業務実施方針」という。）を定めなければならない。
2　公庫は、供給確保促進円滑化業務実施方針を定めるときは、あらかじめ、主務大臣の認可を受けなければならない。これを変更するときも、同様とする。
3　公庫は、前項の認可を受けたときは、遅滞なく、供給確保促進円滑化業務実施方針を公表しなければならない。
4　公庫は、供給確保促進円滑化業務実施方針に従って供給確保促進円滑化業務を行わなければならない。
（指定金融機関の指定）
第16条　主務大臣は、主務省令で定めるところにより、供給確保促進業務に関し、次の各号のいずれにも適合すると認められる者を、その申請により、供給確保促進業務を行う者として指定することができる。
一　銀行その他の政令で定める金融機関であること。
二　供給確保促進業務の実施体制及び次項に規定する供給確保促進業務規程が、法令並びに供給確保促進円滑化業務等実施基本指針及び供給確保促進円滑化業務実施方針に適合し、かつ、供給確保促進業務を適正かつ確実に実施するために十分なものであること。
三　人的構成に照らして、供給確保促進業務を適正かつ確実に実施することができる知識及び経験を有していること。
2　前項の規定による指定（以下この節において「指定」という。）を受けようとする者は、主務省令で定めるところにより、供給確保促進円滑化業務等実施基本指針及び供給確保促進円滑化業務実施方針に基づき供給確保促進業務に関する規程（次項及び第18条において「供給確保促進業務規程」という。）を定め、これを指定申請書その他主務省令で定める書類に添えて、主務大臣に提出しなければならない。
3　供給確保促進業務規程には、供給確保促進業務の実施体制及び実施方法に関する事項その他の主務省令で定める事項を定めなければならない。
4　次の各号のいずれかに該当する者は、指定を受けることができない。
一　この法律、銀行法（昭和56年法律第59号）その他の政令で定める法律若しくはこれらの法律に基づく命令又はこれらに基づく処分に違反し、罰金以上の刑に処せられ、その執行を終わり、又は執行を受けることがなくなった日から起算して5年を経過しない者
二　第23条第1項又は第2項の規定により指定を取り消され、その取消しの日から起算して5年を経過しない者
三　法人であって、その業務を行う役員のうちに、次のいずれかに該当する者があるもの
イ　心身の故障のため職務を適正に執行することができない者として主務省令で定める者又は破産手続開始の決定を受けて復権を得ない者
ロ　指定金融機関が第23条第1項又は第2項の規定により指定を取り消された場合において、当該指定の取消しに係る聴聞の期日及び場所の公示の日前60日以

内にその指定金融機関の役員であった者で当該指定の取消しの日から起算して
５年を経過しないもの
（指定金融機関の指定の公示等）
第17条　主務大臣は、指定をしたときは、当該指定に係る指定金融機関の商号又は
名称、住所及び供給確保促進業務を行う営業所又は事務所の所在地を公示するもの
とする。
２　指定金融機関は、その商号若しくは名称、住所又は供給確保促進業務を行う営業
所若しくは事務所の所在地を変更するときは、あらかじめ、その旨を主務大臣に届
け出なければならない。
３　主務大臣は、前項の規定による届出があったときは、その旨を公示するものとす
る。
（供給確保促進業務規程の変更の認可等）
第18条　指定金融機関は、供給確保促進業務規程を変更するときは、あらかじめ、
主務大臣の認可を受けなければならない。
２　主務大臣は、指定金融機関の供給確保促進業務規程が供給確保促進業務の適正か
つ確実な実施上不適当となったと認めるときは、その供給確保促進業務規程を変更
すべきことを命ずることができる。
（協定）
第19条　公庫は、供給確保促進円滑化業務については、指定金融機関と次に掲げる
事項をその内容に含む協定を締結し、これに従いその業務を行うものとする。
　一　指定金融機関が行う供給確保促進業務に係る貸付けの条件の基準に関する事項
　二　指定金融機関は、その財務状況及び供給確保促進業務の実施状況に関する報告
　　書を作成し、公庫に提出すること。
　三　前２号に掲げるもののほか、指定金融機関が行う供給確保促進業務及び公庫が
　　行う供給確保促進円滑化業務の内容及び実施方法その他の主務省令で定める事項
２　公庫は、前項の協定を締結するときは、あらかじめ、主務大臣の認可を受けなけ
ればならない。これを変更するときも、同様とする。
（帳簿の記載）
第20条　指定金融機関は、供給確保促進業務について、主務省令で定めるところに
より、帳簿を備え、主務省令で定める事項を記載し、これを保存しなければならな
い。
（監督命令）
第21条　主務大臣は、この節の規定の施行に必要があると認めるときは、指定金融
機関に対し、供給確保促進業務に関し監督上必要な命令をすることができる。
（供給確保促進業務の休廃止）
第22条　指定金融機関は、供給確保促進業務の全部又は一部を休止し、又は廃止す
るときは、主務省令で定めるところにより、あらかじめ、その旨を主務大臣に届け
出なければならない。
２　主務大臣は、前項の規定による届出があったときは、その旨を公示するものとす
る。
３　指定金融機関が供給確保促進業務の全部を廃止したときは、当該指定金融機関に
対する指定は、その効力を失う。
（指定金融機関の指定の取消し等）
第23条　主務大臣は、指定金融機関が第16条第４項第１号又は第３号に該当するに

　　至ったときは、その指定を取り消すものとする。

2　主務大臣は、指定金融機関が次の各号のいずれかに該当するときは、その指定を取り消すことができる。

　一　供給確保促進業務を適正かつ確実に実施することができないと認められるとき。

　二　指定に関し不正の行為があったとき。

　三　この法律又はこの法律に基づく命令若しくはこれらに基づく処分に違反したとき。

3　主務大臣は、前2項の規定により指定を取り消したときは、その旨を公示するものとする。

（指定金融機関の指定の取消し等に伴う業務の結了）

第24条　指定金融機関について、第22条第3項の規定により指定がその効力を失ったとき、又は前条第1項若しくは第2項の規定によりその指定が取り消されたときは、当該指定金融機関であった者又は当該指定金融機関の一般承継人は、当該指定金融機関が行った供給確保促進業務の契約に基づく取引を結了する目的の範囲内においては、なお指定金融機関とみなす。

（株式会社日本政策金融公庫法の適用）

第25条　供給確保促進円滑化業務が行われる場合における公庫の財務及び会計並びに主務大臣については、供給確保促進円滑化業務をエネルギー環境適合製品の開発及び製造を行う事業の促進に関する法律（平成22年法律第38号）第6条に規定する特定事業促進円滑化業務とみなして、同法第17条（同条の表第11条第1項第5号の項、第58条及び第59条第1項の項、第71条の項、第73条第1号の項、第73条第3号の項、第73条第7号の項及び附則第47条第1項の項に係る部分を除く。）の規定により読み替えられた株式会社日本政策金融公庫法の規定を適用する。この場合において、同表第64条第1項の項中「経済産業大臣」とあるのは、「内閣総理大臣」とする。

2　前項に規定するもののほか、供給確保促進円滑化業務が行われる場合における株式会社日本政策金融公庫法の規定の適用については、次の表の上欄に掲げる同法の規定中同表の中欄に掲げる字句は、それぞれ同表の下欄に掲げる字句とする。この場合において、必要な技術的読替えは、政令で定める。

第11条 第1項第5号	行う業務	行う業務（経済施策を一体的に講ずることによる安全保障の確保の推進に関する法律（令和4年法律第43号）第13条第1項第1号に規定する供給確保促進円滑化業務（以下「供給確保促進円滑化業務」という。）を除く。）
第58条及び 第59条第1項	この法律	この法律、経済施策を一体的に講ずることによる安全保障の確保の推進に関する法律
第71条	第59条 第1項	経済施策を一体的に講ずることによる安全保障の確保の推進に関する法律第25条第2項の規定により読み替えて適用する第59条第1項
第73条第1号	この法律	この法律（経済施策を一体的に講ずることによる安全保障の確保の推進に関する法律第25条第2項の規定により読み替えて適用する場合を含む。）

第73条第3号	第11条	第11条及び経済施策を一体的に講ずることによる安全保障の確保の推進に関する法律第13条第1項第1号
第73条第7号	第58条第2項	経済施策を一体的に講ずることによる安全保障の確保の推進に関する法律第25条第2項の規定により読み替えて適用する第58条第2項
附則第47条第1項	国庫の業務	公庫の業務（供給確保促進円滑化業務を除く。）

第4節　中小企業投資育成株式会社法及び中小企業信用保険法の特例

（中小企業者の定義）
第26条　この節において「中小企業者」とは、次の各号のいずれかに該当する者をいう。

一　資本金の額又は出資の総額が3億円以下の会社並びに常時使用する従業員の数が300人以下の会社及び個人であって、製造業、建設業、運輸業その他の業種（次号から第4号までに規定する業種及び第5号の政令で定める業種を除く。）に属する事業を主たる事業として営むもの

二　資本金の額又は出資の総額が1億円以下の会社並びに常時使用する従業員の数が100人以下の会社及び個人であって、卸売業（第5号の政令で定める業種を除く。）に属する事業を主たる事業として営むもの

三　資本金の額又は出資の総額が5000万円以下の会社並びに常時使用する従業員の数が100人以下の会社及び個人であって、サービス業（第5号の政令で定める業種を除く。）に属する事業を主たる事業として営むもの

四　資本金の額又は出資の総額が5000万円以下の会社並びに常時使用する従業員の数が50人以下の会社及び個人であって、小売業（次号の政令で定める業種を除く。）に属する事業を主たる事業として営むもの

五　資本金の額又は出資の総額が政令で定める業種ごとに政令で定める金額以下の会社並びに常時使用する従業員の数がその業種ごとに政令で定める数以下の会社及び個人であって、その業種に属する事業を主たる事業として営むもの

六　企業組合

七　協業組合

八　事業協同組合、協同組合連合会その他の特別の法律により設立された組合及びその連合会であって、政令で定めるもの

九　医業を主たる事業とする法人であって、常時使用する従業員の数が300人以下のもの（前各号に掲げるものを除く。）

（中小企業投資育成株式会社法の特例）
第27条　中小企業投資育成株式会社は、中小企業投資育成株式会社法（昭和38年法律第101号）第5条第1項各号に掲げる事業のほか、次に掲げる事業を行うことができる。

一　中小企業者が認定供給確保事業を行うために資本金の額が3億円を超える株式会社を設立する際に発行する株式の引受け及び当該引受けに係る株式の保有

　　二　中小企業者のうち資本金の額が3億円を超える株式会社が認定供給確保事業を行うために必要とする資金の調達を図るために発行する株式、新株予約権（新株予約権付社債に付されたものを除く。）又は新株予約権付社債等（中小企業投資育成株式会社法第5条第1項第2号に規定する新株予約権付社債等をいう。以下この号において同じ。）の引受け及び当該引受けに係る株式、新株予約権（その行使により発行され、又は移転された株式を含む。）又は新株予約権付社債等（新株予約権付社債等に付された新株予約権の行使により発行され、又は移転された株式を含む。）の保有

2　前項各号に掲げる事業は、中小企業投資育成株式会社法の適用については、それぞれ同法第5条第1項第1号及び第2号の事業とみなす。

（中小企業信用保険法の特例）

第28条　中小企業信用保険法（昭和25年法律第264号）第3条第1項に規定する普通保険（第4項及び第5項において「普通保険」という。）、同法第3条の2第1項に規定する無担保保険（第5項において「無担保保険」という。）又は同法第3条の3第1項に規定する特別小口保険（第5項において「特別小口保険」という。）の保険関係であって、供給確保関連保証（同法第3条第1項、第3条の2第1項又は第3条の3第1項に規定する債務の保証であって、認定供給確保事業に必要な資金に係るものをいう。以下この条において同じ。）を受けた中小企業者に係るものについての次の表の上欄に掲げる同法の規定の適用については、これらの規定中同表の中欄に掲げる字句は、同表の下欄に掲げる字句とする。

第3条第1項	保険価額の合計額が	経済施策を一体的に講ずることによる安全保障の確保の推進に関する法律（令和4年法律第43号）第28条第1項に規定する供給確保関連保証（以下「供給確保関連保証」という。）に係る保険関係の保険価額の合計額とその他の保険関係の保険価額の合計額とがそれぞれ
第3条の2第1項及び第3条の3第1項	保険価額の合計額が	供給確保関連保証に係る保険関係の保険価額の合計額とその他の保険関係の保険価額の合計額とがそれぞれ
第3条の2第3項及び第3条の3第2項	当該借入金の額のうち	供給確保関連保証及びその他の保証ごとに、それぞれ当該借入金の額のうち
	当該債務者	供給確保関連保証及びその他の保証ごとに、当該借入金の額のうち

2　中小企業信用保険法第3条の7第1項に規定する海外投資関係保険の保険関係であって、供給確保関連保証を受けた中小企業者に係るものについての同項及び同条第2項の規定の適用については、同条第1項中「2億円」とあるのは「3億円（経済施策を一体的に講ずることによる安全保障の確保の推進に関する法律（令和4年法律第43号）第13条第1項第1号に規定する認定供給確保事業に必要な資金（以下「供給確保事業資金」という。）以外の資金に係る債務の保証に係る保険関係については、2億円）」と、「4億円」とあるのは「6億円（供給確保事業資金以外の資金に係る債務の保証に係る保険関係については、4億円）」と、同条第2項中「2億円」とあるのは「3億円（供給確保事業資金以外の資金に係る債務の保証に係る保

　険関係については、２億円）」とする。

3　中小企業信用保険法第３条の８第１項に規定する新事業開拓保険の保険関係であって、供給確保関連保証を受けた中小企業者に係るものについての同項及び同条第２項の規定の適用については、同条第１項中「２億円」とあるのは「３億円（経済施策を一体的に講ずることによる安全保障の確保の推進に関する法律（令和４年法律第43号）第13条第１項第１号に規定する認定供給確保事業に必要な資金（以下「供給確保事業資金」という。）以外の資金に係る債務の保証に係る保険関係については、２億円）」と、「４億円」とあるのは「６億円（供給確保事業資金以外の資金に係る債務の保証に係る保険関係については、４億円）」と、同条第２項中「２億円」とあるのは「３億円（供給確保事業資金以外の資金に係る債務の保証に係る保険関係については、２億円）」とする。

4　普通保険の保険関係であって、供給確保関連保証に係るものについての中小企業信用保険法第３条第２項及び第５条の規定の適用については、同項中「100分の70」とあり、及び同条中「100分の70（無担保保険、特別小口保険、流動資産担保保険、公害防止保険、エネルギー対策保険、海外投資関係保険、新事業開拓保険、事業再生保険及び特定社債保険にあつては、100分の80）」とあるのは、「100分の80」とする。

5　普通保険、無担保保険又は特別小口保険の保険関係であって、供給確保関連保証に係るものについての保険料の額は、中小企業信用保険法第４条の規定にかかわらず、保険金額に年100分の２以内において政令で定める率を乗じて得た額とする。

第５節　特定重要物資等に係る市場環境の整備

（特定重要物資等に係る公正取引委員会との関係）
第29条　主務大臣は、同一の業種に属する事業を営む二以上の者の申請に係る供給確保計画について、第９条第１項の認定（第10条第１項の規定による変更の認定を含む。次項において同じ。）をしようとする場合において、必要があると認めるときは、当該申請に係る供給確保計画について、公正取引委員会に意見を求めることができる。

2　公正取引委員会は、必要があると認めるときは、主務大臣に対し、前項の規定により意見を求められた供給確保計画であって主務大臣が第９条第１項の認定をしたものについて意見を述べることができる。

（特定重要物資等に係る関税定率法との関係）
第30条　主務大臣は、その所管する産業のうち特定重要物資等に係るものについて、外国において生産又は輸出について直接又は間接に補助金（関税定率法（明治43年法律第54号）第７条第２項に規定する補助金をいう。以下この項において同じ。）の交付を受けた貨物の輸入の事実及び当該輸入が本邦の産業（当該補助金の交付を受けた貨物と同種の物資を生産している本邦の産業に限る。以下この項において同じ。）に実質的な損害を与え、若しくは与えるおそれがあり、又は本邦の産業の確立を実質的に妨げる事実についての十分な証拠があると思料する場合において、外部から行われる行為により国家及び国民の安全を損なう事態を未然に防止するため必要があると認めるときは、政令で定めるところにより、同条第六項に規定する調査に関する事務を所掌する大臣に当該調査を行うことを求めることができる。

2　主務大臣は、その所管する産業のうち特定重要物資等に係るものについて、不当

廉売（関税定率法第8条第1項に規定する不当廉売をいう。以下この項において同じ。）された貨物の輸入の事実及び当該輸入が本邦の産業（不当廉売された貨物と同種の物資を生産している本邦の産業に限る。以下この項において同じ。）に実質的な損害を与え、若しくは与えるおそれがあり、又は本邦の産業の確立を実質的に妨げる事実についての十分な証拠があると思料する場合において、外部から行われる行為により国家及び国民の安全を損なう事態を未然に防止するため必要があると認めるときは、政令で定めるところにより、同条第5項に規定する調査に関する事務を所掌する大臣に当該調査を行うことを求めることができる。

3　主務大臣は、その所管する産業のうち特定重要物資等に係るものについて、外国における価格の低落その他予想されなかった事情の変化による特定の種類の貨物の輸入の増加（本邦の国内総生産量に対する比率の増加を含む。）の事実及び当該貨物の輸入がこれと同種の物資その他用途が直接競合する物資の生産に関する本邦の産業に重大な損害を与え、又は与えるおそれがある事実についての十分な証拠があると思料する場合において、外部から行われる行為により国家及び国民の安全を損なう事態を未然に防止するため必要があると認めるときは、政令で定めるところにより、関税定率法第9条第6項に規定する調査に関する事務を所掌する大臣に当該調査を行うことを求めることができる。

4　主務大臣は、前3項の規定による調査の求めをした場合であって、当該調査を開始することが決定したときは、当該求めをした旨及びその求めに係る事実の概要を公表するものとする。

第6節　安定供給確保支援法人による支援

（安定供給確保支援法人の指定及び業務）
第31条　主務大臣は、安定供給確保基本指針及び安定供給確保取組方針に基づき、主務省令で定めるところにより、一般社団法人、一般財団法人その他主務省令で定める法人であって、第3項に規定する業務（以下この章及び第96条第3号において「安定供給確保支援業務」という。）に関し次の各号のいずれにも適合すると認められるものを、その申請により、特定重要物資ごとに安定供給確保支援法人として指定することができる。

一　安定供給確保支援業務を適正かつ確実に実施することができる経理的基礎及び技術的能力を有するものであること。
二　安定供給確保支援業務の実施体制が安定供給確保基本指針に照らし適切であること。
三　安定供給確保支援業務以外の業務を行っている場合にあっては、その業務を行うことによって安定供給確保支援業務の適正かつ確実な実施に支障を及ぼすおそれがないものであること。
四　前3号に掲げるもののほか、安定供給確保支援業務を適正かつ確実に実施することができるものとして、主務省令で定める基準に適合するものであること。

2　次の各号のいずれかに該当する者は、前項の規定による指定（以下この節において「指定」という。）を受けることができない。
一　この法律の規定に違反し、刑に処せられ、その執行を終わり、又は執行を受けることがなくなった日から起算して2年を経過しない者
二　第41条第1項又は第2項の規定により指定を取り消され、その取消しの日から

　　起算して２年を経過しない者
　　三　その役員のうちに、第１号に該当する者がある者
３　安定供給確保支援法人は、主務省令で定めるところにより、次に掲げる業務を行うものとする。
　　一　認定供給確保事業者が認定供給確保事業を行うために必要な資金に充てるための助成金を交付すること。
　　二　認定供給確保事業者が認定供給確保事業を行うために必要な資金の貸付けを行う金融機関（第33条第２項第４号において「貸付金融機関」という。）に対し、利子補給金を支給すること。
　　三　安定供給確保支援業務の対象とする特定重要物資等の安定供給確保に関する情報の収集を行うこと。
　　四　安定供給確保支援業務の対象とする特定重要物資等の安定供給確保のために必要とされる事項について、当該特定重要物資等の安定供給確保を図ろうとする者の照会及び相談に応ずること。
　　五　前各号に掲げる業務に附帯する業務を行うこと。
４　主務大臣は、指定をするに当たっては、主務省令で定めるところにより、当該安定供給確保支援法人が安定供給確保支援業務を実施する際に従うべき基準（以下この節において「供給確保支援実施基準」という。）を定めるものとする。
５　主務大臣は、供給確保支援実施基準を定めるときは、あらかじめ、財務大臣その他関係行政機関の長に協議しなければならない。
６　主務大臣は、供給確保支援実施基準を定めたときは、これを公表しなければならない。
７　前２項の規定は、供給確保支援実施基準の変更について準用する。

（安定供給確保支援法人の指定の公示等）
第32条　主務大臣は、指定をしたときは、当該指定に係る安定供給確保支援法人の名称、住所及び安定供給確保支援業務を行う営業所又は事務所の所在地並びに指定に係る特定重要物資を公示するものとする。
２　安定供給確保支援法人は、その名称、住所又は安定供給確保支援業務を行う営業所若しくは事務所の所在地を変更するときは、あらかじめ、その旨を主務大臣に届け出なければならない。
３　主務大臣は、前項の規定による届出があったときは、その旨を公示するものとする。

（安定供給確保支援業務規程）
第33条　安定供給確保支援法人は、安定供給確保支援業務を行うときは、主務省令で定めるところにより、当該安定供給確保支援業務の開始前に、安定供給確保支援業務に関する規程（以下この条において「安定供給確保支援業務規程」という。）を定め、主務大臣の認可を受けなければならない。これを変更しようとするときも、同様とする。
２　安定供給確保支援業務規程で定めるべき事項は、次のとおりとする。
　　一　指定に係る特定重要物資
　　二　安定供給確保支援業務の対象となる認定供給確保事業に関する事項
　　三　第31条第３項第１号に掲げる業務に関する次に掲げる事項
　　　イ　認定供給確保事業者に対する助成金の交付の要件に関する事項
　　　ロ　認定供給確保事業者による助成金の交付申請書に記載すべき事項

　　ハ　認定供給確保事業者に対する助成金の交付の決定に際し付すべき条件に関する事項
　　ニ　イからハまでに掲げるもののほか、助成金の交付に関し必要な事項として主務省令で定める事項
　四　第31条第3項第2号に掲げる業務に関する次に掲げる事項
　　イ　貸付金融機関に対する利子補給金の支給の要件に関する事項
　　ロ　貸付金融機関による利子補給金の支給申請書に記載すべき事項
　　ハ　貸付金融機関に対する利子補給金の支給の決定に際し付すべき条件に関する事項
　　ニ　イからハまでに掲げるもののほか、利子補給金の支給に関し必要な事項として主務省令で定める事項
　五　安定供給確保支援法人基金を設ける場合にあっては、当該安定供給確保支援法人基金の管理に関する事項
　六　前各号に掲げるもののほか、安定供給確保支援業務に関し必要な事項として主務省令で定める事項
3　主務大臣は、第1項の認可の申請が安定供給確保基本指針、安定供給確保取組方針及び供給確保支援実施基準に適合するとともに、安定供給確保支援業務を適正かつ確実に実施するために十分なものであると認めるときは、その認可をするものとする。
4　主務大臣は、第1項の認可をするときは、あらかじめ、財務大臣その他関係行政機関の長に協議しなければならない。
5　安定供給確保支援法人は、第1項の認可を受けたときは、遅滞なく、その安定供給確保支援業務規程を公表しなければならない。
6　主務大臣は、安定供給確保支援法人の安定供給確保支援業務規程が安定供給確保基本指針、安定供給確保取組方針又は供給確保支援実施基準に適合しなくなったと認めるときは、その安定供給確保支援業務規程を変更すべきことを命ずることができる。

（安定供給確保支援法人基金）
第34条　安定供給確保支援法人は、主務大臣が供給確保支援実施基準において当該安定供給確保支援法人が行う安定供給確保支援業務として次の各号のいずれにも該当するもの及びこれに附帯する業務に関する事項を定めた場合には、これらの業務に要する費用に充てるための基金（以下この節及び第99条において「安定供給確保支援法人基金」という。）を設け、次項の規定により交付を受けた補助金をもってこれに充てるものとする。
　一　外部から行われる行為により国家及び国民の安全を損なう事態を未然に防止するために実施する特定重要物資等の安定供給確保のための取組に係る業務であって、特定重要物資等の安定供給確保のために緊要なもの
　二　複数年度にわたる業務であって、各年度の所要額をあらかじめ見込み難く、弾力的な支出が必要であることその他の特段の事情があり、あらかじめ当該複数年度にわたる財源を確保しておくことがその安定的かつ効率的な実施に必要であると認められるもの
2　国は、予算の範囲内において、安定供給確保支援法人に対し、安定供給確保支援法人基金に充てる資金を補助することができる。
3　安定供給確保支援法人基金の運用によって生じた利子その他の収入金は、当該安

定供給確保支援法人基金に充てるものとする。

4　安定供給確保支援法人は、次の方法による場合を除くほか、安定供給確保支援法人基金の運用に係る業務上の余裕金を運用してはならない。

一　国債その他主務大臣の定める有価証券の取得

二　銀行その他主務大臣の定める金融機関への預金

三　信託業務を営む金融機関（金融機関の信託業務の兼営等に関する法律（昭和18年法律第43号）第1条第1項の認可を受けた金融機関をいう。）への金銭信託で元本補塡の契約があるもの

5　主務大臣は、前項第1号に規定する有価証券又は同項第2号に規定する金融機関を定めるときは、あらかじめ、財務大臣に協議しなければならない。これを変更するときも、同様とする。

6　主務大臣は、第10条第3項又は第11条第3項において準用する第9条第6項の規定による通知をした場合において、必要があると認めるときは、当該通知を受けた安定供給確保支援法人（第2項の規定により補助金の交付を受けた安定供給確保支援法人に限る。）に対し、第2項の規定により交付を受けた補助金の全部又は一部に相当する金額を国庫に納付すべきことを命ずるものとする。

7　前項の規定による納付金の納付の手続及びその帰属する会計その他国庫納付金に関し必要な事項は、政令で定める。

8　安定供給確保支援法人は、安定供給確保支援法人基金を設けたときは、毎事業年度終了後6月以内に、当該安定供給確保支援法人基金に係る業務に関する報告書を作成し、主務大臣に提出しなければならない。

9　主務大臣は、前項に規定する報告書の提出を受けたときは、これに意見を付けて、国会に報告しなければならない。

（事業計画等）

第35条　安定供給確保支援法人は、主務省令で定めるところにより、毎事業年度、安定供給確保支援業務に関し事業計画書及び収支予算書を作成し、主務大臣の認可を受けなければならない。これを変更しようとするときも、同様とする。

2　安定供給確保支援法人は、前項の認可を受けたときは、遅滞なく、その事業計画書及び収支予算書を公表しなければならない。

3　安定供給確保支援法人は、毎事業年度終了後3月以内に、主務省令で定めるところにより、安定供給確保支援業務に関し事業報告書及び収支決算書を作成し、主務大臣に提出するとともに、これを公表しなければならない。

（区分経理）

第36条　安定供給確保支援法人は、主務省令で定めるところにより、次に掲げる業務ごとに経理を区分して整理しなければならない。ただし、第2号に掲げる業務に係る経理については、第34条第1項の規定により安定供給確保支援法人基金を設けた場合に限り、区分して整理するものとする。

一　安定供給確保支援業務（次号に掲げる業務を除く。）

二　安定供給確保支援法人基金に係る業務

三　その他の業務

（秘密保持義務）

第37条　安定供給確保支援法人の役員若しくは職員又はこれらの職にあった者は、正当な理由がなく、安定供給確保支援業務に関して知り得た秘密を漏らし、又は盗用してはならない。

（帳簿の記載）
第38条　安定供給確保支援法人は、安定供給確保支援業務について、主務省令で定めるところにより、帳簿を備え、主務省令で定める事項を記載し、これを保存しなければならない。
（監督命令）
第39条　主務大臣は、この節の規定の施行に必要があると認めるときは、安定供給確保支援法人に対し、安定供給確保支援業務に関し監督上必要な命令をすることができる。
（安定供給確保支援業務の休廃止）
第40条　安定供給確保支援法人は、主務省令で定めるところにより、主務大臣の許可を受けなければ、安定供給確保支援業務の全部又は一部を休止し、又は廃止してはならない。
2　主務大臣が前項の規定により安定供給確保支援業務の全部の廃止を許可したときは、当該安定供給確保支援法人に係る指定は、その効力を失う。
3　主務大臣は、第1項の許可をしたときは、その旨を公示するものとする。
（安定供給確保支援法人の指定の取消し等）
第41条　主務大臣は、安定供給確保支援法人が第31条第2項第1号又は第3号に該当するに至ったときは、その指定を取り消すものとする。
2　主務大臣は、安定供給確保支援法人が次の各号のいずれかに該当するときは、その指定を取り消すことができる。
　一　安定供給確保支援業務を適正かつ確実に実施することができないと認められるとき。
　二　指定に関し不正の行為があったとき。
　三　この法律又はこの法律に基づく命令若しくはこれらに基づく処分に違反したとき。
3　主務大臣は、前2項に規定する場合のほか、安定供給確保支援法人が安定供給確保支援業務を行う必要がないと認めるに至ったときは、その指定を取り消すことができる。
4　主務大臣は、前3項の規定により指定を取り消したときは、その旨を公示するものとする。
5　安定供給確保支援法人は、第1項又は第2項の規定により指定を取り消されたときは、その安定供給確保支援業務の全部を、当該安定供給確保支援業務の全部を承継するものとして主務大臣が選定する安定供給確保支援法人に引き継がなければならない。
6　前項に定めるもののほか、第1項又は第2項の規定により指定を取り消された場合における安定供給確保支援業務の引継ぎその他の必要な事項は、主務省令で定める。

第7節　安定供給確保支援独立行政法人による支援

（安定供給確保支援独立行政法人の指定及び業務）
第42条　別表に掲げる独立行政法人（独立行政法人通則法（平成11年法律第103号）第2条第1項に規定する独立行政法人をいう。次項及び第86条第1項第4号において同じ。）は、次項の規定による安定供給確保支援独立行政法人の指定を受けたと

きは、同法第1条第1項に規定する個別法（以下この項及び次条第1項において「個別法」という。）の定めるところにより、同法第五条の規定により個別法で定める目的の範囲内において、この法律の目的を達成するため、当該指定に係る安定供給確保支援業務（第31条第3項第1号及び第2号に掲げる業務並びにこれらに附帯する業務に限る。次条第1項において同じ。）を行うことができる。

2　主務大臣は、安定供給確保取組方針に基づき、その所管する独立行政法人のうち、その所管する事業に係る特定重要物資に係るものを、特定重要物資ごとに安定供給確保支援独立行政法人として指定することができる。

3　第32条の規定は、安定供給確保支援独立行政法人について準用する。

（安定供給確保支援独立行政法人に設置する安定供給確保支援独立行政法人基金）
第43条　安定供給確保支援独立行政法人は、個別法の定めるところにより、前条第2項の規定による指定に係る安定供給確保支援業務であって次の各号のいずれにも該当するもの及びこれに附帯する業務に要する費用に充てるための基金（以下この条及び第99条において「安定供給確保支援独立行政法人基金」という。）を設けることができる。

一　外部から行われる行為により国家及び国民の安全を損なう事態を未然に防止するために実施する特定重要物資等の安定供給確保のための取組に係る業務であって、特定重要物資等の安定供給確保のために緊要なもの

二　複数年度にわたる業務であって、各年度の所要額をあらかじめ見込み難く、弾力的な支出が必要であることその他の特段の事情があり、あらかじめ当該複数年度にわたる財源を確保しておくことがその安定的かつ効率的な実施に必要であると認められるもの

2　第34条第3項、第8項及び第9項の規定は、安定供給確保支援独立行政法人が設ける安定供給確保支援独立行政法人基金について準用する。

3　独立行政法人通則法第47条及び第67条（第7号に係る部分に限る。）の規定は、第1項の規定により安定供給確保支援独立行政法人が設ける安定供給確保支援独立行政法人基金の運用について準用する。この場合において、同法第47条第3号中「金銭信託」とあるのは、「金銭信託で元本補填の契約があるもの」と読み替えるものとする。

第8節　特別の対策を講ずる必要がある特定重要物資

（特別の対策を講ずる必要がある特定重要物資の指定等）
第44条　主務大臣は、その所管する事業に係る特定重要物資について、第3節から前節までの規定による措置では当該特定重要物資の安定供給確保を図ることが困難であると認めるときは、安定供給確保基本指針及び安定供給確保取組方針に基づき、安定供給確保のための特別の対策を講ずる必要がある特定重要物資として指定することができる。

2　主務大臣は、前項の規定による指定をするときは、あらかじめ、内閣総理大臣、財務大臣その他関係行政機関の長に協議しなければならない。

3　主務大臣は、第1項の規定による指定をしたときは、当該指定に係る特定重要物資を公示するものとする。

4　主務大臣は、第1項の規定による指定の事由がなくなったと認めるときは、同項の規定による指定を解除するものとする。

5　第２項及び第３項の規定は、前項の規定による解除について準用する。

6　主務大臣は、第１項の規定による指定をした特定重要物資又はその生産に必要な原材料等について、備蓄その他の安定供給確保のために必要な措置を講ずるものとする。

7　前項の規定による備蓄と、新型インフルエンザ等対策特別措置法（平成24年法律第31号）第10条その他政令で定める法律の規定に基づく備蓄とは、相互に兼ねることができる。

8　主務大臣は、外部から行われる行為により第１項の規定による指定をした特定重要物資（国民の生存に必要不可欠なものとして政令で定めるものに限る。以下この項において同じ。）又はその生産に必要な原材料等の供給が不足し、又は不足するおそれがあり、その価格が著しく騰貴したことにより、国家及び国民の安全を損なう事態を生ずるおそれが大きい場合において、当該事態に対処するため特に必要があると認めるときは、政令で定めるところにより、必要な条件を定めて第６項の規定に基づき保有する当該特定重要物資又はその生産に必要な原材料等を時価よりも低い対価であって、価格が騰貴する前の標準的な価格として政令で定める価格で譲渡し、貸し付け、又は使用させることができるものとする。

9　主務大臣は、前項の規定による措置を実施するときは、あらかじめ、内閣総理大臣、財務大臣その他関係行政機関の長に協議しなければならない。

（施設委託管理者）

第45条　主務大臣は、前条第６項の規定による措置を効果的に実施するため必要があると認めるときは、政令で定めるところにより、主務大臣が指定する法人（以下この条及び第48条第７項において「施設委託管理者」という。）に、前条第６項の規定による措置に必要な施設（その敷地を含む。）の管理を委託することができる。

2　前項の政令には、施設委託管理者の指定の手続、管理の委託の手続その他委託について必要な事項を定めるものとする。

3　施設委託管理者は、主務省令で定めるところにより、第１項の規定による指定に係る管理の業務（以下この条及び第48条第７項において「施設委託管理業務」という。）に関する規程（第５項及び第６項において「施設委託管理業務規程」という。）を定め、主務大臣の認可を受けなければならない。これを変更しようとするときも、同様とする。

4　主務大臣は、前項の規定による認可をするときは、あらかじめ、内閣総理大臣、財務大臣その他関係行政機関の長に協議しなければならない。

5　施設委託管理業務規程には、施設委託管理業務の実施の方法その他の主務省令で定める事項を定めておかなければならない。

6　主務大臣は、第３項の規定による認可をした施設委託管理業務規程が施設委託管理業務の適正かつ確実な実施上不適当となったと認めるときは、施設委託管理者に対し、これを変更すべきことを命ずることができる。

7　施設委託管理者は、毎事業年度終了後３月以内に、主務省令で定めるところにより、施設委託管理業務に関し事業報告書及び収支決算書を作成し、主務大臣に提出しなければならない。

8　施設委託管理者は、主務省令で定めるところにより、施設委託管理業務に係る経理とその他の業務に係る経理とを区分して整理しなければならない。

9　主務大臣は、この節の規定の施行に必要があると認めるときは、施設委託管理者に対し、施設委託管理業務に関し監督上必要な命令をすることができる。

10　主務大臣は、施設委託管理者が前項の命令に違反したときその他当該施設委託管理者による管理を適正かつ確実に実施することができないと認めるときは、その指定を取り消し、又は期間を定めて施設委託管理業務の全部若しくは一部の停止を命ずることができる。

　第9節　雑則

（資料の提出等の要求）
第46条　主務大臣は、この章の規定を施行するために必要があると認めるときは、内閣総理大臣、関係行政機関の長その他の関係者に対し、資料又は情報の提供、説明、意見の表明その他必要な協力を求めることができる。
（資金の確保）
第47条　国は、認定供給確保事業者が認定供給確保事業を行うために必要な資金の確保に努めるものとする。
（報告徴収及び立入検査）
第48条　主務大臣は、この章の規定の施行に必要な限度において、その所管する事業に係る物資の生産、輸入又は販売の事業を行う個人又は法人その他の団体に対し、当該物資又はその生産に必要な原材料等の生産、輸入、販売、調達又は保管の状況に関し必要な報告又は資料の提出を求めることができる。
2　主務大臣は、第30条第1項から第3項までの規定の施行に必要な限度において、その所管する事業に係る特定重要物資等の生産、輸入又は販売の事業を行う個人又は法人その他の団体に対し、これらの規定による調査の求めに必要な事項に関し報告又は資料の提出を求めることができる。
3　前2項の規定により報告又は資料の提出の求めを受けた者は、その求めに応じるよう努めなければならない。
4　主務大臣は、この章の規定の施行に必要な限度において、認定供給確保事業者に対し、認定供給確保計画の実施状況その他必要な事項に関し報告又は資料の提出を求めることができる。
5　主務大臣は、この章の規定の施行に必要な限度において、指定金融機関に対し、供給確保促進業務に関し必要な報告若しくは資料の提出を求め、又はその職員に、指定金融機関の営業所若しくは事務所その他必要な場所に立ち入り、供給確保促進業務に関し質問させ、若しくは帳簿、書類その他の物件を検査させることができる。
6　主務大臣は、この章の規定の施行に必要な限度において、安定供給確保支援法人に対し、安定供給確保支援業務に関し必要な報告若しくは資料の提出を求め、又はその職員に、安定供給確保支援法人の営業所若しくは事務所その他必要な場所に立ち入り、安定供給確保支援業務に関し質問させ、若しくは帳簿、書類その他の物件を検査させることができる。
7　主務大臣は、この章の規定の施行に必要な限度において、施設委託管理者に対し、施設委託管理業務に関し必要な報告若しくは資料の提出を求め、又はその職員に、施設委託管理者の営業所若しくは事務所その他必要な場所に立ち入り、施設委託管理業務に関し質問させ、若しくは帳簿、書類その他の物件を検査させることができる。
8　前3項の規定により立入検査をする職員は、その身分を示す証明書を携帯し、関係人の請求があったときは、これを提示しなければならない。

9　第5項から第7項までの規定による立入検査の権限は、犯罪捜査のために認められたものと解釈してはならない。

第3章　特定社会基盤役務の安定的な提供の確保

（特定社会基盤役務基本指針）

第49条　政府は、基本方針に基づき、特定妨害行為（第52条第2項第2号ハに規定する特定妨害行為をいう。次項において同じ。）の防止による特定社会基盤役務の安定的な提供の確保に関する基本指針（以下この条において「特定社会基盤役務基本指針」という。）を定めるものとする。

2　特定社会基盤役務基本指針においては、次に掲げる事項を定めるものとする。
　　一　特定妨害行為の防止による特定社会基盤役務の安定的な提供の確保に関する基本的な方向に関する事項（特定妨害行為の具体的内容に関する事項を含む。）
　　二　特定社会基盤事業者（次条第1項に規定する特定社会基盤事業者をいう。次号及び第5号において同じ。）の指定に関する基本的な事項（当該指定に関し経済的社会的観点から留意すべき事項を含む。）
　　三　特定社会基盤事業者に対する勧告及び命令に関する基本的な事項
　　四　特定妨害行為の防止による特定社会基盤役務の安定的な提供の確保に当たって配慮すべき事項（次条第1項に規定する特定重要設備及び第52条第1項に規定する重要維持管理等を定める主務省令の立案に当たって配慮すべき事項を含む。）
　　五　特定妨害行為の防止による特定社会基盤役務の安定的な提供の確保に関し必要な特定社会基盤事業者その他の関係者との連携に関する事項
　　六　前各号に掲げるもののほか、特定妨害行為の防止による特定社会基盤役務の安定的な提供の確保に関し必要な事項

3　内閣総理大臣は、特定社会基盤役務基本指針の案を作成し、閣議の決定を求めなければならない。

4　内閣総理大臣は、前項の規定により特定社会基盤役務基本指針の案を作成するときは、あらかじめ、安全保障の確保に関する経済施策、情報通信技術その他特定社会基盤役務の安定的な提供の確保に関し知見を有する者の意見を聴くとともに、特定社会基盤役務に関する経済活動に与える影響に配慮しなければならない。

5　内閣総理大臣は、第3項の規定による閣議の決定があったときは、遅滞なく、特定社会基盤役務基本指針を公表しなければならない。

6　前3項の規定は、特定社会基盤役務基本指針の変更について準用する。

（特定社会基盤事業者の指定）

第50条　主務大臣は、特定社会基盤事業（次に掲げる事業のうち、特定社会基盤役務（国民生活及び経済活動の基盤となる役務であって、その安定的な提供に支障が生じた場合に国家及び国民の安全を損なう事態を生ずるおそれがあるものをいう。以下この項及び第52条において同じ。）の提供を行うものとして政令で定めるものをいう。以下この章及び第86条第2項において同じ。）を行う者のうち、その使用する特定重要設備（特定社会基盤事業の用に供される設備、機器、装置又はプログラムのうち、特定社会基盤役務を安定的に提供するために重要であり、かつ、我が国の外部から行われる特定社会基盤役務の安定的な提供を妨害する行為の手段として使用されるおそれがあるものとして主務省令で定めるものをいう。以下この章及び第92条第1項において同じ。）の機能が停止し、又は低下した場合に、その提供

する特定社会基盤役務の安定的な提供に支障が生じ、これによって国家及び国民の安全を損なう事態を生ずるおそれが大きいものとして主務省令で定める基準に該当する者を特定社会基盤事業者として指定することができる。

一　電気事業法（昭和39年法律第170号）第２条第１項第16号に規定する電気事業

二　ガス事業法（昭和29年法律第51号）第２条第11項に規定するガス事業

三　石油の備蓄の確保等に関する法律（昭和50年法律第96号）第２条第５項に規定する石油精製業及び同条第九項に規定する石油ガス輸入業

四　水道法（昭和32年法律第177号）第３条第２項に規定する水道事業及び同条第４項に規定する水道用水供給事業

五　鉄道事業法（昭和61年法律第92号）第２条第２項に規定する第一種鉄道事業

六　貨物自動車運送事業法（平成元年法律第83号）第２条第２項に規定する一般貨物自動車運送事業

七　海上運送法（昭和24年法律第187号）第２条第４項に規定する貨物定期航路事業及び同条第６項に規定する不定期航路事業のうち、主として本邦の港と本邦以外の地域の港との間において貨物を運送するもの

八　航空法（昭和27年法律第231号）第２条第19項に規定する国際航空運送事業及び同条第20項に規定する国内定期航空運送事業

九　空港（空港法（昭和31年法律第80号）第２条に規定する空港をいう。以下この号において同じ。）の設置及び管理を行う事業並びに空港に係る民間資金等の活用による公共施設等の整備等の促進に関する法律（平成11年法律第117号）第２条第６項に規定する公共施設等運営事業

十　電気通信事業法（昭和59年法律第86号）第２条第４号に規定する電気通信事業

十一　放送事業のうち、放送法（昭和25年法律第132号）第２条第２号に規定する基幹放送を行うもの

十二　郵便事業

十三　金融に係る事業のうち、次に掲げるもの

イ　銀行法第２条第２項各号に掲げる行為のいずれかを行う事業

ロ　保険業法（平成７年法律第105号）第２条第１項に規定する保険業

ハ　金融商品取引法（昭和23年法律第25号）第２条第17項に規定する取引所金融商品市場の開設の業務を行う事業、同条第28項に規定する金融商品債務引受業及び同法第28条第１項に規定する第一種金融商品取引業

ニ　信託業法（平成16年法律154号）第２条第１項に規定する信託業

ホ　資金決済に関する法律（平成21年法律第59号）第２条第10項に規定する資金清算業及び同法第３条第５項に規定する第三者型前払式支払手段（同法第４条各号に掲げるものを除く。）の発行の業務を行う事業

ヘ　預金保険法（昭和46年法律第34号）第34条に規定する業務を行う事業及び農水産業協同組合貯金保険法（昭和48年法律第53号）第34条に規定する業務を行う事業

ト　社債、株式等の振替に関する法律（平成13年法律第75号）第３条第１項に規定する振替業

チ　電子記録債権法（平成19年法律第102号）第51条第１項に規定する電子債権記録業

十四　割賦販売法（昭和36年法律第159号）第２条第３項に規定する包括信用購入あっせんの業務を行う事業

2　主務大臣は、特定社会基盤事業者を指定したときは、その旨を当該指定を受けた者に通知するとともに、当該指定を受けた者の名称及び住所、当該指定に係る特定社会基盤事業の種類並びに当該指定をした日を公示しなければならない。これらの事項に変更があったときも、同様とする。

3　特定社会基盤事業者は、その名称又は住所を変更するときは、変更する日の２週間前までに、その旨を主務大臣に届け出なければならない。

（指定の解除）

第51条　主務大臣は、特定社会基盤事業者が前条第１項の主務省令で定める基準に該当しなくなったと認めるときは、同項の規定による指定を解除するものとする。この場合においては、同条第２項の規定を準用する。

（特定重要設備の導入等）

第52条　特定社会基盤事業者は、他の事業者から特定重要設備の導入を行う場合（当該特定社会基盤事業者と実質的に同一と認められる者その他の政令で定める者が供給する特定重要設備の導入を行う場合（当該特定重要設備に当該政令で定める者以外の者が供給する特定重要設備が組み込まれている場合を除く。）を除く。）又は他の事業者に委託して特定重要設備の維持管理若しくは操作（当該特定重要設備の機能を維持するため又は当該特定重要設備に係る特定社会基盤役務を安定的に提供するために重要であり、かつ、これらを通じて当該特定重要設備が我が国の外部から行われる特定社会基盤役務の安定的な提供を妨害する行為の手段として使用されるおそれがあるものとして主務省令で定めるものに限る。以下この章及び第92条第１項において「重要維持管理等」という。）を行わせる場合には、主務省令で定めるところにより、あらかじめ、当該特定重要設備の導入又は重要維持管理等の委託に関する計画書（以下この章において「導入等計画書」という。）を作成し、主務省令で定める書類を添付して、これを主務大臣に届け出なければならない。ただし、他の事業者から特定重要設備の導入を行い、又は他の事業者に委託して特定重要設備の重要維持管理等を行わせることが緊急やむを得ない場合として主務省令で定める場合には、この限りでない。

2　導入等計画書には、次に掲げる事項を記載しなければならない。

一　特定重要設備の概要

二　特定重要設備の導入を行う場合にあっては、次に掲げる事項

　イ　導入の内容及び時期

　ロ　特定重要設備の供給者に関する事項として主務省令で定めるもの

　ハ　特定重要設備の一部を構成する設備、機器、装置又はプログラムであって特定妨害行為（特定重要設備の導入又は重要維持管理等の委託に関して我が国の外部から行われる特定社会基盤役務の安定的な提供を妨害する行為をいう。以下この章において同じ。）の手段として使用されるおそれがあるものに関する事項として主務省令で定めるもの

三　特定重要設備の重要維持管理等を行わせる場合にあっては、次に掲げる事項

　イ　重要維持管理等の委託の内容及び時期又は期間

　ロ　重要維持管理等の委託の相手方に関する事項として主務省令で定めるもの

　ハ　重要維持管理等の委託の相手方が他の事業者に再委託して重要維持管理等を行わせる場合にあっては、当該再委託に関する事項として主務省令で定めるもの

四　前３号に掲げるもののほか、特定重要設備の導入又は重要維持管理等の委託に

関する事項として主務省令で定める事項

3　第１項の規定による導入等計画書の届出をした特定社会基盤事業者は、主務大臣が当該届出を受理した日から起算して30日を経過する日までは、当該導入等計画書に係る特定重要設備の導入を行い、又は重要維持管理等を行わせてはならない。ただし、主務大臣は、当該導入若しくは重要維持管理等の委託の規模、性質等に照らし次項の規定による審査が必要ないと認めるとき、又は同項の規定による審査をした結果、その期間の満了前に当該特定重要設備が特定妨害行為の手段として使用されるおそれが大きいとはいえないと認めるときは、その期間を短縮することができる。

4　主務大臣は、第１項の規定による導入等計画書の届出があった場合において、当該導入等計画書に係る特定重要設備が特定妨害行為の手段として使用されるおそれが大きいかどうかを審査するため又は第６項の規定による勧告若しくは第10項の規定による命令をするため必要があると認めるときは、当該導入等計画書に係る特定重要設備の導入を行い、又は重要維持管理等を行わせてはならない期間を、当該届出を受理した日から起算して４月間に限り、延長することができる。

5　主務大臣は、前項の規定により特定重要設備の導入を行い、又は重要維持管理等を行わせてはならない期間を延長した場合において、同項の規定による審査をした結果、当該延長した期間の満了前に当該特定重要設備が特定妨害行為の手段として使用されるおそれが大きいとはいえないと認めるときは、当該延長した期間を短縮することができる。

6　主務大臣は、第４項の規定による審査をした結果、第１項の規定により届け出られた導入等計画書に係る特定重要設備が特定妨害行為の手段として使用されるおそれが大きいと認めるときは、当該届出をした特定社会基盤事業者に対し、当該導入等計画書の内容の変更その他の特定妨害行為を防止するため必要な措置を講じた上で当該導入等計画書に係る特定重要設備の導入を行い、若しくは重要維持管理等を行わせるべきこと又はこれらを中止すべきことを勧告することができる。ただし、当該勧告をすることができる期間は、当該届出を受理した日から起算して30日を経過する日（第４項の規定による延長をした場合にあっては、当該延長をした期間の満了する日）までとする。

7　前項の規定による勧告を受けた特定社会基盤事業者は、当該勧告を受けた日から起算して10日以内に、主務大臣に対し、当該勧告を応諾するかしないか及び応諾しない場合にあってはその理由を通知しなければならない。

8　前項の規定により勧告を応諾する旨の通知をした特定社会基盤事業者は、当該勧告をされたところに従い、主務省令で定めるところにより、当該勧告に係る変更を加えた導入等計画書を主務大臣に届け出た上で、当該導入等計画書に基づき特定重要設備の導入を行い、若しくは重要維持管理等を行わせ、又は当該勧告に係る導入等計画書に係る特定重要設備の導入若しくは重要維持管理等の委託を中止しなければならない。

9　第７項の規定により勧告を応諾する旨の通知をした特定社会基盤事業者は、第３項又は第４項の規定にかかわらず、第１項の規定による導入等計画書の届出をした日から起算して30日（第４項の規定による延長がされた場合にあっては、当該延長がされた期間の満了する日）を経過しなくても、前項の規定により届け出た導入等計画書に基づき特定重要設備の導入を行い、又は重要維持管理等を行わせることができる。

10 第6項の規定による勧告を受けた特定社会基盤事業者が、第7項の規定による通知をしなかった場合又は当該勧告を応諾しない旨の通知をした場合であって当該勧告を応諾しないことについて正当な理由がないと認められるときは、主務大臣は、当該勧告を受けた特定社会基盤事業者に対し、主務省令で定めるところにより、当該勧告に係る変更を加えた導入等計画書を主務大臣に届け出た上で、当該導入等計画書に基づき特定重要設備の導入を行い、若しくは重要維持管理等を行わせるべきこと又は当該勧告に係る導入等計画書に係る特定重要設備の導入若しくは重要維持管理等の委託を中止すべきことを命ずることができる。ただし、当該変更を加えた導入等計画書に基づき特定重要設備の導入を行い、若しくは重要維持管理等を行わせるべきこと又は当該勧告に係る導入等計画書に係る特定重要設備の導入若しくは重要維持管理等の委託を中止すべきことを命ずることができる期間は、第1項の規定による導入等計画書の届出を受理した日から起算して30日を経過する日（第4項の規定による延長をした場合にあっては、当該延長をした期間の満了する日）までとする。

11 特定社会基盤事業者は、第1項ただし書に規定する場合において特定重要設備の導入を行い、又は重要維持管理等を行わせたときは、遅滞なく、主務省令で定めるところにより、同項の主務省令で定める書類を添付して、第2項各号に掲げる事項を記載した当該特定重要設備の導入又は重要維持管理等の委託に関する届出書（第54条第5項及び第55条第2項において「緊急導入等届出書」という。）を主務大臣に届け出なければならない。

（特定重要設備の導入等に関する経過措置）
第53条　前条第1項の規定は、特定社会基盤事業者が第50条第1項の規定による指定を受けた日から6月間は、当該指定に係る特定社会基盤事業の用に供される特定重要設備の導入及び重要維持管理等の委託に関する限り、適用しない。

2　前条第1項の規定は、第50条第1項の特定重要設備を定める主務省令の改正により新たに特定重要設備となった設備、機器、装置又はプログラムについては、当該設備、機器、装置又はプログラムが特定重要設備となった日から6月間は、適用しない。

3　前条第1項の規定は、同項の重要維持管理等を定める主務省令の改正により新たに重要維持管理等となった維持管理又は操作については、当該維持管理又は操作が重要維持管理等となった日から6月間は、適用しない。

（導入等計画書の変更等）
第54条　特定社会基盤事業者は、第52条第1項の規定により届け出た導入等計画書（この法律の規定による変更をしたときは、その変更後のもの。以下この条及び次条第1項において同じ。）に係る特定重要設備の導入を行う前又は重要維持管理等を行わせる前若しくは行わせる期間の終了前に第52条第2項各号に掲げる事項につき主務省令で定める重要な変更をする場合には、主務省令で定めるところにより、あらかじめ、当該導入等計画書の変更の案を作成し、主務省令で定める書類を添付して、これを主務大臣に届け出なければならない。ただし、当該変更をすることが緊急やむを得ない場合として主務省令で定める場合には、この限りでない。

2　第52条第2項から第10項までの規定は、前項の規定による変更の案の届出について準用する。

3　特定社会基盤事業者は、第1項ただし書に規定する場合において同項の規定による変更をしたときは、遅滞なく、主務省令で定めるところにより、同項の主務省令

　で定める書類を添付して、当該変更の内容を記載した導入等計画書を主務大臣に届け出なければならない。

4　特定社会基盤事業者は、第52条第1項の規定により届け出た導入等計画書に係る特定重要設備の導入を行う前若しくは重要維持管理等を行わせる前若しくは行わせる期間の終了前に同条第2項各号に掲げる事項につき変更（第1項の規定による変更及び主務省令で定める軽微な変更を除く。）をしたとき、又は当該導入を行った後に同条第2項第1号ハに掲げる事項につき主務省令で定める変更をしたときは、遅滞なく、主務省令で定めるところにより、当該変更の内容を主務大臣に報告しなければならない。

5　前各項の規定は、第52条第11項の規定により届け出た緊急導入等届出書（この法律の規定による変更をしたときは、その変更後のもの。次条第2項において同じ。）に係る特定社会基盤事業者について準用する。この場合において、第1項中「導入を行う前又は重要維持管理等を行わせる前若しくは」とあり、及び前項中「導入を行う前若しくは重要維持管理等を行わせる前若しくは」とあるのは、「重要維持管理等を」と読み替えるものとする。

（特定重要設備の導入等後等の勧告及び命令）

第55条　主務大臣は、第52条第1項の規定による導入等計画書の届出をした特定社会基盤事業者が前3条の規定により当該導入等計画書に係る特定重要設備の導入若しくは重要維持管理等の委託を行うことができることとなった後又は行った後、国際情勢の変化その他の事情の変更により、当該導入等計画書に係る特定重要設備が特定妨害行為の手段として使用され、又は使用されるおそれが大きいと認めるに至ったときは、当該届出をした特定社会基盤事業者に対し、当該特定重要設備の検査又は点検の実施、当該特定重要設備の重要維持管理等の委託の相手方の変更その他の特定妨害行為を防止するため必要な措置をとるべきことを勧告することができる。

2　主務大臣は、第52条第11項の規定による緊急導入等届出書の届出をした特定社会基盤事業者が前3条の規定により当該緊急導入等届出書に係る特定重要設備の導入若しくは重要維持管理等の委託を行うことができることとなった後又は行った後、当該緊急導入等届出書に係る特定重要設備が特定妨害行為の手段として使用され、又は使用されるおそれが大きいと認めるに至ったときは、当該届出をした特定社会基盤事業者に対し、当該特定重要設備の検査又は点検の実施、当該特定重要設備の重要維持管理等の委託の相手方の変更その他の特定妨害行為を防止するため必要な措置をとるべきことを勧告することができる。

3　第52条第7項、第8項及び第10項（ただし書を除く。）の規定は、前2項の規定による勧告について準用する。

（勧告及び命令の手続等）

第56条　主務大臣は、第52条第6項（第54条第2項（同条第5項において準用する場合を含む。以下この条において同じ。）において準用する場合を含む。次項及び第58条第2項において同じ。）若しくは前条第1項若しくは第2項の規定による勧告又は第52条第10項（第54条第2項及び前条第3項において準用する場合を含む。以下この章及び第88条において同じ。）の規定による命令をするときは、あらかじめ、内閣総理大臣その他関係行政機関の長に協議しなければならない。

2　第52条第6項から第10項まで、前条及び前項に定めるもののほか、第52条第4項（第54条第2項において準用する場合を含む。第88条において同じ。）の規定による

延長、第52条第5項（第54条第2項において準用する場合を含む。）の規定による
短縮、第52条第6項並びに前条第1項及び第2項の規定による勧告並びに第52条第
10項の規定による命令の手続その他これらに関し必要な事項は、政令で定める。

（主務大臣の責務）

第57条　主務大臣は、特定社会基盤事業者に対し、特定妨害行為の防止に資する情
報を提供するよう努めるものとする。

（報告徴収及び立入検査）

第58条　主務大臣は、第50条第1項の規定による指定を行うために必要な限度にお
いて、特定社会基盤事業を行う者に対し、当該特定社会基盤事業に関し必要な報告
又は資料の提出を求めることができる。

2　主務大臣は、第51条、第52条第6項及び第10項並びに第55条第1項及び第2項の
規定の施行に必要な限度において、特定社会基盤事業者に対し、その行う特定社会
基盤事業に関し必要な報告若しくは資料の提出を求め、又はその職員に、特定社会
基盤事業者の事務所その他必要な場所に立ち入り、当該特定社会基盤事業に関し質
問させ、若しくは帳簿、書類その他の物件を検査させることができる。

3　前項の規定により立入検査をする職員は、その身分を示す証明書を携帯し、関係
人の請求があったときは、これを提示しなければならない。

4　第2項の規定による立入検査の権限は、犯罪捜査のために認められたものと解釈
してはならない。

（資料の提出等の要求）

第59条　主務大臣は、この章の規定を施行するために必要があると認めるときは、
内閣総理大臣、関係行政機関の長その他の関係者に対し、資料又は情報の提供、説
明、意見の表明その他必要な協力を求めることができる。

第4章　特定重要技術の開発支援

（特定重要技術研究開発基本指針）

第60条　政府は、基本方針に基づき、特定重要技術の研究開発の促進及びその成果
の適切な活用に関する基本指針（以下この章において「特定重要技術研究開発基本
指針」という。）を定めるものとする。

2　特定重要技術研究開発基本指針においては、次に掲げる事項を定めるものとする。

一　特定重要技術の研究開発の促進及びその成果の適切な活用に関する基本的な方
向に関する事項

二　第62条第1項に規定する協議会の組織に関する基本的な事項

三　第63条第1項に規定する指定基金の指定に関する基本的な事項

四　第64条第1項に規定する調査研究の実施に関する基本的な事項

五　特定重要技術の研究開発の促進及びその成果の適切な活用に当たって配慮すべ
き事項

六　前各号に掲げるもののほか、特定重要技術の研究開発の促進及びその成果の適
切な活用に関し必要な事項

3　内閣総理大臣は、特定重要技術研究開発基本指針の案を作成し、閣議の決定を求
めなければならない。

4　内閣総理大臣は、前項の規定により特定重要技術研究開発基本指針の案を作成す
るときは、あらかじめ、安全保障の確保に関する経済施策、内外の社会経済情勢及

び研究開発の動向その他特定重要技術の開発支援に関し知見を有する者の意見を聴かなければならない。

5　内閣総理大臣は、第３項の規定による閣議の決定があったときは、遅滞なく、特定重要技術研究開発基本指針を公表しなければならない。

6　前３項の規定は、特定重要技術研究開発基本指針の変更について準用する。

（国の施策）

第61条　国は、特定重要技術（将来の国民生活及び経済活動の維持にとって重要なものとなり得る先端的な技術（第64条第２項第１号及び第２号において「先端的技術」という。）のうち、当該技術若しくは当該技術の研究開発に用いられる情報が外部に不当に利用された場合又は当該技術を用いた物資若しくは役務を外部に依存することで外部から行われる行為によってこれらを安定的に利用できなくなった場合において、国家及び国民の安全を損なう事態を生ずるおそれがあるものをいう。以下この章において同じ。）の研究開発の促進及びその成果の適切な活用を図るため、特定重要技術研究開発基本指針に基づき、必要な情報の提供、資金の確保、人材の養成及び資質の向上その他の措置を講ずるよう努めるものとする。

（協議会）

第62条　科学技術・イノベーション創出の活性化に関する法律（平成20年法律第63号。次条第１項及び第２項において「活性化法」という。）第12条第１項の規定による国の資金により行われる研究開発等（以下この条及び次条第四項において「研究開発等」という。）に関して当該資金を交付する各大臣（以下この条及び第87条第１項において「研究開発大臣」という。）は、当該研究開発等により行われる特定重要技術の研究開発の促進及びその成果の適切な活用を図るため、特定重要技術研究開発基本指針に基づき、当該特定重要技術の研究開発等に従事する者のうち当該研究開発等を代表する者として相当と認められる者の同意を得て、当該者及び当該研究開発大臣により構成される協議会（以下この条において「協議会」という。）を組織することができる。

2　研究開発大臣は、協議会を組織するときは、あらかじめ、内閣総理大臣に協議しなければならない。

3　第１項の規定により協議会を組織する研究開発大臣は、必要と認めるときは、協議会に、国の関係行政機関の長、当該特定重要技術の研究開発等に従事する者、特定重要技術調査研究機関（第64条第３項に規定する特定重要技術調査研究機関をいう。第６項において同じ。）その他の研究開発大臣が必要と認める者をその同意を得て構成員として加えることができる。

4　協議会は、第１項の目的を達成するため、次に掲げる事項について協議を行うものとする。

　一　当該特定重要技術の研究開発に有用な情報の収集、整理及び分析に関する事項
　二　当該特定重要技術の研究開発の効果的な促進のための方策に関する事項
　三　当該特定重要技術の研究開発の内容及び成果の取扱いに関する事項
　四　当該特定重要技術の研究開発に関する情報を適正に管理するために必要な措置に関する事項
　五　前各号に掲げるもののほか、当該特定重要技術の研究開発の促進及びその成果の適切な活用に必要な事項

5　協議会の構成員は、前項の協議の結果に基づき、特定重要技術の研究開発に関する情報の適正な管理その他の必要な取組を行うものとする。

6 協議会は、第4項の協議を行うため必要があると認めるときは、その構成員又は特定重要技術調査研究機関（当該協議会の構成員であるものを除く。以下この項において同じ。）に対し、特定重要技術の研究開発の促進及びその成果の適切な活用に関し必要な資料の提供、説明、意見の表明その他の協力を求めることができる。この場合において、当該構成員及び当該特定重要技術調査研究機関は、その求めに応じるよう努めるものとする。

7 協議会の事務に従事する者又は従事していた者は、正当な理由がなく、当該事務に関して知り得た秘密を漏らし、又は盗用してはならない。

8 前各項に定めるもののほか、協議会の組織及び運営に関し必要な事項は、協議会が定める。

（指定基金）

第63条 内閣総理大臣は、特定重要技術研究開発基本指針に基づき、活性化法第27条の2第1項に規定する基金のうち特定重要技術の研究開発の促進及びその成果の適切な活用を目的とするものを指定基金として指定することができる。

2 内閣総理大臣は、前項の指定をするときは、あらかじめ、財務大臣、当該指定基金に係る資金配分機関（活性化法第27条の2第1項に規定する資金配分機関をいう。）を所管する大臣（第4項及び第87条第1項において「指定基金所管大臣」という。）その他関係行政機関の長に協議しなければならない。

3 国は、予算の範囲内において、指定基金に充てる資金を補助することができる。

4 指定基金所管大臣は、内閣総理大臣と共同して、当該指定基金により行われる特定重要技術の研究開発の促進及びその成果の適切な活用を図るため、当該指定基金により行われる特定重要技術の研究開発等に従事する者のうち当該研究開発等を代表する者として相当と認められる者、当該指定基金所管大臣及び内閣総理大臣により構成される協議会（次項において「指定基金協議会」という。）を組織するものとする。

5 前条第3項から第8項までの規定は、指定基金協議会について準用する。この場合において、同条第3項及び第4項中「第1項」とあるのは「次条第4項」と、同条第3項中「研究開発大臣」とあるのは「指定基金所管大臣及び内閣総理大臣」と読み替えるものとする。

（調査研究）

第64条 内閣総理大臣は、特定重要技術研究開発基本指針に基づき、特定重要技術の研究開発の促進及びその成果の適切な活用を図るために必要な調査及び研究（次項及び第3項において「調査研究」という。）を行うものとする。

2 内閣総理大臣は、調査研究の全部又は一部を、その調査研究を適切に実施することができるものとして次に掲げる基準に適合する者（法人に限る。）に委託することができる。

一 先端的技術に関する内外の社会経済情勢及び研究開発の動向の専門的な調査及び研究を行う能力を有すること。

二 先端的技術に関する内外の情報を収集し、整理し、及び保管する能力を有すること。

三 内外の科学技術に関する調査及び研究を行う機関、科学技術に関する研究開発を行う機関その他の内外の関係機関と連携する能力を有すること。

四 情報の安全管理のための措置を適確に実施するに足りる能力を有すること。

3 関係行政機関の長は、前項の規定による委託を受けた者（次項において「特定重

要技術調査研究機関」という。）からの求めに応じて、当該委託に係る調査研究を行うために必要な情報及び資料の提供を行うことができる。

4　特定重要技術調査研究機関の役員若しくは職員又はこれらの職にあった者は、正当な理由がなく、当該委託に係る事務に関して知り得た秘密を漏らし、又は盗用してはならない。

第5章　特許出願の非公開

（特許出願非公開基本指針）

第65条　政府は、基本方針に基づき、特許法（昭和34年法律第121号）の出願公開の特例に関する措置、同法第36条第1項の規定による特許出願に係る明細書、特許請求の範囲又は図面（以下この章において「明細書等」という。）に記載された発明に係る情報の適正管理その他公にすることにより外部から行われる行為によって国家及び国民の安全を損なう事態を生ずるおそれが大きい発明に係る情報の流出を防止するための措置（以下この条において「特許出願の非公開」という。）に関する基本指針（以下この条において「特許出願非公開基本指針」という。）を定めるものとする。

2　特許出願非公開基本指針においては、次に掲げる事項を定めるものとする。

一　特許出願の非公開に関する基本的な方向に関する事項

二　次条第1項の規定に基づき政令で定める技術の分野に関する基本的な事項

三　保全指定（第70条第2項に規定する保全指定をいう。次条第1項及び第67条において同じ。）に関する手続に関する事項

四　前3号に掲げるもののほか、特許出願の非公開に関し必要な事項

3　内閣総理大臣は、特許出願非公開基本指針の案を作成し、閣議の決定を求めなければならない。

4　内閣総理大臣は、前項の規定により特許出願非公開基本指針の案を作成するときは、あらかじめ、安全保障の確保に関する経済施策、産業技術その他特許出願の非公開に関し知見を有する者の意見を聴くとともに、産業活動に与える影響に配慮しなければならない。

5　内閣総理大臣は、第3項の規定による閣議の決定があったときは、遅滞なく、特許出願非公開基本指針を公表しなければならない。

6　前3項の規定は、特許出願非公開基本指針の変更について準用する。

（内閣総理大臣への送付）

第66条　特許庁長官は、特許出願を受けた場合において、その明細書等に、公にすることにより外部から行われる行為によって国家及び国民の安全を損なう事態を生ずるおそれが大きい発明が含まれ得る技術の分野として国際特許分類（国際特許分類に関する1971年3月24日のストラスブール協定第1条に規定する国際特許分類をいう。）又はこれに準じて細分化したものに従い政令で定めるもの（以下この項において「特定技術分野」という。）に属する発明（その発明が特定技術分野のうち保全指定をした場合に産業の発達に及ぼす影響が大きいと認められる技術の分野として政令で定めるものに属する場合にあっては、政令で定める要件に該当するものに限る。）が記載されているときは、当該特許出願の日から3月を超えない範囲内において政令で定める期間を経過する日までに、内閣府令・経済産業省令で定めるところにより、当該特許出願に係る書類を内閣総理大臣に送付するものとする。た

だし、当該発明がその発明に関する技術の水準若しくは特徴又はその公開の状況に照らし、保全審査（次条第１項に規定する保全審査をいう。次項において同じ。）に付する必要がないことが明らかであると認めるときは、これを送付しないことができる。

2　特許出願人から、特許出願とともに、その明細書等に記載した発明が公にされることにより国家及び国民の安全を損なう事態を生ずるおそれが大きいものであるとして、内閣府令・経済産業省令で定めるところにより、保全審査に付することを求める旨の申出があったときも、前項と同様とする。過去にその申出をしたことにより保全審査に付され、次条第９項の規定による通知を受けたことがある者又はその者から特許を受ける権利を承継した者が当該通知に係る発明を明細書等に記載した特許出願をしたと認められるときも、同様とする。

3　特許庁長官は、第１項本文又は前項の規定による送付をしたときは、その送付をした旨を特許出願人に通知するものとする。

4　第１項に規定する特許出願が次の表の上欄に掲げる特許出願である場合における同項の規定の適用については、同項中「当該特許出願の日」とあるのは、同表の上欄に掲げる区分に応じそれぞれ同表の下欄に掲げる日（当該特許出願が同表の上欄に掲げる区分の２以上に該当するときは、その該当する区分に係る同表の下欄に定める日のうち最も遅い日）とする。

特許法第36条の２第２項に規定する外国語書面出願	当該特許出願に係る特許法第36条の２第２項に規定する翻訳文が提出された日（同条第４項又は第６項の規定により当該翻訳文が提出された場合にあっては、同条第７項の規定にかかわらず、当該翻訳文が現に提出された日）
特許法第38条の３第１項に規定する方法によりした特許出願	当該特許出願に係る特許法第38条の３第３項に規定する明細書及び図面並びに先の特許出願に関する書類が提出された日
特許法第38条の４第４項ただし書の場合（同条第５項に規定する場合を除く。）における同条第２項の補完をした特許出願	当該特許出願に係る特許法第38条の４第３項に規定する明細書等補完書が提出された日
特許法第44条第１項に規定する新たな特許出願	当該特許出願に係る特許法第44条第１項の規定による特許出願の分割の日
特許法第46条第１項の規定による出願の変更に係る特許出願	当該特許出願に係る特許法第46条第１項の規定による出願の変更の日

5　特許法第184条の３第１項の規定により特許出願とみなされる国際出願については、第１項本文又は第２項の規定は、適用しない。

6　特許庁長官は、第１項本文又は第２項の規定による送付をするかどうかを判断するため必要があると認めるときは、特許出願人に対し、資料の提出及び説明を求めることができる。

7　特許庁長官が第１項本文若しくは第２項の規定による送付をする場合に該当しな

　　いと判断し、若しくは当該送付がされずに第1項本文に規定する期間が経過するまでの間又は内閣総理大臣が第71条若しくは第77条第2項の規定による通知をするまでの間は、特許法第49条、第51条及び第64条第1項の規定は、適用しない。

8　特許庁長官は、第1項本文又は第2項の規定による送付をしてから第70条第1項又は第71条の規定による通知を受けるまでの間に特許出願の放棄又は取下げがあったときは、その旨を内閣総理大臣に通知しなければならない。第1項本文又は第2項の規定による送付をしてから第71条又は第77条第2項の規定による通知を受けるまでの間に特許法第34条第4項又は第5項の規定による承継の届出があったときも、同様とする。

9　特許庁長官は、第1項本文又は第2項の規定による送付をしてから第70条第1項又は第71条の規定による通知を受けるまでの間に特許出願を却下するときは、あらかじめ、その旨を内閣総理大臣に通知するものとする。

10　特許庁長官は、第1項本文又は第2項の規定による送付をする場合に該当しないと判断した場合において、特許出願人から内閣府令・経済産業省令で定めるところにより申出があったときは、これらの規定による送付をしない旨の判断をした旨を特許出願人に通知するものとする。

11　第1項の規定は、同項の規定に基づく政令の改正により新たに同項本文に規定する発明に該当することとなった発明を明細書等に記載した特許出願であって、その改正の際現に特許庁に係属しているものについては、適用しない。

（内閣総理大臣による保全審査）

第67条　内閣総理大臣は、前条第1項本文又は第2項の規定により特許出願に係る書類の送付を受けたときは、内閣府令で定めるところにより、当該特許出願に係る明細書等に公にすることにより外部から行われる行為によって国家及び国民の安全を損なう事態を生ずるおそれが大きい発明が記載され、かつ、そのおそれの程度及び保全指定をした場合に産業の発達に及ぼす影響その他の事情を考慮し、当該発明に係る情報の保全（当該情報が外部に流出しないようにするための措置をいう。第70条第1項において同じ。）をすることが適当と認められるかどうかについての審査（以下この章において「保全審査」という。）をするものとする。

2　内閣総理大臣は、保全審査のため必要があると認めるときは、特許出願人その他の関係者に対し、資料の提出及び説明を求めることができる。

3　内閣総理大臣は、保全審査をするに当たっては、必要な専門的知識を有する国の機関に対し、保全審査に必要な資料又は情報の提供、説明その他必要な協力を求めることができる。

4　内閣総理大臣は、前項の規定により十分な資料又は情報が得られないときは、国の機関以外の専門的知識を有する者に対し、必要な資料又は情報の提供、説明その他必要な協力を求めることができる。この場合においては、当該専門的知識を有する者に発明の内容が開示されることにより特許出願人の利益が害されないよう、当該専門的知識を有する者の選定について配慮しなければならない。

5　内閣総理大臣は、前項の規定により国の機関以外の専門的知識を有する者に対し必要な資料又は情報の提供、説明その他必要な協力を求めるに当たり、必要があると認めるときは、その者（補助者の使用の申出がある場合には、その者及びその補助者。以下この項において同じ。）に明細書等に記載されている発明の内容を開示することができる。この場合においては、その者に対し、あらかじめ、第8項の規定の適用を受けることについて説明した上、当該開示を受けることについての同意

を得なければならない。

6　内閣総理大臣は、保全指定をするかどうかの判断をするに当たり、必要があると認めるときは、あらかじめ、関係行政機関の長に協議することができる。

7　第４項及び第５項の規定は、前項の規定により協議を受けた関係行政機関の長について準用する。この場合において、第４項中「前項の規定により十分な資料又は情報が得られないとき」とあるのは、「第６項の規定による協議に応ずるための十分な資料又は情報を保有していないとき」と読み替えるものとする。

8　保全審査に関与する国の機関の職員及び第５項（前項において準用する場合を含む。）の規定により発明の内容の開示を受けた者は、正当な理由がなく、当該発明の内容に係る秘密を漏らし、又は盗用してはならない。

9　内閣総理大臣は、保全指定をしようとする場合には、特許出願人に対し、内閣府令で定めるところにより、第70条第１項に規定する保全対象発明となり得る発明の内容を通知するとともに、特許出願を維持する場合には次に掲げる事項について記載した書類を提出するよう求めなければならない。
　一　当該通知に係る発明に係る情報管理状況
　二　特許出願人以外に当該通知に係る発明に係る情報の取扱いを認めた事業者がある場合にあっては、当該事業者
　三　前２号に掲げるもののほか、内閣府令で定める事項

10　特許出願人は、特許出願を維持する場合には、前項の規定による通知を受けた日から14日以内に、内閣府令で定めるところにより、同項に規定する書類を内閣総理大臣に提出しなければならない。

11　内閣総理大臣は、前項の規定により提出された書類の記載内容が相当でないと認めるときは、特許出願人に対し、相当の期間を定めて、その補正を求めることができる。

（保全審査中の発明公開の禁止）
第68条　特許出願人は、前条第９項の規定による通知を受けた場合は、第70条第１項又は第71条の規定による通知を受けるまでの間は、当該前条第９項の規定による通知に係る発明の内容を公開してはならない。ただし、特許出願を放棄し、若しくは取り下げ、又は特許出願が却下されたときは、この限りでない。

（保全審査の打切り）
第69条　内閣総理大臣は、特許出願人が第67条第10項に規定する期間内に同条第９項に規定する書類を提出せず、若しくは同条第11項の規定により定められた期間内に同項の規定による補正を行わなかったとき、前条の規定に違反したと認めるとき、又は不当な目的でみだりに第66条第２項前段の規定による申出をしたと認めるときは、保全審査を打ち切ることができる。

2　内閣総理大臣は、前項の規定により保全審査を打ち切るときは、あらかじめ、特許出願人に対し、その理由を通知し、相当の期間を指定して、弁明を記載した書面を提出する機会を与えなければならない。

3　内閣総理大臣は、第１項の規定により保全審査を打ち切ったときは、その旨を特許庁長官に通知するものとする。

4　特許庁長官は、前項の規定による通知を受けたときは、特許出願を却下するものとする。

（保全指定）
第70条　内閣総理大臣は、保全審査の結果、第67条第１項に規定する明細書等に公

にすることにより外部から行われる行為によって国家及び国民の安全を損なう事態を生ずるおそれが大きい発明が記載され、かつ、そのおそれの程度及び指定をした場合に産業の発達に及ぼす影響その他の事情を考慮し、当該発明に係る情報の保全をすることが適当と認めたときは、内閣府令で定めるところにより、当該発明を保全対象発明として指定し、特許出願人及び特許庁長官に通知するものとする。

2　内閣総理大臣は、前項の規定による指定（以下この章及び第88条において「保全指定」という。）をするときは、当該保全指定の日から起算して１年を超えない範囲内においてその保全指定の期間を定めるものとする。

3　内閣総理大臣は、保全指定の期間（この項の規定により保全指定の期間を延長した場合には、当該延長後の期間。以下この章において同じ。）が満了する日までに、保全指定を継続する必要があるかどうかを判断しなければならない。この場合において、継続する必要があると認めるときは、内閣府令で定めるところにより、１年を超えない範囲内において保全指定の期間を延長することができる。

4　第67条第２項から第８項までの規定は、前項前段の規定による判断をする場合について準用する。この場合において、同条第４項中「発明」とあり、及び同条第５項中「明細書等に記載されている発明」とあるのは「第70条第１項に規定する保全対象発明」と、同条第８項中「規定により発明」とあるのは「規定により第70条第１項に規定する保全対象発明」と、「当該発明」とあるのは「当該保全対象発明」と読み替えるものとする。

5　内閣総理大臣は、第３項後段の規定による延長をしたときは、その旨を第１項の規定による通知を受けた特許出願人（通知後に特許を受ける権利の移転があったときは、その承継人。以下この章において「指定特許出願人」という。）及び特許庁長官に通知するものとする。

（保全指定をしない場合の通知）
第71条　内閣総理大臣は、保全審査の結果、保全指定をする必要がないと認めたときは、その旨を特許出願人及び特許庁長官に通知するものとする。

（特許出願の取下げ等の制限）
第72条　指定特許出願人は、第77条第２項の規定による通知を受けるまでの間は、特許出願を放棄し、又は取り下げることができない。

2　指定特許出願人は、第77条第２項の規定による通知を受けるまでの間は、実用新案法（昭和34年法律第123号）第10条第１項及び意匠法（昭和34年法律第125号）第13条第１項の規定にかかわらず、特許出願を実用新案登録出願又は意匠登録出願に変更することができない。

（保全対象発明の実施の制限）
第73条　指定特許出願人及び保全対象発明の内容を特許出願人から示された者その他保全対象発明の内容を職務上知り得た者であって当該保全対象発明について保全指定がされたことを知るものは、当該保全対象発明の実施（特許法第２条第３項に規定する実施をいう。以下この章及び第92条第１項第６号において同じ。）をしてはならない。ただし、指定特許出願人が当該実施について内閣総理大臣の許可を受けた場合は、この限りでない。

2　前項ただし書の規定による許可を受けようとする指定特許出願人は、許可を受けようとする実施の内容その他内閣府令で定める事項を記載した申請書を内閣総理大臣に提出しなければならない。

3　内閣総理大臣は、第１項ただし書の規定による許可の申請に係る実施により同項

本文に規定する者以外の者が保全対象発明の内容を知るおそれがないと認めるとき
その他保全対象発明に係る情報の漏えいの防止の観点から内閣総理大臣が適当と認
めるときは、同項ただし書の規定による許可をするものとする。

4　第1項ただし書の規定による許可には、保全対象発明に係る情報の漏えいの防止
のために必要な条件を付することができる。

5　第67条第2項から第5項まで及び第8項の規定は、第1項ただし書の規定による
許可について準用する。この場合において、同条第4項中「発明」とあり、及び同
条第5項中「明細書等に記載されている発明」とあるのは「第70条第1項に規定す
る保全対象発明」と、同条第8項中「規定により発明」とあるのは「規定により第
70条第1項に規定する保全対象発明」と、「当該発明」とあるのは「当該保全対象
発明」と読み替えるものとする。

6　内閣総理大臣は、指定特許出願人が第1項の規定又は第4項の規定により許可に
付された条件に違反して保全対象発明の実施をしたと認める場合であって、特許出
願が却下されることが相当と認めるときは、その旨を特許庁長官及び指定特許出願
人に通知するものとする。指定特許出願人が第75条第1項に規定する措置を十分に
講じていなかったことにより、指定特許出願人以外の者が第1項の規定又は第4項
の規定により許可に付された条件に違反して保全対象発明の実施をした場合も、同
様とする。

7　内閣総理大臣は、前項の規定による通知をするときは、あらかじめ、指定特許出
願人に対し、その理由を通知し、相当の期間を指定して、弁明を記載した書面を提
出する機会を与えなければならない。

8　特許庁長官は、第6項の規定による通知を受けた場合には、第77条第2項の規定
による通知を待って、特許出願を却下するものとする。

（保全対象発明の開示禁止）

第74条　指定特許出願人及び保全対象発明の内容を特許出願人から示された者その
他保全対象発明の内容を職務上知り得た者であって当該保全対象発明について保全
指定がされたことを知るものは、正当な理由がある場合を除き、保全対象発明の内
容を開示してはならない。

2　内閣総理大臣は、指定特許出願人が前項の規定に違反して保全対象発明の内容を
開示したと認める場合であって、特許出願が却下されることが相当と認めるとき
は、その旨を特許庁長官及び指定特許出願人に通知するものとする。指定特許出願
人が次条第1項に規定する措置を十分に講じていなかったことにより、指定特許出
願人以外の者が前項の規定に違反して保全対象発明の内容を開示した場合も、同様
とする。

3　前条第7項及び第8項の規定は、前項の規定による通知について準用する。

（保全対象発明の適正管理措置）

第75条　指定特許出願人は、保全対象発明に係る情報を取り扱う者を適正に管理す
ることその他保全対象発明に係る情報の漏えいの防止のために必要かつ適切なもの
として内閣府令で定める措置を講じ、及び保全対象発明に係る情報の取扱いを認め
た事業者（以下この章において「発明共有事業者」という。）をして、その措置を
講じさせなければならない。

2　発明共有事業者は、指定特許出願人の指示に従い、前項に規定する措置を講じな
ければならない。

（発明共有事業者の変更）

第76条　指定特許出願人は、第67条第9項第2号に規定する事業者として同項に規定する書類に記載した事業者以外の事業者に新たに保全対象発明に係る情報の取扱いを認めるときは、あらかじめ、内閣府令で定めるところにより、内閣総理大臣の承認を受けなければならない。

2　指定特許出願人は、前項の場合を除き、発明共有事業者に保全対象発明に係る情報の取扱いを認めることをやめたときその他発明共有事業者について変更が生じたときは、内閣府令で定めるところにより、遅滞なく、その変更の内容を内閣総理大臣に届け出なければならない。

（保全指定の解除等）

第77条　内閣総理大臣は、保全指定を継続する必要がないと認めたときは、保全指定を解除するものとする。

2　内閣総理大臣は、前項の規定により保全指定を解除したとき、又は保全指定の期間が満了したときは、その旨を指定特許出願人及び特許庁長官に通知するものとする。

3　第67条第2項から第8項までの規定は、第1項の規定により保全指定を解除する場合について準用する。この場合において、同条第4項中「発明」とあり、及び同条第5項中「明細書等に記載されている発明」とあるのは「第70条第1項に規定する保全対象発明」と、同条第8項中「規定により発明」とあるのは「規定により第70条第1項に規定する保全対象発明」と、「当該発明」とあるのは「当該保全対象発明」と読み替えるものとする。

（外国出願の禁止）

第78条　何人も、日本国内でした発明であって公になっていないものが、第66条第1項本文に規定する発明であるときは、次条第4項の規定により、公にすることにより外部から行われる行為によって国家及び国民の安全に影響を及ぼすものでないことが明らかである旨の回答を受けた場合を除き、当該発明を記載した外国出願（外国における特許出願及び1970年6月19日にワシントンで作成された特許協力条約に基づく国際出願をいい、政令で定めるものを除く。以下この章及び第94条第1項において同じ。）をしてはならない。ただし、我が国において明細書等に当該発明を記載した特許出願をした場合であって、当該特許出願の日から10月を超えない範囲内において政令で定める期間を経過したとき（第70条第1項の規定による通知を受けたとき及び当該期間を経過する前に当該特許出願が却下され、又は当該特許出願を放棄し、若しくは取り下げたときを除く。）、第66条第1項本文に規定する期間内に同条第3項の規定による通知が発せられなかったとき（当該期間を経過する前に当該特許出願が却下され、又は当該特許出願を放棄し、若しくは取り下げたときを除く。）及び同条第10項、第71条又は前条第2項の規定による通知を受けたときにおける当該特許出願に係る明細書等に記載された発明については、この限りでない。

2　指定特許出願人に対する前項の規定の適用については、同項中「第66条第1項本文に規定する発明」とあるのは、「第66条第1項本文に規定する発明（第70条第1項の規定による通知を受けた特許出願に係る明細書等に記載された発明にあっては、保全対象発明）」とする。

3　第1項ただし書に規定する特許出願が次の表の上欄に掲げる特許出願である場合における同項ただし書の規定の適用については、同項ただし書中「当該特許出願の日」とあるのは、同表の上欄に掲げる区分に応じそれぞれ同表の下欄に掲げる日

（当該特許出願が同表の上欄に掲げる区分の２以上に該当するときは、その該当する区分に係る同表の下欄に定める日のうち最も遅い日）とする。

特許法第36条の２第２項に規定する外国語書面出願	当該特許出願に係る特許法第36条の２第２項に規定する翻訳文が提出された日（同条第４項又は第６項の規定により当該翻訳文が提出された場合にあっては、同条第７項の規定にかかわらず、当該翻訳文が現に提出された日）
特許法第38条の３第１項に規定する方法によりした特許出願	当該特許出願に係る特許法第38条の３第３項に規定する明細書及び図面並びに先の特許出願に関する書類が提出された日
特許法第38条の４第四項ただし書の場合（同条第５項に規定する場合を除く。）における同条第２項の補完をした特許出願	当該特許出願に係る特許法第38条の４第３項に規定する明細書等補完書が提出された日
特許法第46条第１項の規定による出願の変更に係る特許出願	当該特許出願に係る特許法第46条第１項の規定による出願の変更の日

4　特許庁長官は、特許法第184条の３第１項の規定により特許出願とみなされる国際出願を受けた場合において、当該特許出願に係る明細書等に第66条第１項本文に規定する発明が記載されているときは、その旨を内閣総理大臣に通知するものとする。

5　内閣総理大臣は、特許庁長官が第66条第３項の規定による通知をした特許出願人（通知後に特許を受ける権利の移転があったときは、その承継人を含む。）が第１項の規定に違反して外国出願をしたと認める場合又は前項の規定による通知に係る国際出願が第１項の規定に違反するものであると認める場合であって、当該特許出願が却下されることが相当と認めるときは、その旨を特許庁長官及び特許出願人に通知するものとする。

6　第73条第７項の規定は、前項の規定による通知について準用する。

7　特許庁長官は、第５項の規定による通知を受けたときは、特許出願を却下するものとする。ただし、その特許出願が保全指定がされたものである場合にあっては、前条第２項の規定による通知を待って、特許出願を却下するものとする。

（外国出願の禁止に関する事前確認）

第79条　第66条第１項本文に規定する発明に該当し得る発明を記載した外国出願をしようとする者は、我が国において明細書等に当該発明を記載した特許出願をしていない場合に限り、内閣府令・経済産業省令で定めるところにより、特許庁長官に対し、その外国出願が前条第１項の規定により禁止されるものかどうかについて、確認を求めることができる。

2　特許庁長官は、前項の規定による求めを受けた場合において、当該求めに係る発明が第66条第１項本文に規定する発明に該当しないときは、遅滞なく、その旨を当該求めをした者に回答するものとする。

3　特許庁長官は、第１項の規定による求めを受けた場合において、当該求めに係る発明が第66条第１項本文に規定する発明に該当するときは、遅滞なく、内閣総理大

臣に対し、公にすることにより外部から行われる行為によって国家及び国民の安全
に影響を及ぼすものでないことが明らかかどうかにつき確認を求めるものとする。
この場合において、当該確認を求められた内閣総理大臣は、遅滞なく、特許庁長官
に回答するものとする。

4　特許庁長官は、前項の規定により回答を受けたときは、遅滞なく、第1項の規定
による求めをした者に対し、当該求めに係る発明が第66条第1項本文に規定する発
明に該当する旨及び当該回答の内容を回答するものとする。

5　第1項の規定により確認を求めようとする者は、手数料として、1件につき2万
5000円を超えない範囲内で政令で定める額を国に納付しなければならない。

6　前項の規定による手数料の納付は、内閣府令・経済産業省令で定めるところによ
り、収入印紙をもってしなければならない。ただし、内閣府令・経済産業省令で定
める場合には、内閣府令・経済産業省令で定めるところにより、現金をもって納め
ることができる。

7　前条第1項の規定の適用の有無については、産業競争力強化法（平成25年法律第
98号）第7条の規定は、適用しない。

（損失の補償）

第80条　国は、保全対象発明（保全指定が解除され、又は保全指定の期間が満了し
たものを含む。）について、第73条第1項ただし書の規定による許可を受けられな
かったこと又は同条第4項の規定によりその許可に条件を付されたことその他保全
指定を受けたことにより損失を受けた者に対して、通常生ずべき損失を補償する。

2　前項の規定による補償を受けようとする者は、内閣府令で定めるところにより、
内閣総理大臣にこれを請求しなければならない。

3　内閣総理大臣は、前項の規定による請求があったときは、補償すべき金額を決定
し、これを当該請求者に通知しなければならない。

4　第67条第2項から第4項まで及び第5項前段の規定（保全指定の期間内にあって
は、これらの規定のほか、同項後段及び第8項の規定）は、内閣総理大臣が前項の
規定による決定をする場合について準用する。この場合において、同条第四項中
「発明」とあり、及び同条第5項中「明細書等に記載されている発明」とあるのは
「第70条第1項に規定する保全対象発明（保全指定が解除され、又は保全指定の期
間が満了したものを含む。）」と、同条第8項中「規定により発明」とあるのは「規
定により第70条第1項に規定する保全対象発明（保全指定が解除され、又は保全指
定の期間が満了したものを含む。）」と、「当該発明」とあるのは「当該保全対象発
明」と読み替えるものとする。

5　第3項の規定による決定に不服がある者は、その通知を受けた日から6月以内に
訴えをもって補償すべき金額の増額を請求することができる。

6　前項の訴えにおいては、国を被告とする。

（後願者の通常実施権）

第81条　指定特許出願人であって、保全指定がされた他の特許出願について出願公
開がされた日前に、第66条第7項の規定により当該出願公開がされなかったため、
自己の特許出願に係る発明が特許法第29条の2の規定により特許を受けることがで
きないものであることを知らないで、日本国内において当該発明の実施である事業
をしているもの又はその事業の準備をしているものは、その実施又は準備をしてい
る発明及び事業の目的の範囲内において、その特許出願について拒絶をすべき旨の
査定又は審決が確定した場合における当該他の特許出願に係る特許権又はその際現

に存する専用実施権について通常実施権を有する。

2 前項に規定する他の特許出願に係る特許権又は専用実施権を有する者は、同項の規定により通常実施権を有する者から相当の対価を受ける権利を有する。

（特許法等の特例）

第82条 特許法第41条第1項の規定による優先権の主張を伴う特許出願について、特許庁長官が第69条第4項、第73条第8項（第74条第3項において準用する場合を含む。）又は第78条第7項の規定によりその優先権の主張の基礎とした特許出願を却下した場合には、当該優先権の主張は、その効力を失うものとする。

2 保全指定がされた特許出願を基礎とする特許法第41条第1項の規定による優先権の主張を伴う特許出願がされた場合における同法第42条第1項の規定の適用については、同項中「経済産業省令で定める期間を経過した時」とあるのは、「経済産業省令で定める期間を経過した時又は当該先の出願について、経済施策を一体的に講ずることによる安全保障の確保の推進に関する法律（令和4年法律第43号）第77条第2項の規定による通知を受けた時のうちいずれか遅い時」とする。

3 保全指定がされた場合における特許法第48条の3第1項の規定の適用については、同項中「その日から3年以内に」とあるのは、「その日から3年を経過した日又は経済施策を一体的に講ずることによる安全保障の確保の推進に関する法律（令和4年法律第43号）第77条第2項の規定による通知を受けた日から3月を経過した日のうちいずれか遅い日までに」とする。

4 保全指定がされた場合における特許法第67条第3項の規定の適用については、同項中「次の各号に掲げる期間」とあるのは、「次の各号に掲げる期間及び経済施策を一体的に講ずることによる安全保障の確保の推進に関する法律（令和4年法律第43号）第70条第1項の規定による通知を受けた日から同法第77条第2項の規定による通知を受けた日までの期間」とする。

5 特許庁長官は、実用新案法第5条第1項の規定による実用新案登録出願を受けた場合において、当該実用新案登録出願に係る明細書、実用新案登録請求の範囲又は図面に保全対象発明が記載されているときは、同法第14条第2項の規定にかかわらず、その保全指定が解除され、又は保全指定の期間が満了するまで、同項の規定による実用新案権の設定の登録をしてはならない。

（勧告及び改善命令）

第83条 内閣総理大臣は、指定特許出願人又は発明共有事業者が第75条の規定に違反した場合において保全対象発明に係る情報の漏えいを防ぐため必要があると認めるときは、当該者に対し、同条第1項に規定する措置をとるべき旨を勧告することができる。

2 内閣総理大臣は、前項の規定による勧告を受けた者が正当な理由がなくてその勧告に係る措置をとらなかったときは、当該者に対し、その勧告に係る措置をとるべきことを命ずることができる。

3 内閣総理大臣は、前2項の規定にかかわらず、指定特許出願人又は発明共有事業者が第75条の規定に違反した場合において保全対象発明の漏えいのおそれが切迫していると認めるときは、当該者に対し、同条第1項に規定する措置をとるべきことを命ずることができる。

（報告徴収及び立入検査）

第84条 内閣総理大臣は、この章の規定の施行に必要な限度において、指定特許出願人及び発明共有事業者に対し、保全対象発明の取扱いに関し、必要な報告若しく

は資料の提出を求め、又はその職員に、当該者の事務所その他必要な場所に立ち入り、保全対象発明の取扱いに関し質問させ、若しくは帳簿、書類その他の物件を検査させることができる。

2　前項の規定により立入検査をする職員は、その身分を示す証明書を携帯し、関係人の請求があったときは、これを提示しなければならない。

3　第1項の規定による立入検査の権限は、犯罪捜査のために認められたものと解釈してはならない。

（送達）

第85条　この章に規定する手続に関し、送達をすべき書類は、内閣府令・経済産業省令で定める。

2　特許法第190条から第192条までの規定は、前項の送達について準用する。

第6章　雑則

（主務大臣等）

第86条　第2章における主務大臣は、特定重要物資の生産、輸入又は販売の事業を所管する大臣とする。ただし、次の各号に掲げる規定における主務大臣は、当該各号に定める大臣とする。

一　第2章第3節及び第48条第5項の規定　内閣総理大臣及び財務大臣

二　第30条及び第48条第2項の規定　特定重要物資等の生産、輸入又は販売の事業を所管する大臣

三　第2章第6節（第34条第6項を除く。）及び第48条第6項の規定　内閣総理大臣及び特定重要物資の生産、輸入又は販売の事業を所管する大臣

四　第2章第7節の規定　別表に掲げる独立行政法人を所管する大臣（特定重要物資の生産、輸入又は販売の事業を所管する大臣に限る。）

五　第46条及び第48条第1項の規定　物資の生産、輸入又は販売の事業を所管する大臣

2　第3章における主務大臣は、特定社会基盤事業を所管する大臣とする。

3　第2章及び第3章における主務省令は、前2項に定める主務大臣の発する命令とする。

（権限の委任）

第87条　この法律に規定する主務大臣、研究開発大臣及び指定基金所管大臣の権限は、政令で定めるところにより、その一部を地方支分部局その他の政令で定める部局又は機関の長に委任することができる。

2　内閣総理大臣は、この法律の規定による権限（金融庁の所掌に係るものに限り、政令で定めるものを除く。）を金融庁長官に委任する。

3　金融庁長官は、政令で定めるところにより、前項の規定により委任された権限の一部を財務局長又は財務支局長に委任することができる。

（行政手続法の適用除外）

第88条　第52条第4項の規定による延長、同条第10項の規定による命令、保全指定、第70条第3項後段の規定による延長、第73条第1項ただし書の規定による許可及び第76条第1項の規定による承認については、行政手続法（平成5年法律第88号）第2章及び第3章の規定は、適用しない。

（経過措置）

第89条　この法律の規定に基づき命令を制定し、又は改廃する場合においては、その命令で、その制定又は改廃に伴い合理的に必要と判断される範囲内において、所要の経過措置（罰則に関する経過措置を含む。）を定めることができる。

（国際約束の誠実な履行）

第90条　この法律の施行に当たっては、我が国が締結した条約その他の国際約束の誠実な履行を妨げることがないよう留意しなければならない。

（命令への委任）

第91条　この法律に定めるもののほか、この法律を実施するため必要な事項は、命令で定める。

第7章　罰則

第92条　次の各号のいずれかに該当する場合には、当該違反行為をした者は、2年以下の懲役若しくは100万円以下の罰金に処し、又はこれを併科する。
　一　第52条第1項又は第54条第1項（同条第5項において準用する場合を含む。）の規定に違反して届出をせず、又は虚偽の届出をして、特定重要設備の導入を行い、又は重要維持管理等を行わせたとき。
　二　第52条第3項（第54条第2項（同条第5項において準用する場合を含む。以下この項において同じ。）において準用する場合を含む。）の規定に違反して第52条第3項本文に規定する期間（同条第4項（第54条第2項において準用する場合を含む。）の規定により延長され、又は第52条第3項ただし書若しくは同条第5項（これらの規定を第54条第2項において準用する場合を含む。）の規定により短縮された場合には、当該延長され、又は短縮された期間）中に特定重要設備の導入を行い、又は重要維持管理等を行わせたとき。
　三　第52条第8項（第54条第2項及び第55条第3項において準用する場合を含む。）の規定に違反して特定重要設備の導入を行い、又は重要維持管理等を行わせたとき。
　四　第52条第10項（第54条第2項及び第55条第3項において準用する場合を含む。）又は第83条第2項若しくは第3項の規定による命令に違反したとき。
　五　第52条第11項又は第54条第3項（同条第5項において準用する場合を含む。）の規定による届出をせず、又は虚偽の届出をしたとき。
　六　第73条第1項の規定又は同条第4項の規定により許可に付された条件に違反して保全対象発明の実施をしたとき。
　七　偽りその他不正の手段により第73条第1項ただし書の規定による許可又は第76条第1項の規定による承認を受けたとき。
　八　第74条第1項の規定に違反して保全対象発明の内容を開示したとき。
　2　前項第6号及び第8号の罪の未遂は、罰する。
　3　第1項第6号及び第8号の罪は、日本国外においてこれらの号の罪を犯した者にも適用する。

第93条　第48条第1項の規定による報告又は資料の提出の求めに係る事務に関して知り得た秘密を正当な理由がなく漏らし、又は盗用した者は、2年以下の懲役又は100万円以下の罰金に処する。

第94条　第78条第1項の規定に違反して外国出願をしたとき（第92条第1項第8号に該当するときを除く。）は、当該違反行為をした者は、1年以下の懲役若しくは

50万円以下の罰金に処し、又はこれを併科する。

2　前項の罪は、日本国外において同項の罪を犯した者にも適用する。

第95条　次の各号のいずれかに該当する者は、1年以下の懲役又は50万円以下の罰金に処する。

一　第37条、第62条第7項（第63条第5項において準用する場合を含む。）又は第64条第4項の規定に違反して秘密を漏らし、又は盗用した者

二　第67条第8項（第70条第4項、第73条第5項、第77条第3項及び第80条第4項において準用する場合を含む。）の規定に違反して秘密を漏らし、又は盗用した者（第92条第1項第6号又は第8号に該当する違反行為をした者を除く。）

2　前項第2号の罪は、日本国外において同号の罪を犯した者にも適用する。

第96条　次の各号のいずれかに該当する場合には、当該違反行為をした者は、30万円以下の罰金に処する。

一　第20条又は第38条の規定に違反して帳簿を備えず、帳簿に記載せず、若しくは帳簿に虚偽の記載をし、又は帳簿を保存しなかったとき。

二　第22条第1項の規定による届出をせず、供給確保促進業務の全部若しくは一部を休止し、若しくは廃止し、又は虚偽の届出をしたとき。

三　第40条第1項の規定による許可を受けないで安定供給確保支援業務の全部又は一部を休止し、又は廃止したとき。

四　第48条第4項又は第58条第1項の規定による報告若しくは資料の提出をせず、又は虚偽の報告をし、若しくは虚偽の資料を提出したとき。

五　第48条第5項から第7項まで、第58条第2項又は第84条第1項の規定による報告若しくは資料の提出をせず、若しくは虚偽の報告をし、若しくは虚偽の資料を提出し、又は当該職員の質問に対して答弁をせず、若しくは虚偽の答弁をし、若しくは検査を拒み、妨げ、若しくは忌避したとき。

六　第50条第3項の規定による届出をせず、名称若しくは住所を変更し、又は虚偽の届出をしたとき。

七　第54条第4項（同条第5項において準用する場合を含む。）の規定による報告をせず、又は虚偽の報告をしたとき。

第97条　法人の代表者又は法人若しくは人の代理人、使用人その他の従業者が、その法人又は人の業務に関して、第92条第1項各号、第94条第1項又は前条各号の違反行為をしたときは、行為者を罰するほか、その法人又は人に対しても、各本条の罰金刑を科する。

第98条　次の各号のいずれかに該当する場合には、当該違反行為をした公庫の取締役又は執行役は、100万円以下の過料に処する。

一　第15条第2項の規定による認可を受けないで供給確保促進円滑化業務実施方針を定め、又は変更したとき。

二　第19条第2項の規定による認可を受けないで同条第1項の協定を締結し、又は変更したとき。

第99条　第34条第4項又は第43条第3項において読み替えて準用する独立行政法人通則法第47条の規定に違反して安定供給確保支援法人基金又は安定供給確保支援独立行政法人基金を運用したときは、その違反行為をした安定供給確保支援法人又は安定供給確保支援独立行政法人の役員は、20万円以下の過料に処する。

附則

（施行期日）
第１条　この法律は、公布の日から起算して９月を超えない範囲内において政令で定める日から施行する。ただし、次の各号に掲げる規定は、当該各号に定める日から施行する。
　一　第１条及び第２条並びに附則第３条及び第９条から第11条までの規定　公布の日から起算して６月を超えない範囲内において政令で定める日
　二　第49条及び第65条の規定　公布の日から起算して１年を超えない範囲内において政令で定める日
　三　第50条、第51条、第58条、第59条、第86条第２項及び第３項（第３章に係る部分に限る。）、第96条第４号（第58条第１項に係る部分に限る。）、第５号（第58条第２項に係る部分に限る。）及び第６号並びに第97条（第96条第４号（第58条第１項に係る部分に限る。）、第５号（第58条第２項に係る部分に限る。）及び第６号に係る部分に限る。）の規定　公布の日から起算して１年６月を超えない範囲内において政令で定める日
　四　第52条から第57条まで、第88条（第５章に係る部分を除く。）、第92条（第１項第４号（第83条第２項及び第３項に係る部分に限る。）及び第６号から第８号まで、第２項並びに第３項を除く。）、第96条第７号及び第97条（第92条第１項第１号から第３号まで、第４号（第83条第２項及び第３項に係る部分を除く。）及び第５号並びに第96条第７号に係る部分に限る。）の規定　公布の日から起算して１年９月を超えない範囲内において政令で定める日
　五　第66条から第85条まで、第88条（第５章に係る部分に限る。）、第92条第１項第４号（第83条第２項及び第３項に係る部分に限る。）及び第６号から第８号まで、第２項並びに第３項、第94条、第95条第１項第２号及び第２項、第96条第５号（第84条第１項に係る部分に限る。）、第97条（第92条第１項第４号（第83条第２項及び第３項に係る部分に限る。）及び第６号から第８号まで、第94条第１項並びに第96条第５号（第84条第１項に係る部分に限る。）に係る部分に限る。）並びに次条の規定　公布の日から起算して２年を超えない範囲内において政令で定める日

（経過措置）
第２条　第66条第１項の規定は、前条第５号に掲げる規定の施行の際現に特許庁に係属している特許出願については、適用しない。

（政令への委任）
第３条　前条に規定するもののほか、この法律の施行に関し必要な経過措置は、政令で定める。

（検討）
第４条　政府は、この法律の施行後３年を目途として、この法律の施行の状況について検討を加え、必要があると認めるときは、その結果に基づいて必要な措置を講ずるものとする。

（国立研究開発法人医薬基盤・健康・栄養研究所法の一部改正）
第５条　国立研究開発法人医薬基盤・健康・栄養研究所法（平成16年法律第135号）の一部を次のように改正する。

第15条第1項第7号中「前各号」を「第1号、第2号及び第4号から前号まで」に改め、同号を同項第8号とし、同項中第6号を第7号とし、第3号から第5号までを1号ずつ繰り下げ、第2号の次に次の1号を加える。

　三　経済施策を一体的に講ずることによる安全保障の確保の推進に関する法律（令和4年法律第43号）第42条第1項に規定する安定供給確保支援業務（同条第2項の規定による指定に係るものに限る。第15条の3第1項及び第21条において「安定供給確保支援業務」という。）を行うこと。

第15条の2の次に次の2条を加える。

（基金の設置等）

第15条の3　研究所は、厚生労働大臣が通則法第35条の4第1項に規定する中長期目標において安定供給確保支援業務に関する事項を定めた場合には、経済施策を一体的に講ずることによる安全保障の確保の推進に関する法律第43条第1項に規定する基金（次項及び次条において「基金」という。）を設け、次項の規定により交付を受けた補助金をもってこれに充てるものとする。

2　政府は、予算の範囲内において、研究所に対し、基金に充てる資金を補助することができる。

3　厚生労働大臣は、経済施策を一体的に講ずることによる安全保障の確保の推進に関する法律第10条第3項又は第11条第3項において準用する同法第9条第6項の規定による通知をした場合において、必要があると認めるときは、研究所に対し、前項の規定により交付を受けた補助金の全部又は一部に相当する金額を国庫に納付すべきことを命ずるものとする。

4　前項の規定による納付金の納付の手続及びその帰属する会計その他国庫納付金に関し必要な事項は、政令で定める。

（区分経理）

第15条の4　研究所は、前条第1項の規定により基金を設けた場合には、当該基金に係る業務については、特別の勘定を設けて経理しなければならない。

　第16条中「第15条第1項第2号」の下に「及び第3号」を加える。

　第19条第1項中「及び第2号」を「から第3号まで」に、「これら」を「同項第1号及び第2号に掲げる業務」に改める。

　第22条を削り、第4章中第21条を第22条とし、第20条の次に次の1条を加える。

（中長期目標等に関する内閣総理大臣等との協議）

第21条　厚生労働大臣は、通則法第35条の4第1項の規定により中長期目標（安定供給確保支援業務に係る部分に限る。）を定め、又は変更するときは、あらかじめ、内閣総理大臣その他関係行政機関の長に協議しなければならない。

2　厚生労働大臣は、通則法第35条の5第1項の規定による中長期計画（安定供給確保支援業務に係る部分に限る。）の認可をするときは、あらかじめ、内閣総理大臣その他関係行政機関の長に協議しなければならない。

（地方税法の一部改正）

第6条　地方税法（昭和25年法律第226号）の一部を次のように改正する。

　第73条の4第1項第39号中「第15条第1項第3号から第5号まで」を「第15条第1項第4号から第5号まで」に改める。

　第348条第2項第42号中「第3号から第5号まで」を「第4号から第6号まで」に改める。

（独立行政法人石油天然ガス・金属鉱物資源機構法の一部改正）

第７条　独立行政法人石油天然ガス・金属鉱物資源機構法（平成14年法律第94号）の一部を次のように改正する。

　目次中「第19条」を「第19条の２」に改める。

　第11条第１項に次の１号を加える。

　二十一　経済施策を一体的に講ずることによる安全保障の確保の推進に関する法律（令和４年法律第43号）第42条第１項に規定する安定供給確保支援業務（同条第２項の規定による指定に係るものに限る。以下「安定供給確保支援業務」という。）を行うこと。

　第12条第３号中「附帯する業務」の下に「、同項第21号に掲げる業務（第６号に掲げるものを除く。）」を加え、同条に次の１号を加える。

　六　第11条第１項第21号に掲げる業務（第19条の２第１項に規定する安定供給確保支援基金に係るものに限る。）

　第12条の２中「第11条第１項第７号」の下に「及び第21号」を加える。

　第３章中第19条の次に次の１条を加える。

（安定供給確保支援基金の設置等）

第19条の２　機構は、経済産業大臣が通則法第29条第１項に規定する中期目標において安定供給確保支援業務に関する事項を定めた場合には、経済施策を一体的に講ずることによる安全保障の確保の推進に関する法律第43条第１項に規定する基金（次項において「安定供給確保支援基金」という。）を設け、次項の規定により交付を受けた補助金をもってこれに充てるものとする。

２　政府は、予算の範囲内において、機構に対し、安定供給確保支援基金に充てる資金を補助することができる。

３　経済産業大臣は、経済施策を一体的に講ずることによる安全保障の確保の推進に関する法律第10条第３項又は第11条第３項において準用する同法第９条第６項の規定による通知をした場合において、必要があると認めるときは、機構に対し、前項の規定により交付を受けた補助金の全部又は一部に相当する金額を国庫に納付すべきことを命ずるものとする。

４　前項の規定による納付金の納付の手続及びその帰属する会計その他国庫納付金に関し必要な事項は、政令で定める。

　第23条を削り、第４章中第22条を第23条とし、第21条の次に次の１条を加える。

（中期目標等に関する内閣総理大臣等との協議）

第22条　経済産業大臣は、通則法第29条第１項の規定により中期目標（安定供給確保支援業務に係る部分に限る。）を定め、又は変更するときは、あらかじめ、内閣総理大臣その他関係行政機関の長に協議しなければならない。

２　経済産業大臣は、通則法第30条第１項の規定による中期計画（安定供給確保支援業務に係る部分に限る。）の認可をするときは、あらかじめ、内閣総理大臣その他関係行政機関の長に協議しなければならない。

（国立研究開発法人新エネルギー・産業技術総合開発機構法の一部改正）

第８条　国立研究開発法人新エネルギー・産業技術総合開発機構法（平成14年法律第145号）の一部を次のように改正する。

　第15条に次の１号を加える。

　十五　経済施策を一体的に講ずることによる安全保障の確保の推進に関する法律（令和４年法律第43号）第42条第１項に規定する安定供給確保支援業務（同条第２項の規定による指定に係るものに限る。以下「安定供給確保支援業務」と

いう。）を行うこと。

第16条の５の次に次の１条を加える。

（安定供給確保支援基金の設置等）

第16条の６　機構は、経済産業大臣が通則法第35条の４第１項に規定する中長期目標において安定供給確保支援業務に関する事項を定めた場合には、経済施策を一体的に講ずることによる安全保障の確保の推進に関する法律第43条第１項に規定する基金（次項及び次条第２項において「安定供給確保支援基金」という。）を設け、次項の規定により交付を受けた補助金をもってこれに充てるものとする。

２　政府は、予算の範囲内において、機構に対し、安定供給確保支援基金に充てる資金を補助することができる。

３　経済産業大臣は、経済施策を一体的に講ずることによる安全保障の確保の推進に関する法律第10条第３項又は第11条第３項において準用する同法第９条第６項の規定による通知をした場合において、必要があると認めるときは、機構に対し、前項の規定により交付を受けた補助金の全部又は一部に相当する金額を国庫に納付すべきことを命ずるものとする。

４　前項の規定による納付金の納付の手続及びその帰属する会計その他国庫納付金に関し必要な事項は、政令で定める。

第17条第２項中「又は第16条の４第１項」を「、第16条の４第１項又は前条第１項」に、「又は特定半導体基金」を「、特定半導体基金又は安定供給確保支援基金」に改める。

第18条中「及び第14号」を「、第14号及び第15号」に改める。

第23条を削り、第22条を第23条とし、第21条を第22条とし、第20条の次に次の１条を加える。

（中長期目標等に関する内閣総理大臣等との協議）

第21条　経済産業大臣は、通則法第35条の４第１項の規定により中長期目標（安定供給確保支援業務に係る部分に限る。）を定め、又は変更するときは、あらかじめ、内閣総理大臣その他関係行政機関の長に協議しなければならない。

２　経済産業大臣は、通則法第35条の５第１項の規定による中長期計画（安定供給確保支援業務に係る部分に限る。）の認可をするときは、あらかじめ、内閣総理大臣その他関係行政機関の長に協議しなければならない。

（内閣法の一部改正）

第９条　内閣法（昭和22年法律第５号）の一部を次のように改正する。

第16条第２項第１号中「次号及び」を削り、「及び防衛政策」を「、防衛政策及び経済政策」に、「、内閣広報官」を「並びに内閣広報官」に改め、「並びに次号に掲げるもの」を削り、同項第２号を削り、同項第３号を同項第２号とし、同項第４号中「前３号」を「前２号」に改め、同号を同項第３号とし、同条第５項中「第15条第３項」を「前条第３項」に改める。

（国家安全保障会議設置法の一部改正）

第10条　国家安全保障会議設置法（昭和61年法律第71号）の一部を次のように改正する。

第２条第１項第11号中「及び防衛政策」を「、防衛政策及び経済政策」に改める。

（内閣府設置法の一部改正）

第11条　内閣府設置法（平成11年法律第89号）の一部を次のように改正する。

第４条第１項に次の１号を加える。

　　三十二　経済施策を一体的に講ずることによる安全保障の確保の推進に関する法律（令和４年法律第43号）に基づく経済施策を一体的に講ずることによる安全保障の確保の推進のための基本的な政策に関する事項

　　第４条第３項第27号の７の次に次の１号を加える。

　　二十七の八　経済施策を一体的に講ずることによる安全保障の確保の推進に関する法律に基づく特定重要物資の安定的な供給の確保及び特定社会基盤役務の安定的な提供の確保並びに特定重要技術の開発支援及び特許出願の非公開に関すること（他省及び金融庁の所掌に属するものを除く。）並びに安全保障の確保に関する経済施策の総合的かつ効果的な推進に関する事務に関すること。

　　第４条第３項第28号中「はく奪」を「剥奪」に改める。

別表（第42条、第86条関係）
　一　国立研究開発法人医薬基盤・健康・栄養研究所
　二　独立行政法人石油天然ガス・金属鉱物資源機構
　三　国立研究開発法人新エネルギー・産業技術総合開発機構

事項索引

事項索引

執筆者略歴

服部　　誠

〔担当：第1部第4章、第2部第3章〕

弁護士・弁理士（阿部・井窪・片山法律事務所パートナー）

1994年　慶應義塾大学法学部法律学科卒業

1998年　弁護士登録

2004年　米国ペンシルバニア大学ロースクール卒業

2004年　米国ニューヨーク州弁護士登録

梶並　彰一郎

〔担当：第1部第5章、第2部第1章・第4章〕

弁護士（阿部・井窪・片山法律事務所パートナー）

2006年　早稲田大学理工学部電気電子情報工学科卒業

2009年　学習院大学法科大学院卒業

2010年　弁護士登録

2017年　米国ワシントン大学ロースクール（シアトル）卒業

2018年　米国ニューヨーク州弁護士登録

2019年　ワシントン州弁護士登録

執筆者略歴

松田　世理奈

〔担当：第1部第3章、第2部第2章〕

弁護士（阿部・井窪・片山法律事務所パートナー）

2007年　東京大学法学部卒業

2009年　東京大学法科大学院卒業

2010年　弁護士登録

大西　ひとみ

〔担当：第1部第1章・第2章〕

弁護士（阿部・井窪・片山法律事務所）

2013年　東京大学法学部卒業

2014年　弁護士登録

経済安全保障推進法と企業法務

2023年1月26日　第1刷発行

定価　本体3,000円＋税

著　者　服部誠・梶並彰一郎・松田世理奈・大西ひとみ
発　行　株式会社　民事法研究会
印　刷　藤原印刷株式会社

発行所　株式会社　民事法研究会
〒150-0013　東京都渋谷区恵比寿3-7-16
　　　　〔営業〕TEL 03(5798)7257　FAX 03(5798)7258
　　　　〔編集〕TEL 03(5798)7277　FAX 03(5798)7278
　　　　http://www.minjiho.com/　　info@minjiho.com

落丁・乱丁はおとりかえします。　ISBN978-4-86556-544-7　C2032　￥3000E
カバーデザイン：関野美香

2022年6月1日施行の改正公益通報者保護法に対応！

〈リスク管理実務マニュアルシリーズ〉

内部通報・内部告発対応
実務マニュアル〔第2版〕
─リスク管理体制の構築と人事労務対応策Q&A─

阿部・井窪・片山法律事務所
石嵜・山中総合法律事務所 編

A5判・325頁・定価3,630円（本体3,300円＋税10%）

▶内部通報制度が有効に機能するための設計・導入・運用上の基本事項、留意点をわかりやすく解説した担当者必携の手引書！

▶第2版では「通報者・通報対象事実の拡大」「通報者の保護要件の緩和」「内部公益通報対応体制の義務付け」等がなされた2022年6月施行の改正公益通報者保護法とそれに伴い策定された指針等に対応して改訂増補！

▶わが国で多くを占めるにもかかわらず、内部通報制度の導入が進まない中小企業にも利用しやすくする配慮に加えて、第2版では、各企業において、今般の改正の趣旨を踏まえた適切な内部通報対応体制が整備できるよう、指針や指針の解説の定めにも対応！

▶不祥事・事故による社会的評価の下落を防止し、コンプライアンス経営推進に向け、企業の法務・総務・人事担当者、役員、経営者をはじめ、弁護士、司法書士の必読書！

本書の主要内容

第1部　内部通報制度の現状と課題
　第1章　内部通報制度とは
　第2章　内部通報制度の意義と効用
　第3章　内部通報制度の現状
第2部　公益通報者保護法の改正
　第1章　改正の概要
　第2章　指針および指針の解説の概要
第3部　内部通報制度の構築と運用
　第1章　内部通報制度の位置づけ・必要性（有用性）
　第2章　内部通報制度の設計・導入と運用上の留意点
　第3章　内部通報取扱規程の整備
第4部　Q&Aによる内部通報・外部通報（内部告発）
**　　　・公益通報と人事労務**
　第1章　内部通報制度の設計
　第2章　内部通報に対する調査上の留意点等
　第3章　通報に対する対応
　第4章　通報者に対する人事措置上の留意点等
　第5章　通報対象者への対応
　第6章　外部通報（内部告発）・内部通報に関する裁判例
【参考資料】
　判例整理：内部通報の正当性と懲戒処分等／指針／指針の解説

詳しい目次はこちらから→

発行　民事法研究会

〒150-0013　東京都渋谷区恵比寿3-7-16
（営業）TEL. 03-5798-7257　FAX. 03-5798-7258
http://www.minjiho.com/　info@minjiho.com

広範なリスクを網羅し、豊富な書式・記載例とともに詳解！

〈リスク管理実務マニュアルシリーズ〉

法務リスク・コンプライアンスリスク 管理実務マニュアル〔第2版〕
─基礎から緊急対応までの実務と書式─

阿部・井窪・片山法律事務所　編

A5判・730頁・定価7,700円（本体7,000円＋税10%）

▶ 会社法、個人情報保護法、働き方改革関連法、独占禁止法、公益通報者保護法などの法改正、裁判例やESG投資などの最新の実務動向等も踏まえて約6年ぶりに改訂！

▶ 企業リスク管理を「法務」「コンプライアンス」双方の視点から複合的に分析・解説！

▶ 偽装、製品事故、取引先リスク、税務・会計、M&A、カルテル、下請法、インサイダー、知財管理、労務管理、反社対応、環境問題、名誉毀損、クレーム対応など、企業が抱えるリスクを網羅！

▶ 企業不祥事の予防・対応につき、要因の分析から、管理指針、発生時の広報対応、信頼回復に向けた取組みまで、豊富な書式例とともに解説した必携手引！

詳しい目次はこちらから→

発行　 民事法研究会

〒150-0013　東京都渋谷区恵比寿 3-7-16
（営業）TEL. 03-5798-7257　　FAX. 03-5798-7258
http://www.minjiho.com/　　info@minjiho.com

改正債権法に対応し、最新実務を織り込み全面改訂！

業務委託契約書の作成と審査の実務
〔全訂版〕

滝川宜信・弁護士法人しょうぶ法律事務所　編著

A5判・612頁・定価6,380円(本体5,800円＋税10％)

▶業務委託契約の法的性質、契約書作成にあたっての基礎知識と条項例、契約書審査にあたっての留意点を懇切丁寧に解説した関係者必携の実践的手引書！

▶全訂版では、改正債権法はもちろん、それに伴って改定された各種約款等にも対応し、時代や社会の流れを踏まえて改訂したほか、新たに「フリーランスに対する業務委託契約」「AI開発委託契約」「データ提供契約」などの契約類型を追加することにより網羅性を向上して一層至便に！

▶経営戦略の一環として業務委託を検討する企業の法務部・契約担当者はもちろん、経営者に助言する弁護士、司法書士、行政書士などの法律実務家にとっても必備の書！

本書の主要内容

詳しい目次は
こちらから→

発行　民事法研究会

〒150-0013　東京都渋谷区恵比寿3-7-16
(営業) TEL. 03-5798-7257　FAX. 03-5798-7258
http://www.minjiho.com/　　info@minjiho.com